International Framework Agreements

Studien zum Arbeitsrecht und zur Arbeitsrechtsvergleichung

Herausgegeben von Manfred Weiss, Bernd Waas und Spiros Simitis

Band 27

Zur Qualitätssicherung und Peer Review der vorliegenden Publikation

Die Qualität der in dieser Reihe erscheinenden Arbeiten wird vor der Publikation durch einen Herausgeber der Reihe geprüft.

Notes on the quality assurance and peer review of this publication

Prior to publication, the quality of the work published in this series is reviewed by one of the editors of the series.

Elisa Theresa Hauch

International Framework Agreements

Hintergrund, Rechtsnatur und Justiziabilität

PL ACADEMIC RESEARCH

Bibliografische Information der Deutschen Nationalbibliothek
Die Deutsche Nationalbibliothek verzeichnet diese Publikation in der Deutschen Nationalbibliografie; detaillierte bibliografische Daten sind im Internet über http://dnb.d-nb.de abrufbar.

Zugl.: Bonn, Univ., Diss., 2014

D 5
ISSN 1615-4606
ISBN 978-3-631-66442-1 (Print)
E-ISBN 978-3-653-05605-1 (E-Book)
DOI 10.3726/ 978-3-653-05605-1

PL Academic Research ist ein Imprint der Peter Lang GmbH.

Peter Lang – Frankfurt am Main · Bern · Bruxelles · New York · Oxford · Warszawa · Wien

Diese Publikation wurde begutachtet.

www.peterlang.com

Danksagung

Die vorliegende Arbeit wurde im Sommersemester 2014 von der Rechtswissenschaftlichen Fakultät der Rheinischen Friedrich-Wilhelms-Universität Bonn als Dissertation angenommen. Das Manuskript habe ich im Sommersemester 2013 eingereicht. Ich danke meinem Doktorvater, Herrn Prof. Dr. Gregor Thüsing, LL.M., der die Anregung zu diesem Thema gab und mich über die gesamte Zeit der Erstellung meiner Arbeit herausragend betreut hat, – stets ansprechbar, stets mit klugen Anregungen und wenn nötig mit ermunternden Worten. Ich bedanke mich auch bei Herrn Prof. Dr. Raimund Waltermann für die Erstellung des Zweitgutachtens. Der Konrad-Adenauer-Stiftung danke ich für die langjährige finanzielle und ideelle Förderung.

Ich danke meinen Eltern, denen ich diese Arbeit widme. Sie haben meine Ausbildung bedingungslos gefördert und liebevoll unterstützt.

Berlin, April 2015 — Elisa Theresa Hauch

Inhaltsverzeichnis

§ 1 International Framework Agreements – Neue Wege im Sozialen Dialog 15

I. Transnationale Unternehmen, nationales Arbeitsrecht 15
II. Verbindliches Recht aus freiwilliger Selbstverpflichtung 17
III. Rahmen der Untersuchung 18

1. Teil – Überblick zum Institut der International Framework Agreements 21

§ 2 International Framework Agreements als Instrument der Corporate Social Responsibility 23

I. IFA als Soft Law..... 23
1. Einordnung in das System der Corporate Social Responsibility 23
a. IFA als Ausdruck von Corporate Social Responsibility 25
b. Abgrenzung zu anderen Instrumenten der CSR 27
2. Verhältnis zur staatlichen Normsetzung 29
a. Abgrenzung zur staatlichen Normsetzung 29
b. Berührungspunkte 30
c. Referenzobjekte 30
aa. ILO-Übereinkommen 31
bb. Global-Compact der Vereinten Nationen 32
cc. OECD-Leitsätze für multinationale Unternehmen 32
dd. Weitere Referenzobjekte 33
3. Entwicklung und Verbreitung 34
a. Historische Entwicklung 34
b. Geographische Verbreitung 36
c. Verbreitung nach Branchen 38
4. Parteien und Parteiinteressen 40
a. Vertretung auf Arbeitgeberseite 40
b. Vertretung auf Arbeitnehmerseite 42
5. Charakteristische Inhalte und Klauseln 44
a. Verbot von Pflicht- und Zwangsarbeit 46
b. Kinderarbeit 47
c. Gebot der Gleichbehandlung 48
d. Arbeitszeit- und Urlaubsregelungen 49

e. Sicherheit und Gesundheitsschutz am Arbeitsplatz ... 50
f. Angemessene Vergütung und Mindestlohn ... 52
g. Arbeitnehmerkollektivrechte und Rechte der Gewerkschaft ... 54
h. Fortbildung ... 57
i. Sonstige ... 58
6. Implementierung und Verstoß ... 59
a. Anwendungsbereich der IFA ... 59
aa. Räumlicher Anwendungsbereich ... 59
bb. Sachlicher Anwendungsbereich ... 59
(1) Unternehmensgruppe ... 59
(2) Zulieferer und Subunternehmer ... 60
b. Implementierung und Durchsetzung der IFA ... 62
aa. Rahmenvertragliche Implementierungs-, Kontroll- und Konfliktlösungsmodelle ... 62
(1) Information ... 62
(2) Implementierung – Verantwortung, Verfahren, Training ... 63
(3) Auditing und Monitoring mit und ohne Gewerkschaftsbeteiligung ... 65
(4) Verfahren im Compliance-Fall ... 67
bb. Implementierung und Durchsetzung in der Praxis ... 69
(1) Erste Untersuchungen zur Wirkung der IFA ... 69
(2) Konfliktfälle und -austragung ... 73
II. Ordnungsversuche ... 74
III. Ausblick auf die qualitative und geographische Tendenz des Instituts ... 76

§ 3 IFA in Nordamerika ... 79

I. Rezeption der IFA in Kanada ... 80
1. Rechte aus IFA ... 80
2. Möglichkeit privatrechtlicher Ansprüche aus Vertrag und Delikt ... 80
3. Ansprüche und Haftung von Vertragsdritten ... 81
4. Zuständigkeit kanadischer Gerichte und anwendbares Recht ... 81
5. Durchsetzung nach kanadischem Arbeitsrecht ... 82
6. Fazit ... 83
II. Rezeption der IFA in den USA ... 84
1. Durchsetzbarkeit nach Bundesrecht ... 85
a. Betriebsverfassungsgesetz – Labor Management Relation Act ... 85
b. Zugang zu den Bundesgerichten ... 85

2. Durchsetzbarkeit nach dem Recht der Bundesstaaten 86
a. Vertragsrecht 86
aa. Materielle Anspruchsvoraussetzungen 86
bb. Prozessuale Voraussetzungen 87
cc. Rechtsbehelfe und Rechtswahl 88
dd. Grenzen der Vertragsfreiheit 88
ee. Rechte auf Unternehmensseite 89
b. Verbraucherschutzrecht 90
c. Anlegerschutzrecht 91
3. Durchsetzbarkeit der IFA im Wege des Arbeitskampfes 93
4. Fazit 94

2. Teil – Rechtliche Einordnung des Instituts der International Framework Agreements 95

§ 4 Positive Justiziabilität der Klauseln 97

I. Rechtliche Verbindlichkeit 97
1. Grundlagen des Kollisionsrecht 97
a. Qualifikation 97
b. Funktionale Auslegung 98
c. Rechtsfortbildung der Kollisionsnormen 99
2. Anwendbares Recht 100
a. Fehlende Internationale Rechtsgrundlage und Kollisionsnorm 100
b. Systematik der Artt 4 ff Rom I-VO 101
c. Subsumtion der IFA unter die Artt 3 ff Rom I-VO 101
aa. Spezielle Kollisionsnormen, Artt 5–8 Rom I-VO 101
bb. Das allgemeine Vertragsstatut nach Art 4 Rom I-VO 102
(1) Tatbestand des Art 4 Rom I-VO 102
(2) Funktionale Betrachtung 102
(3) Ergebnis 104
d. Objektive Anknüpfung nach Art 4 Rom I-VO 104
e. Möglichkeit der Rechtswahl 106
f. Anwendbarkeit der Rom I-VO 106
3. Anwendung deutschen Rechts 107
4. Rechtsnatur der Rahmenrechtsvereinbarungen zwischen Normenvertrag, Schuldvertrag und atypischer Schuldvereinbarung 107
a. Inhalt und Wortlaut 108

aa. Erklärungsgehalt der IFA 108
bb. Kündigungsklauseln und Konfliktfallregelungen 111
b. Kontext und Form 112
aa. Unternehmerische Motivation zum Vertragsschluss 112
bb. Fehlende Gegenseitigkeit 113
cc. Fehlende Vertretungsberechtigung, fehlender Vertragspartner 114
dd. Schriftform 115
c. Zusammenfassung und Ergebnis 115
II. Rechtliche Rahmenvorgaben 118

3. Teil – Mittelbare Rechtswirkungen der International Framework Agreements 119

§ 5 Kommunikation der IFA im Markt 121

§ 6 Ansprüche von Konsumenten 125
I. Anspruch aus Sachmängelgewährleistungsrecht, § 433 Abs 2 BGB 125
1. Sachmangel 126
a. Begriff vor der Schuldrechtsreform 126
b. Begriff nach der Schuldrechtsreform 126
c. Produktionsaussagen und Beschaffenheitsbegriff 127
2. Öffentliche Äußerung, insbesondere Werbung 130
3. Fazit 132
II. Anspruch aus cic, § 311 Abs 2 BGB 133
1. Geschäftlicher oder geschäftsähnlicher Kontakt 133
2. Pflichtverletzung 134
3. Fazit 136
III. Anfechtung 136
1. Arglistige Täuschung, § 123 BGB 136
2. Irrtumsanfechtung, § 119 BGB 137
3. Fazit 139
IV. Ansprüche aus Delikt 140
1. Anspruch aus § 823 Abs 1 BGB 140
2. Anspruch aus § 823 Abs 2 BGB 141
3. Fazit 143

§ 7 Ansprüche von Mitbewerbern 145

I. Lauterkeitsrecht – Verbot unlauterer geschäftlicher Handlungen, § 3 UWG 145
1. Geschäftliche Handlung 145
2. Unlautere Handlung 150
a. Unlauterkeit nach § 3 Abs 3 UWG iVm Anhang Nr 1 und 3 – die ‚schwarze Liste' 150
b. Unlauterkeit nach § 4 Nr 11 UWG – Rechtsbruch 151
aa. Die IFA als gesetzliche Vorschrift im Sinne des § 4 Nr 11 UWG 151
bb. Rechtsbruch bei Verletzung einer ILO-Kernarbeitsnorm iVm einem IFA 152
(1) ILO-Kernarbeitsnormen als gesetzliche Vorschrift im Sinne des § 4 Nr 11 UWG 152
(a) Inländische Vorschrift 152
(b) Ausländische Vorschrift 153
(2) Vertragliche statt gesetzlicher Bindung 154
(3) Marktrelevante Verhaltensregel 155
c. Unlauterkeit nach § 5 Abs 1 UWG – Irreführende Geschäftshandlung 155
aa. Irreführende geschäftliche Angabe 156
bb. Unwahre Angabe über die Einhaltung eines Verhaltenskodexes 157
(1) IFA – Absichtserklärung oder Verhaltenskodex 157
(2) Irreführende Angabe 159
cc. Unwahre Angabe nach § 5 Abs 1 S 2 Nr 1 oder § 3 UWG 160
d. Unlauterkeit nach § 3 Abs 2 UWG 161
3. Bagatell- und Spürbarkeitsklausel des § 3 UWG 163
a. Spürbarkeitsgrenze und Relevanzerfordernis nach § 3 Abs 1 UWG 164
aa. Relevanzerfordernis 164
bb. Spürbarkeitsklausel 165
b. Relevanzerfordernis nach § 3 Abs 2 UWG 167
4. Rechtsfolgen 168
a. Beseitigung und Unterlassung, § 8 UWG 169
aa. Haftung für die unlautere Wettbewerbshandlung 169
bb. Haftung für die Nichteinhaltung des Kodexes 170
cc. Folge: Abwehranspruch aus § 8 UWG 171
b. Schadenersatzanspruch aus § 9 UWG 172

c. Gewinnabschöpfung aus § 10 UWG 173
5. Fazit 176
II. Ansprüche aus Delikt 178
1. Anspruch aus § 823 Abs 1 BGB 178
2. Anspruch aus § 823 Abs 2 BGB 180
3. Fazit 181

§ 8 Ansprüche der Parteien im Arbeitsrecht 183

I. Ansprüche von Arbeitnehmern 183
1. Vertragliche Ansprüche 183
a. Direkte Ansprüche 183
b. Schuldrechtlich-mittelbare Begünstigung der Arbeitnehmer 183
aa. Koalitionenvertrag zu Gunsten Dritter, § 328 BGB 183
bb. Schuldrechtlicher Normenvertrag 184
c. Arbeitsrechtliche Begünstigung von Arbeitnehmern 185
aa. Gesamtzusage 185
bb. Arbeitsvertragliche Einheitsregelung 186
cc. Ansprüche aus betrieblicher Übung 187
(1) Das IFA als Rechtsscheinträger 188
(2) Leistung aus dem IFA 189
II. Ansprüche von Tarifpartnern 191
1. IFA als Grundlage nationaler Tarifverhandlungen 191
a. Verweigerung nachgehender Kollektivverhandlungen 192
aa. Verbot widersprüchlichen Verhaltens, § 242 BGB 192
bb. Vertrauenshaftung aus culpa in contrahendo 193
b. Inhaltliche Bindung 194
2. Fazit 195

§ 9 Sonstige Wirkung – IFA und Generalklauseln 197

I. Generalklauseln als Einfallstor außerrechtlicher Wertungen 197
1. Konkretisierung lauterkeitsrechtlicher Generalklauseln 198
2. Konkretisierung arbeitsrechtlicher Generalklauseln 199
II. Fazit 201
4. Teil – Schlussbetrachtung 203

§ 10 Zusammenfassung der Untersuchung 205

I. Erster Teil – Überblick 205
II. Rechtliche Einordnung 208

III. Rechtswirkungen .. 209
1. Ansprüche durch Konsumenten 209
2. Ansprüche von Mitbewerbern 210
3. Ansprüche der Parteien im Arbeitsrecht 212
4. Sonstige Wirkungen 213

§ 11 International Framework Agreements – Ausblick 215

Literaturverzeichnis 219

§ 1 International Framework Agreements – Neue Wege im Sozialen Dialog

I. Transnationale Unternehmen, nationales Arbeitsrecht

November 2012: In Bangladesch brennt eine Textilfabrik, 112 Menschen sterben.[1] April 2013: In Bangladesch bricht eine Textilfabrik zusammen, über 400 Arbeiterinnen sterben.[2] In den Medien kursieren die Namen der Auftragsfirmen: C&A, Gap, KIK, Benetton, Primark und andere.[3] Es handelt sich um namhafte europäische und nordamerikanische Modeketten, die in dem Entwicklungsland für den westlichen Verbrauchermarkt produzieren lassen.[4] Die angeprangerten Unternehmen delegieren die Schuld wahlweise an den Zulieferer, auf den sie keinen Einfluss ausüben können, oder an die Konsumenten, die nach billig produzierter Mode verlangen.

Die Vielzahl solcher Meldungen verbietet die Annahme tragischer Einzelfälle; vielmehr legt sie strukturelle Missstände nahe. Genauso wenig handelt es sich um ein branchenspezifisches Problem der Textilproduktion. Vergleichbare Vorkommnisse und die dahinterliegenden Strukturen und Interessenlagen sind etwa genauso in der Lebensmittelproduktion und in der Schwerindustrie zu finden.[5]

---

1 ‚Geiz tötet' von Gisela Burckhardt, DIE ZEIT vom 2.5.2013, 11.

2 ‚Geiz tötet' von Gisela Burckhardt, DIE ZEIT vom 2.5.2013, 11.

3 Pressemitteilung vom 10.5.2013 der Kampagne für saubere Kleidung, abrufbar unter http://www.saubere-kleidung.de/index.php/eilaktionen/faelle/270-pm-rana-abkommen-unterzeichnen, zuletzt abgerufen: 11.7.2013; aufgegriffen etwa in ‚Der Druck auf Modemarken steigt' von Monika Pilath über zeit.de vom 10.5.2013, abrufbar unter http://www.zeit.de/wirtschaft/2013-05/Banladesch-Petitionen-Brandschutz, zuletzt abgerufen: 11.7.2013.

4 dpa-Meldung über zeit.de vom 28.04.2013 unter http://www.zeit.de/gesellschaft/zeitgeschehen/2013-04/bangladesch-festnahmen-textilfabrik, zuletzt abgerufen: 11.7.2013.

5 lange stand etwa Chiquita aufgrund fataler Arbeitsbedingungen im Fokus der Öffentlichkeit, siehe ‚Chiquita-Going Green or Greenwashing Corporate Crime?' von Michael Jessen über organicconsumers.org vom 6.2.2001, abrufbar unter http://www.organicconsumers.org/Organic/chiquita.cfm, zuletzt abgerufen: 11.7.2013 oder ‚Vom bösen Ausbeuter zum guten Unternehmer' von Timo Lindemman über stern.de vom 19.10.2005, abrufbar unter http://www.stern.de/wirtschaft/news/unternehmen/chiquita-vom-boesen-ausbeuter-zum-guten-unternehmer-547996.html, zuletzt abgerufen: 11.7.2013.

Auch sind mangelnde Sicherheitsvorkehrungen und schlechte Arbeitsbedingungen nur eine Facette einer Arbeitswelt, in der Arbeitnehmerrechte und -bedürfnisse konsequent ausgeblendet werden. Gründe für das weltweite Phänomen sind ein immer stärkerer Wettbewerbs- und Kostendruck, der Massenproduktion und eine Aufsplittung der Produktionsverfahren befördert. Unternehmerische Sozialverantwortung zerstreut sich – bildlich und im Wortsinn. Eine Entwicklung, die zugleich Motor und Produkt des Globalisierungsprozesses ist.

Ein Globalisierungsprozess, der in Wirtschaft und Politik ungleich schnell voranschreitet. Während Unternehmen sich global orientieren und die Vorzüge einer zusammenwachsenden Welt für sich zu nutzen wissen, hat die weltweite Entwicklung die einzelnen Staaten überholt. Sie haben die Internationalisierung vor Augen und bleiben doch im nationalen Denken verhaftet. Sie klammern sich an ihren Hoheitsanspruch und verhindern auf diese Weise international bindende Regelungen, die die Unternehmen in die Verantwortung zwingen.[6]

Dabei ist dieser Hoheitsanspruch längst in Frage gestellt. Das passiv reagierende Handeln der Staaten führt zu einer Umkehrung des Machtverhältnisses von Unternehmen und Staat. Wenn Unternehmen heute transnational agieren können, kommt der Rechtsordnung eines auf sein Staatsgebiet begrenzten Nationalstaats allenfalls Angebotscharakter zu. Solange ein international einheitliches Arbeitsstatut fehlt, werden sich Unternehmen den zwingenden Vorschriften durch freie Standortwahl entziehen können. Die Staaten finden sich im gegenseitigen Wettbewerb um Investitionen und Arbeitsplätze wieder.[7]

Das Ergebnis lässt sich an Meldungen, wie denen aus Bangladesch ablesen, die stellvertretend für zahlreiche ähnliche Berichte aus Schwellen- und Entwicklungsländern, den Produktionsstätten der Welt, stehen. Bei der Forderung nach Abhilfe und weltweiter Sicherung sozialer Mindestarbeitsstandards ist der Ruf nach dem Staat auffällig leise. Vielmehr wendet sich die öffentliche Debatte neben Apellen an die Verbraucher, ihr Konsumverhalten nach sozialen Belangen und an Nachhaltigkeitsgedanken auszurichten, direkt an die Unternehmen: Grenzüberschreitend agierende Unternehmen sollen ihrer Sozialverantwortung gerecht werden, Selbstverpflichtungen eingehen und diese einhalten.[8]

---

6 ganzer Absatz nach Krebber EuZA 2008, Teil 1, 141.

7 Ganzer Absatz nach Krebber EuZA 2008, Teil 1, 141, 141f.

8 ‚Geiz tötet' von Gisela Burckhardt, DIE ZEIT vom 2.5.2013, 11; Sibylle Haas über sueddeutsche.de vom 5.5.2013, abrufbar unter http://www.sueddeutsche.de/wirtschaft/textilindustrie-in-bangladesch-blut-klamotten-aus-arbeit-ohne-wuerde-1.1664831, zuletzt abgerufen: 11.7.2013; Stefan Kuzmany über spiegel.de vom 27.11.2012,

II. Verbindliches Recht aus freiwilliger Selbstverpflichtung

Die International Framework Agreements (IFA), Untersuchungsgegenstand dieser Arbeit sind ein Instrument unternehmerischer Selbstverpflichtung, – jedoch nicht nur. Es kann zugleich von einer gesellschaftspolitischen Initiative gesprochen werden, insofern als die IFA maßgeblich auf das Engagement globaler Gewerkschaften zurückgehen. Hierin liegen eine definitorische Besonderheit und ein Abgrenzungsmerkmal der Rahmenvereinbarungen gegenüber einseitigen Verhaltenskodizes: IFA werden im Dialog der Vertragspartner verhandelt. Sie sind durch Beidseitigkeit geprägt.[9] Vertragspartner sind multinationale Unternehmen und globale Gewerkschaften.[10]

Während das Instrument der einseitigen Verhaltenskodizes bereits etablierter Teil der Unternehmenskultur ist und eine entsprechende Beachtung in der Rechtsliteratur gefunden hat,[11] ist die Selbstbindung der Unternehmen über IFA eine neuere, vor allem aber rechtlich weitgehend unbeleuchtete Erscheinung.[12] Politisch sind die Bedeutung und das Potenzial der IFA dagegen erkannt. Ein Zeugnis ist das intensive Engagement, mit dem sich die Europäische Union dem Instrument seit 2008 widmet.[13] Die politische Aufmerksamkeit scheint gut

---

abrufbar unter http://www.spiegel.de/wirtschaft/unternehmen/kommentar-zum-brand-in-textilfabrik-brennende-gier-a-869609.html, zuletzt abgerufen: 11.7.2013.

9 zur besonderen Struktur der IFA und deren Bedeutung für den Erfolg der vereinbarten Ziele siehe auch Kocher WSI-Mitteilungen 4/2008, 198, 198ff.

10 Eine weitere Definition die auch die Europäische Union verwendet, subsumiert alle zweiseitigen Vereinbarungen unter den Begriff der Internationalen Rahmenabkommen. Über die Abkommen zwischen globalen Gewerkschaften und transnational agierenden Unternehmen hinaus, werden so auch die Verträge, die mit europäischen Betriebsräten verhandelt werden, erfasst. Diese weisen regelmäßig jedoch keinen internationalen Anwendungsbereich auf und haben nach Ziel und Aufgabe der Europäischen Betriebsräte eine andere Regelungsrichtung. Die Arbeit beschäftigt sich deshalb allein mit den IFA im engeren Sinn, die Instrument der globalen Gewerkschaften und Antwort auf die Herausforderungen der Globalisierung sind. Eingehendere Untersuchungen zu IFA im weiteren Sinne finden sich im Report – Expert Group – Transnational Company Agreements vom 31.1.2012 abrufbar unter http://ec.europa.eu/social/main.jsp?catId=707&langId=en&intPageId=214, zuletzt abgerufen: 11.7.2013.

11 siehe eingehend: Meyer NJW 2006, 3605; Borgman NZA 2003, 352; Fahrig NJOZ 2010, 975.

12 Thüsing RdA 2010, 78 mit einer Zusammenstellung der bisherigen Veröffentlichungen zum Thema IFA.

13 mit dem Arbeitsdokument 'The role of transnational company agreements in the context of increasing international integration' (SEC(2008) 2155) und einer Analyse

begründet: Die IFA heben die Bemühungen um nichtstaatliche Sicherung und Festschreibung von Arbeitnehmerrechten und Grundsätzen unternehmerisch verantwortungsvollen Handelns auf eine neue Ebene. Die Einbeziehung eines Verhandlungspartners aus dem Interessenkreis der Arbeitnehmer gibt den formulierten Normen eine neue Legitimationsquelle und verleiht dem unternehmerischen Engagement Glaubwürdigkeit.[14] Gerade dieses Unterscheidungsmerkmal ist es auch, das dem Institut eine andere rechtliche Qualität gibt, die zu einer unterschiedlichen rechtlichen Bewertung führen muss.

III. Rahmen der Untersuchung

Neben der Bestandsaufnahme zum Instrument der IFA und der Analyse der bestehenden Texte, widmet sich die Dissertation im Schwerpunkt der Frage nach der rechtlichen Qualität und Bewertung der IFA. Die Komplexität der Antwort ergibt sich wesentlich aus zwei Punkten: Die IFA haben oftmals den Anspruch grenzüberschreitender Wirkung, was grundlegend die Frage nach dem anzuwendenden Recht aufwirft. Die rechtlichen Besonderheiten der IFA lassen eine Subsumtion unter die bestehenden Kollisionsnormen nicht unproblematisch erscheinen. Es muss untersucht werden, inwieweit bekannte Handlungsformen des Arbeitsrechts, die in rechtlicher Nähe zu den IFA stehen, als Referenz herangezogen werden können.[15]

Die bestehenden international privatrechtlichen Normen können damit nur Ausgangs- und Anhaltspunkt einer wissenschaftlichen Untersuchung der anzuwendenden Rechtsgrundlage sein, will man dem Institut gerecht werden und seine Rechtsnatur erfassen.[16] Diese kann darauf aufbauend bestimmt werden.

Das zweite Merkmal, das die IFA an rechtlicher Komplexität gewinnen lässt und die Überlegung nahe legt, ihre Rechtswirkungen nicht allein innerhalb der Vertragsverhältnisse zu suchen, liegt in der Tatsache begründet, dass sie sich regelmäßig an einen breiteren Kreis richten: Über den relativ engen Kreis der Verhandlungspartner hinaus werden Arbeitnehmer und Zulieferer eingebunden. Die Veröffentlichung der Vereinbarungen als Teil der Unternehmensdarstellung spricht Kunden an und fordert Wettbewerber heraus. Die Unternehmen erwecken

existierender IFA (European Commission: Mapping of transnational texts negotiated at corporate level, EMPL F2 EP/bp 2008 (D) 14511) wurde 2008 die Einsetzung einer Sachverständigengruppe angekündigt; siehe ausführlicher § 2 I.1.a.

14 Thüsing RdA 2010, 78, 79.

15 Krebber EuZA 2008, Teil 2, 315, 329; Thüsing RdA 2010, 78, 91.

16 Krebber EuZA 2008, Teil 2, 315, 324.

und beanspruchen Vertrauen – ein Anknüpfungspunkt für Rechtsfolgen in fast allen Rechtsordnungen und Ausgangspunkt des Untersuchungsschwerpunktes dieser Arbeit.[17]

Für den Schutz der Kundeninteressen, der arbeitnehmerseitigen Interessen und der Interessen der Wettbewerber über das Schuld-, Delikts-, Arbeits- und Wettbewerbsrecht hinaus ist die entscheidende Frage, ob die IFA sich in ihrer Rechtsnatur und nach der tatsächlichen Praxis unter die Rechtsbegriffe der Ordnungen fügen oder zumindest im Wege der Auslegung davon erfasst sein müssen.

Die Antwort auf diese Fragen betrifft nicht nur unmittelbar die angesprochenen Personenkreise. Sie gewinnt ihre Bedeutung vor allem, indem sie mittelbare Wirkungen auf die Praxis der IFA nahe legt und dadurch eine Aussage zur mittelfristigen Entwicklung des Instruments zulässt: Folgt aus der Verantwortung eine Haftung der Unternehmen, wird dieser Umstand unweigerlich Auswirkung auf die weitere Ausbreitung und inhaltliche Entwicklung des Instruments nichtstaatlicher Rechtsetzung haben.[18] In Anbetracht der eingangs dargestellten Verflechtung mit der staatlichen Rechtsetzung und der Frage eines völkerrechtlichen Arbeitsrechts wird die politische Dimension der Frage erkennbar.

---

17 zu Vertrauen als Anknüpfungspunkt für Rechtswirkungen: Glinski in Umweltverantwortung multinationaler Unternehmen, 187, 194.

18 zum Zusammenhang Kenny in 27 NW. J. INT'L L. & BUS, 453, 472; Kocher in Responsible Business, 67, 82.

1. Teil – Überblick zum Institut der International Framework Agreements

§ 2 International Framework Agreements als Instrument der Corporate Social Responsibility

I. IFA als Soft Law

1. Einordnung in das System der Corporate Social Responsibility

Die Europäische Kommission hat sich erstmals im Jahr 2001 im Rahmen eines Grünbuchs mit der Förderung von Corporate Social Responsibility (CSR) politisch befasst.[19] Zugleich wurde das „Europäische Multistakeholder-Forum zu CSR" gegründet.[20] 2006 stellte die Kommission ihre neue Strategie zur CSR-Förderung vor.[21] Diese wurde 2011 von der neuen Strategie für die soziale Verantwortung der Unternehmen abgelöst.[22] Darin legt die Kommission auch eine neue Definition von Corporate Social Responsibility vor.[23]

Die bisherige Definition, wonach CSR ein Konzept ist, das den Unternehmen als Grundlage dient, auf freiwilliger Basis soziale Belange und Umweltbelange in ihre Unternehmenstätigkeit und in die Wechselbeziehungen mit den Stakeholdern zu integrieren,[24] ist vollständig aufgegeben worden. Nunmehr definiert die Europäische Kommission CSR kurz als „die Verantwortung von Unternehmen für ihre Auswirkungen auf die Gesellschaft".[25] Relevante Belange sind dabei die Menschenrechte, Arbeits- und Beschäftigungspraktiken, Ökologie, Bekämpfung von Bestechung und Korruption, Einbindung und Weiterentwicklung der

---

19 Grünbuch der Kommission vom 18.7.2001: Europäische Rahmenbedingungen für die soziale Verantwortung der Unternehmen, KOM(2001) 366 endg.

20 Mitteilung der Kommission: Eine neue EU-Strategie (2011–14) für die soziale Verantwortung der Unternehmen (CSR), KOM(2011) 681 endg, 5f.

21 Mitteilung der Kommission: Umsetzung der Partnerschaft für Wachstum und Beschäftigung: Europa soll auf dem Gebiet der sozialen Verantwortung der Unternehmen führend werden, KOM(2006) 136.

22 Mitteilung der Kommission: Eine neue EU-Strategie (2011–14) für die soziale Verantwortung der Unternehmen (CSR), KOM(2011) 681 endg.

23 Mitteilung der Kommission: Eine neue EU-Strategie (2011–14) für die soziale Verantwortung der Unternehmen (CSR), KOM(2011) 681 endg.

24 Grünbuch der Kommssion vom 18.7.2001: Europäische Rahmenbedingungen für die soziale Verantwortung der Unternehmen, KOM(2001) 366 endg, 2.

25 Mitteilung der Kommission: Eine neue EU-Strategie (2011–14) für die soziale Verantwortung der Unternehmen (CSR), KOM(2011) 681 endg, 7.

Gemeinschaft, die Integration von Menschen mit Behinderungen und die Vertretung der Verbraucherinteressen, einschließlich des Schutzes der Privatsphäre.[26] Zu diesen sollen Unternehmen mittels CSR-Instrumenten für Eigentümer, Stakeholder und die Gesellschaft gemeinsame Werte schaffen und negative Auswirkungen erkennen und verhindern oder abfedern.[27]

Das neue Verständnis der Kommission von CSR weist den Unternehmen eine noch größere Rolle im CSR-Bereich zu. Die bisherige Definition formuliert aus Unternehmenssicht und beschreibt CSR als dienendes Instrument. Nach neuer Definition stehen Unternehmen und Gesellschaft gleichberechtigt gegenüber. CSR-Maßnahmen erscheinen als notwendiges oder selbstverständliches Ausgleichsinstrument. Anstelle von Freiwilligkeit wird nun die Verantwortung der Unternehmen betont. Die neue Definition wirkt damit weniger beschreibend als normativ. Die proaktive Rolle, die CSR den Unternehmen zuschreibt, wird hierdurch ausgebaut.[28] Im Rahmen von CSR gilt es nicht nur, die Einhaltung bestehender Regeln zu beweisen.[29] Unternehmen sollen ihr Handeln neben den Regeln der Wirtschaft auch an moralischen Fragen ausrichten.[30] CSR-Bemühungen sollen damit über das Gesetz und Verpflichtungen aus Kollektivverträgen hinausgehen.[31]

Soft Law-Ansätze appellieren an ein integres Wertesystem der Akteure und fordern Reflexion und entsprechendes Handeln.[32] Sie setzen, anders als Compliance-Bestrebungen im Sinne bloßer Regelbefolgung eine vorhandene, wie auch immer motivierte Unternehmensethik,[33] voraus und bauen diese aus: die Lern-, Entwicklungs- und Innovationsfähigkeit von Unternehmen wird durch

---

26 Mitteilung der Kommission: Eine neue EU-Strategie (2011–14) für die soziale Verantwortung der Unternehmen (CSR), KOM(2011) 681 endg, 8.

27 Mitteilung der Kommission: Eine neue EU-Strategie (2011–14) für die soziale Verantwortung der Unternehmen (CSR), KOM(2011) 681 endg, 7f.

28 zur proaktiven Rolle der Unternehmen bereits nach alter CSR-Definition: Beschorner/Vorbohle in Coporate Social Responsibility und Corporate Citizenship, 105, 108f.

29 Beschorner/Vorbohle in Coporate Social Responsibility und Corporate Citizenship, 105, 108.

30 Beschorner/Vorbohle in Coporate Social Responsibility und Corporate Citizenship, 105, 108.

31 EU Memo Corporate Social Responsibility (CSR), MEMO/09/109, 1; Mitteilung der Kommission, KOM(2006) 136 endg, 1.

32 Beschorner/Vorbohle in Coporate Social Responsibility und Corporate Citizenship, 105, 109.

33 zur verschieden motivierten Unternehmensethik: Thüsing RdA 2010, 78, 79; ausführlich zu unterschiedlichen unternehmerischen Motiven des CSR-Engagements: Kocher WSI-Mitteilungen 4/2008, 198, 200ff.

das Moment der Reflexion gefördert.[34] Im Gegensatz zu gesetzlichen Regelsystemen, die der Alltagsbewältigung dienen, ermöglichen CSR-Ansätze damit implizit, gesellschaftlichen Wandel aufzufangen.[35] Zugleich bergen sie das Potenzial diesen aktiv zu gestalten.[36]

a. IFA als Ausdruck von Corporate Social Responsibility

Im Rahmen der ‚Neuen EU-Strategie (2011–14) für die soziale Verantwortung der Unternehmen' nennt die Europäische Kommission verschiedene Erfolgsdaten zur CSR-Verbreitung: Die Zahlenentwicklung der EU-Unternehmen, die sich zur Einhaltung des „Global Compact" der Vereinten Nationen verpflichtet haben,[37] und der EU-Unternehmen, die Nachhaltigkeitsberichte nach den Leitlinien der „Global Reporting Initiative" veröffentlichen[38] – sowie die gestiegene Zahl der IFA.[39]

Deren Wirken als CSR-Instrument lässt sich vor dem Hintergrund ihres internationalen Geltungsbereichs begreifen. In Deutschland und wohl auch EU-weit ist der Bereich der Arbeitsbedingungen und Sozialstandards stark reguliert. Weltweit gilt das jedoch nicht. Gerade in den produzierenden Niedriglohnstaaten fehlen gesetzliche Mindeststandards zu Arbeitnehmerschutz und -rechten. Dort erlangen die IFA ihre Bedeutung als Selbstverpflichtung, – jenseits der gesetzlichen Bestimmungen beziehungsweise über diese hinaus.[40] Die Unternehmen erkennen

---

34 Beschorner/Vorbohle in Coporate Social Responsibility und Corporate Citizenship, 105, 109f.

35 Beschorner/Vorbohle in Coporate Social Responsibility und Corporate Citizenship, 105, 109f.

36 Beschorner/Vorbohle in Coporate Social Responsibility und Corporate Citizenship, 105, 110.

37 1900 im Jahr 2011 ggü 600 im Jahr 2006.

38 850 in Jahr 2011 ggü 270 im Jahr 2006.

39 140 im Jahr 2011 ggü 79 im Jahr 2006; Mitteilung der Kommission: Eine neue EU-Strategie (2011–14) für die soziale Verantwortung der Unternehmen (CSR), KOM(2011) 681 endg, 5f.; in Commission Staff Working Document: Transnational company agreements: realising the potential of social dialogue, SWD(2012) 264 endg, wird die Zahl für 2012 nunmehr mit 224 angegeben – hierbei ist zu beachten, dass Report und Zahlen auch die hier nicht behandelten Transnational Company Agreement erfassen, die zwischen Unternehmen und Europäischem Betriebsrat geschlossen werden. Zur zahlenmäßigen Entwicklung der IFA allein siehe Historische Entwicklung § 2 I.3.a.

40 Kocher weist darauf hin, dass völkerrechtliche Übereinkommen, wie etwa die transnationalen Mindeststandards der ILO-Kernarbeitsnormen, Unternehmen nicht binden,- diese Lücke wird über die Selbstverpflichtung der Unternehmen geschlossen, WSI-Mitteilungen 4/2008, 198.

die Bedeutung gewisser sozialer Standards, die Tatsache, dass diese in vielen Produktionsländern durch den gesetzlichen Standard nicht gesichert sind, sowie die Rolle, die sie als Stakeholder in dieser Situation haben. Mit Abschluss eines IFA übernehmen sie die daraus erwachsende Verantwortung. Mit ihren Zusagen im Rahmen eines IFA beweisen die Unternehmen nicht nur Compliance, sondern bewegen sich in einem Bereich jenseits gesetzlicher Vorgaben, – dem Bereich unternehmerischer Sozialverantwortung.

Liest man die Liste an Initiativen der Kommission im Bereich ‚IFA',[41] lässt sich die Bedeutung, die die Kommission dem Instrument für den sozialen Dialog und die CSR-Politiken gibt, erkennen: Mit dem Arbeitsdokument 'The role of transnational company agreements in the context of increasing international integration'[42] und einer Analyse existierender IFA[43] wurde 2008 die Einsetzung einer Sachverständigengruppe angekündigt.[44] Über zwei Jahre hat die Gruppe in sechs Sitzungen einen umfassenden Report zu IFA verfasst und schließlich 2012 veröffentlicht.[45] Unterstützend hat die Kommission Studien zur international privatrechtlichen Behandlung und den rechtlichen Wirkungen des Instruments erarbeitet.[46] Gleichzeitig wurde eine Datenbank zu allen bestehenden, veröffentlichten Rahmenvereinbarungen angelegt.[47]

Die Maßnahmen sind Ausdruck der Hoffnung, dass die IFA eine nachhaltige wirtschaftliche Entwicklung und die Wettbewerbsfähigkeit durch ‚best-practices' fördern, die Europäisierung der Unternehmen durch Stärkung der grenzübergreifenden Solidarität und Vereinfachung der Interessenvermittlung

---

41 Commission Staff Working Document: Transnational company agreements: realising the potential of social dialogue, SWD(2012) 264 endg, 1f.

42 SEC(2008) 2155.

43 European Commission: Mapping of transnational texts negotiated at corporate level, EMPL F2 EP/bp 2008 (D) 14511.

44 EU Commission Staff Working Document: The role of transnational company agreements in the context of increasing international integration, SEC(2008) 2155, 10.

45 Report– Expert Group – Transnational Company Agreements vom 31.1.2012 abrufbar unter http://ec.europa.eu/social/main.jsp?catId=707&langId=en&intPageId=214, zuletzt abgerufen: 11.7.2013.

46 Study on the characteristics and legal effects of agreements between companies and workers' representatives (2011) und Study on international private law aspects and dispute settlement related to transnational company agreements, abrufbar unter http://ec.europa.eu/social/main.jsp?catId=707&langId=en&intPageId=214, zuletzt abgerufen: 11.7.2013.

47 EU-Database on transnational company agreements http://ec.europa.eu/social/main.jsp?catId=978&langId=en, zuletzt abgerufen: 11.7.2013.

über Ländergrenzen hinweg vorantreiben, zu Innovationen im sozialen Bereich führen und dazu beitragen, gemeinsame Antworten auf die Herausforderungen durch die Wirtschaftskrise zu finden.[48] Daneben gilt die Hoffnung vor allem der Möglichkeit, dass die IFA eine neue Form des sozialen Dialogs voranbringen, der die weltweite Einbindung multinationaler Unternehmen fördert.[49] Dadurch könnte eine soziale Dimension in die internationalen Beziehungen getragen werden.[50] Kurzum erkennt die Kommission die bedeutende Rolle der IFA für den sozialen Dialog und als Instrument unternehmerischer Sozialverantwortung an. Sie sieht ihr Potenzial, den sozialen Dialog und die Entwicklung des CSR-Bereichs entscheidend voranzubringen.

b. Abgrenzung zu anderen Instrumenten der CSR

Unter Corporate Social Responsibility lassen sich eine unbegrenzte Zahl verschiedener Instrumente fassen. Von der bloßen Erklärung, sich etwa den OECD-Leitsätzen, dem UN-Global Compact oder den ILO-Kernarbeitsnormen verpflichtet zu fühlen, über die Veröffentlichung von Nachhaltigkeitsberichten, bis hin zu Programmen und Initiativen, in denen die Unternehmen ihre Tätigkeit aktiv auf Nachhaltigkeit und Sozialverträglichkeit ausrichten.

Ein direkter Vergleich zu dem Instrument der Codes of Conduct liegt nahe. Sie werden neben den IFA als zweites Instrument der privaten Regulierung von Arbeitsbedingungen und Sozialstandards genannt.[51] Die Kernregelungsbereiche und Referenzobjekte beider Instrumente gleichen sich: in Verhaltenskodizes und Internationalen Rahmenvereinbarungen tauchen Regelungen zu Kinder- und Zwangsarbeit sowie das Bekenntnis zur Gleichbehandlung und Vereinigungsfreiheit auf.[52] In beiden wird dabei regelmäßig auf die ILO-Kernarbeitsnormen verwiesen.[53]

In Abgrenzung zu den Verhaltenskodizes, die sich die Unternehmen selbst geben, handelt es sich bei den IFA um zweiseitige Vereinbarungen zwischen Unternehmen und Internationalen Gewerkschaften, die im Dialog der Vertragspartner

48 EU Commission Staff Working Document: Transnational company agreements: realising the potential of social dialogue, SWD(2012) 264 endg, 5.
49 EU Commission Staff Working Document: Transnational company agreements: realising the potential of social dialogue, SWD(2012) 264 endg, 6.
50 EU Commission Staff Working Document: Transnational company agreements: realising the potential of social dialogue, SWD(2012) 264 endg, 6.
51 Kocher WSI-Mitteilungen 4/2008, 198.
52 Kocher WSI-Mitteilungen 4/2008, 198.
53 Kocher WSI-Mitteilungen 4/2008, 198.

verhandelt werden.[54] Mit der Besonderheit des Verhandlungsmoments heben die IFA die Bemühungen um nichtstaatliche Sicherung und Festschreibung von Arbeitnehmerrechten und Grundsätzen unternehmerisch verantwortungsvollen Handelns auf eine neue Ebene. Die Einbeziehung eines Verhandlungspartners aus dem Interessenkreis der Arbeitnehmer gibt den formulierten Normen eine neue Legitimationsquelle und verleiht dem unternehmerischen Engagement Glaubwürdigkeit.[55] So wird den Codes of Conduct umgekehrt auch „union-avoidance", die Vermeidung der Gewerkschaften zugeschrieben.[56] Gerade dieses Unterscheidungsmerkmal ist es auch, das dem Institut der IFA eine andere rechtliche Qualität gibt, die zu einer unterschiedlichen rechtlichen Bewertung führen muss: Auslegung und Konkretisierung der Klauseln unterliegen nicht mehr nur dem Willen der Unternehmensführung; maßgeblich Einfluss haben auch die berechtigten Erwartungen des Erklärungsempfänger. Zugleich mit der Deutungshoheit geben die Unternehmen oftmals die alleinige Hoheit über die Implementierungs- und Kontrollmechanismen aus der Hand.[57] Das gemeinsame Monitoring stellt einen wesentlichen Erfolgsfaktor der IFA dar.[58]

Ein Unterschied lässt sich auch hinsichtlich des Ziels beider Instrumente ausmachen. Codes of Conduct regeln das Verhalten von Führungskräften und einfachen Arbeitskräften. Ziel ist es, Unternehmensabläufe zu harmonisieren und Compliance mit Gesetzen und Unternehmenswerten zu sichern. Durch IFA wird versucht, gegenseitiges Verständnis und die partnerschaftliche Annäherung an die Herausforderungen der Arbeitsbeziehungen einer globalisierten Arbeitswelt zu schaffen. IFA sind ein Gegenentwurf zu vertikalen Regelungsvorgaben. Sie sind das Ergebnis arbeitnehmerseitiger Partizipation und fördern diese. Daraus ergibt sich auch ein unterschiedlicher inhaltlicher Schwerpunkt. Während sich in den Verhaltenskodizes auch Vorschriften zur CSR und Unternehmensethik finden, regeln IFA verstärkt die Beziehung zwischen Arbeitgeber, Arbeitnehmer sowie Gewerkschaften und bringen systematisch die ILO-Kernarbeitsnormen zur Anwendung.[59] Diese Unterschiede sind jedoch nicht zwingend.

---

54 Kocher WSI-Mitteilungen 4/2008, 198.

55 Thüsing RdA 2010, 78, 79.

56 Gallin in Cross-Border Social Dialogue and Agreements, 15, 33f.

57 Kocher WSI-Mitteilungen 4/2008, 198f.; ebenso Gallin in Cross-Border Social Dialogue and Agreements, 15, 34.

58 Schömann et al Codes of conduct and international framework agreements: New forms of governance at company level, 83; ebenso Kocher WSI-Mitteilungen 4/2008, 198ff.

59 alle vorstehenden Angaben des Absatzes: Schömann et al Codes of conduct and international framework agreements: New forms of governance at company level, 85f.

Über die klare Trennlinie des Verhandlungskriteriums hinaus sind die Übergänge beider Handelsformen fließend.[60] Die Bezeichnungen variieren von ‚agreement', ‚joint opinion', ‚declaration', ‚charter', ‚convention', ‚guidelines' oder ‚action program' und sind austauschbar.[61] Auch in der Literatur wird eine deutliche Trennung nicht immer vollzogen.[62] Mit zunehmender Verbreitung und inhaltlicher Entwicklung des Instruments sollten die Grenzen jedoch deutlicher werden. Zutreffend ist es, die IFA in Anbetracht ihrer inhaltlichen Nähe, aber vielversprechenderen Struktur als mehrseitige Rahmenabkommen als Fortentwicklung des Instruments der Codes of Conduct einzuordnen.[63] In einigen Unternehmen basieren die IFA auch tatsächlich auf deren Codes of Conduct.[64] Ein Vorgang, der den Fortschritt von den Codes of Conduct zu den IFA verbildlicht.[65]

2. Verhältnis zur staatlichen Normsetzung

a. Abgrenzung zur staatlichen Normsetzung

Eine allgemeingültige Definition von Soft Law oder auch eine tatsächliche Eingrenzung, was darunter zu zählen ist, fehlt.[66] Soft Law ist jedoch nicht das Gegenstück staatlicher Gesetzgebung. Es kann staatlich und nichtstaatlich gegeben sein.[67] Im Fall der IFA liegt die Annahme einer staatlichen Rechtsnorm in Anbetracht der privatrechtlich organisierten Parteien jedoch fern. Da die Parteien jenseits der gesetzlichen Grundlage anderer kollektivarbeitsrechtliche Instrumente verhandeln, kann, ohne einer eingehenden Analyse der Rechtsnatur vorzugreifen, auch eine normative Wirkung der Klauseln durch gesetzliche Delegation ausgeschlossen werden. Damit fehlt es unabhängig von der Frage, ob in den IFA ihrer Formulierung nach eine abstrakt-generelle Regel liegt, an der allgemeinwirkenden normativen Kraft, die einer Rechtsnorm zukommt.

---

60 Thüsing RdA 2010, 78, 79.

61 Aufzählung nachThüsing RdA 2010, 78, 79 und EU Commission Staff Working Document: Transnational company agreements: realising the potential of social dialogue, SWD(2012) 264 endg, 4f.

62 mit Beispielen: Gallin in Cross-Border Social Dialogue and Agreements, 15, 32.

63 Thüsing RdA 2010, 78, 79.

64 Papadakis/Casale/Tsotroudi in Cross-Border Social Dialogue and Agreements, 67, 72.

65 siehe ausführlich zu Unterschieden und Gemeinsamkeiten beider Instrumente Schömann et al Codes of conduct and international framework agreements: New forms of governance at company level; Banks/Shilton 33. CCL&P 4/2012, 495, 505ff.

66 Ehricke NJW 1989, 1906.

67 einen engeren Begriff vertritt Ehricke NJW 1989, 1906.

b. Berührungspunkte

Tatsächlich wird die Regelung von Arbeits- und Sozialstandards jedoch regelmäßig dem staatlichen Aufgabenbereich zugezählt. Die IFA können in den meisten Staaten soweit Regelungen treffen, als die jeweilige nationale Gesetzgebung nicht entgegensteht.[68] Die Bedeutung staatlicher Gesetzgebung für Arbeitnehmerrechte findet sich jedoch auch in den Texten der Vereinbarungen verschieden wieder.

Die überwiegende Zahl der IFA enthält nicht nur den Willen, nicht gegen die jeweils geltenden nationalgesetzlichen Regelungen verstoßen zu wollen, sondern macht diese auch zum Regelungsgegenstand: „PSA Peugeot Citroën undertakes to respect rest times and periodic leave corresponding at least to the conditions set by national legislation or collective agreements in the countries concerned." So wie diese beispielhafte Klausel aus dem IFA PSA Peugeot Citroën finden sich in nahe allen IFA dynamische Verweise auf die vor Ort geltende Rechtslage. Dies kann man als fehlende Bereitschaft, sich über bloße Compliance hinaus zu binden, verstehen. Zugleich zeigt sich aber auch die besondere Rolle des Staates auf dem Gebiet der Arbeits- und Sozialbedingungen. Dazu passt, dass andersherum auch die gesetzgebende EU das Institut der IFA aufmerksam beobachtet und versucht rechtlich einzufangen. So schließt die EU ihren Report ‚Transnational company agreements: realising the potential of social dialogue' mit Vorschlägen, die die Verbreitung und Substantiierung der IFA von EU-Seite fördern sollen, ohne in die Vertragsfreiheit der Parteien einzugreifen.[69]

c. Referenzobjekte

Besonders deutlich wird die enge Verbindung von privat-rahmenvertraglichem und öffentlichem Arbeitnehmerschutz in der Referenz an gesetzliche, beziehungsweise von Staatenverbünden gesetzte Arbeitsstandards und Schutznormen. Da die IFA gerade aus der Unzulänglichkeit des nationalstaatlichen Arbeitsrechts geboren sind, verweisen sie konsequenterweise auf internationale Regelwerke. Der Grund für die Inbezugnahme dieser öffentlichen Regelwerke mag in der Pflicht, die in verschiedenen Staaten besteht, soziale Belange in den Geschäftsbericht aufzunehmen und der Notwendigkeit einen sozialen Bewertungsmaßstab zu schaffen, liegen.[70]

---

68 Study on the characteristics and legal effects of agreements between companies and workers' representatives, 24f., siehe Fn 46, mit einer Aufstellung der frei und nicht frei verhandelbaren Gegenstände für die EU-Mitgliedsstaaten.

69 EU Commission Staff Working Document: Transnational company agreements: realising the potential of social dialogue, SWD(2012) 264 endg, 8ff., 18.

70 Schömann in Shaping Global Industrial Relations, 21, 26.

Häufigste Referenz sind die Übereinkommen der International Labour Organization (ILO) und deren Kernarbeitsnormen. Neben weiteren vereinzelten ILO-Übereinkommen und Empfehlungen werden vor allem die Menschenrechte, der United Nations Global Compact und die OECD-Leitsätze für multinationale Unternehmen genannt.[71] Die Verknüpfung zu diesen Initiativen und Rechtssätzen verortet die IFA im weltweiten sozialen Dialog und erlaubt Rückschlüsse auf das Selbstverständnis der handelnden Unternehmen. Während der Verweis auf die Menschenrechte, die nur geringen Bezug zum Kernregelungsbereich der IFA aufweisen, kaum rechtliche Substanz hat, können durch die Verweise auf die übrigen Regelwerke Rechte zumindest dann konstituiert werden, wenn die zitierten internationalen Normen selbst von vorneherein nur unverbindlich sind, nicht ratifiziert wurden oder ihnen eine notwendige einfachgesetzliche Umsetzung fehlt.[72]

aa. ILO-Übereinkommen

Die ILO-Kernarbeitsnormen, wichtigster und häufigster Referenzpunkt der IFA, fassen acht vorangegangene Übereinkommen der ILO zusammen: die Übereinkommen Nummer 87 zur Vereinigungsfreiheit und Schutz des Vereinigungsrechtes von 1948, Nummer 98 zum Vereinigungsrecht und Recht zu Kollektivverhandlungen von 1949, Nummer 29 zu Zwangsarbeit von 1930, Nummer 105 zur Abschaffung der Zwangsarbeit von 1957, Nummer 100 zur Gleichheit des Entgelts, von 1951, Nummer 111 gegen Diskriminierung in Beschäftigung und Beruf von 195, Nummer 138 zum Mindestalter aus 1973 und Nummer 182 zu Verbot und unverzüglichen Maßnahmen zur Beseitigung der schlimmsten Formen der Kinderarbeit. Damit soll den vier Grundprinzipien des ILO-Selbstverständnisses Ausdruck gegeben werden: Vereinigungsfreiheit und Recht auf Kollektivverhandlungen, Beseitigung der Zwangsarbeit, Abschaffung der Kinderarbeit und Verbot der Diskriminierung in Beschäftigung.[73]

Diese wie auch die Übereinkommen im Allgemeinen gelten zunächst nur gegenüber den Mitgliedsstaaten der ILO, die diese ratifiziert haben. In Deutschland bedarf es dazu neben der Unterzeichnung zusätzlich der Zustimmung des Bundestags, gegebenenfalls des Bundesrats, Art 59 Abs 2 GG. Die Geltung gegenüber

71 Zusammenstellung aller zitierten ILO-Übereinkommen und Empfehlungen in Shaping Global Industrial Relations, Anhang 243f.

72 Thüsing RdA 2010, 78, 81f.

73 alle Informationen des Absatzes entstammen der ILO-Website www.ilo.org/public/german/region/eurpro/bonn/kernarbeitsnormen/index.htm, zuletzt abgerufen: 11.7.2013.

privatwirtschaftlichen Arbeitgebern kann nur über eine einfachgesetzliche Umsetzung erfolgen. Zu keiner dieser Schritte verpflichtet die ILO-Verfassung. Dort ist mit Blick auf die Übereinkommen allein die Pflicht formuliert, das Abkommen den zuständigen gesetzgebenden Stellen binnen einen Jahres vorzulegen und hierüber Bericht zu erstatten (Art 19 Abs 5 lit b, c ILO-Verfassung). Gleichwohl sind zumindest die Kernarbeitsnormen in 120 Mitgliedsstaaten ratifiziert worden; Deutschland ist einer davon.[74]

bb. Global-Compact der Vereinten Nationen

Die Global Compact-Initiative der Vereinten Nationen stellt zehn Prinzipien auf, nach denen die teilnehmenden Unternehmen ihre Geschäftstätigkeit ausrichten sollen. Die Prinzipien basieren auf der Erklärung der Menschenrechte, den ILO-Kernarbeitsnormen, den Grundsätzen der Erklärung von Rio zu Umwelt und Entwicklung und der UN-Konvention gegen Korruption. Die Kernarbeitsnormen sind in den Prinzipien 3 bis 6 niedergelegt. Danach sollen die Unternehmen die Vereinigungsfreiheit und die wirksame Anerkennung des Rechts auf Kollektivverhandlungen wahren und sich für die Beseitigung aller Formen der Zwangsarbeit, Kinderarbeit sowie Diskriminierung bei Anstellung und Erwerbstätigkeit einsetzen.[75] Die Einhaltung der Vorgaben ist freiwillig, die unterzeichnenden Unternehmen sind nur zu jährlichen Fortschrittsmeldungen angehalten; eine Kontrolle der Unternehmensberichte erfolgt jedoch nicht.[76] In Deutschland nehmen 243, davon 188 privatgetragene Unternehmen an der Global Compact-Initiative teil.[77]

cc. OECD-Leitsätze für multinationale Unternehmen

Die OECD-Richtlinien stellen Empfehlungen an Unternehmen zu verantwortungsvoller Unternehmensführung im globalen Kontext dar. Die 1976 verfassten

---

74 Information laut ILO-Website siehe Fn 73; zur Geltung der völkerrechtlichen ILO-Normen und dem Verfahren der Umsetzung ebenso Thüsing RdA 2010, 78, 81.

75 alle vorstehenden Informationen des Abstzes laut UN-Global Compact-Website www.unglobalcompact.org/Languages/german/die_zehn_prinzipien.html, zuletzt abgerufen: 11.7.2013.

76 Informationen zu Fortschrittsberichten und Kontrolle laut UN-Global Compact-Website https://www.unglobalcompact.org/Languages/german/fortschrittsmitteilungen.html, zuletzt abgerufen: 22.3.2015.

77 Datenbankabfrage unter http://www.unglobalcompact.org/participants/search, zuletzt abgerufen: 11.7.2013.

und in den Jahren 2000 und 2011 überarbeiteten und erweiterten Richtlinien[78] umfassen Kapitel zu allgemeinen Grundsätzen, Transparenz, Menschenrechten, Umwelt, Beschäftigung und Beziehungen zwischen den Sozialpartnern, Bekämpfung von Bestechung, Bestechungsgeldforderungen und Schmiergelderpressung, Verbraucherinteressen, Wissenschaft und Technologie, Wettbewerb und Steuern.[79] Vorgaben zu Arbeitsbedingungen sind nur ein Teil der Richtlinien, wenn auch kein unbedeutender.[80] Insofern vergleicht die OECD selbst die Leitsätze ihrem Ziel und Wirken nach mit den ILO-Kernarbeitsnormen und dem Global Compact.[81] Die Leitsätze verpflichten in erster Linie die 34 OECD-Mitgliedsstaaten sowie acht weitere Staaten, die sich der Initiative angeschlossen haben, die Unternehmen ihres Landes zur Einhaltung der Leitsätze überall dort anzuhalten, wo diese geschäftstätig sind.[82] Zudem soll jeder der Staaten eine Kontaktstelle einrichten, um die Anwendung der Leitsätze voranzubringen.[83] Für die Unternehmen ist die Einhaltung freiwillig.[84]

dd. Weitere Referenzobjekte

Neben diese prägenden Regelwerke, treten eine Vielzahl weiterer Referenzen, die die Vielfalt der IFA nach Inhalt, Branche und Geltungsbereich widerspiegeln. So etwa die ‚European Convention on Human Rights' (1950), der ‚ILO Code of Practice on HIV/AIDS and the World of Work' (2001), der ‚ILO Code of Practice on Occupational Safety and Health in the Iron and Steel Industry' (1983), der ‚ILO Code of Practice on Safety and Health in Forestry Work' (1998), der ‚ILO Code of Practice on Safety in the Use of Synthetic Vitreous Fibre Insulation Wools (glass wool, rock wool, slag wool)' (2001), die ‚ILO Declaration on Fundamental Principles and Rights at Work' (1998), die ‚Rio Declaration on Environment and Development (1992) SA 8000' (1997), die ‚UN Convention Against Corruption' (2003), die ‚UN Declaration on the Elimination of All Forms of

78 alle vorstehenden Informationen des Absatzes laut OECD-Website http://www.oecd.org/berlin/publikationen/oecd-leitsaetze-fuer-multinationale-unternehmen.htm, zuletzt abgerufen: 11.7.2013.

79 OECD-Leitsätze für multinationale Unternehmen, Ausgabe 2011, 22ff., abrufbar unter http://www.oecd.org/berlin/publikationen/oecd-leitsaetze-fuer-multinationale-unternehmen.htm, zuletzt abgerufen: 11.7.2013.

80 Thüsing RdA 2010, 78, 81.

81 OECD-Website, siehe Fn 78.

82 OECD-Leitsätze für multinationale Unternehmen, Ausgabe 2011, 3 und 19, siehe Fn 79.

83 OECD-Leitsätze für multinationale Unternehmen, Ausgabe 2011, 78, siehe Fn 79.

84 OECD-Leitsätze für multinationale Unternehmen, Ausgabe 2011, 78f., siehe Fn 79.

Discrimination against Women' (1967) oder auch die ,UN Declaration on the Rights of the Child' (1959).[85]

3. Entwicklung und Verbreitung

a. Historische Entwicklung

Den Anfang machte 1988 Danone, damals noch Boussois-Souchon-Neuvesel, mit einer Vereinbarung, überschrieben mit ,joint opinion', ausgehandelt mit der International Union of Food, Agricultural, Hotel, Restaurant, Catering, Tobacco and Allied Workers' Associations (IUF). Darin vereinbarten die Parteien vier Bereiche, in denen sie zukünftig einvernehmlich zusammenarbeiten wollen. Zu diesen vier Bereichen, ,workplace equality for men and women', ,economic and social information for the staff and their representatives', ,training' und ,trade union rights', wurden in den Jahren 1989 bis 1994 ergänzende Framework Agreements verfasst.[86]

Das Agreement kann als erster handfester Erfolg der Internationalisierung der Arbeitnehmervertretungen und ihres Engagements für die Arbeitnehmerrechte gewertet werden: In den zwei Jahrzehnten zuvor hatten die International Trade Secretariats (ITS), Vorgänger der heutigen Global Union Federations (GUF), erste Kampagnen gegen multinationale Unternehmen geführt und die Einsetzung weltweiter Betriebsräte angestoßen.[87] Das Instrument der IFA markiert in dieser Entwicklung den Start der Verhandlungen von Kollektivverträgen auf globaler Ebene.[88]

Bedeutung bezüglich der Aufnahme und Verbreitung transnationaler Verhandlungen kommt auch der Entstehung Europäischer Betriebsräte nach Annahme der Richtlinie 94/45/EG vom 22. September 1994 über die Einsetzung eines Europäischen Betriebsrats zu.[89] Obwohl die Rolle der Verhandlungspartner bei den IFA auf

---

85 mit weiteren Referenzobjekten und Listung der jeweils verweisenden Unternehmen: Shaping Global Industrial Relations, Anhang, 243ff.

86 ganzer Absatz nach Telljohann et al European and international framework agreements: Practical experiences and strategic approaches, 68; siehe ausführlich zu den Verhandlungen BSN-Danone und IUF: Gallin in Cross-Border Social Dialogue and Agreements, 15, 26ff.

87 Papadakis in Shaping Global Industrial Relations, 1, 4.

88 siehe Definition der IFA nach Eurofound, abrufbar unter www.eurofound.europa.eu/areas/industrialrelations/dictionary/definitions/internationalframeworkagreement.htm, zuletzt abgerufen: 11.7.2013.

89 ABlEG Nr L 254, 64, ber ABlEU 2009 Nr L 103, 30; die Richtlinie wurde zwischenzeitlich durch die Richtlinie 2009/38/EG vom 6. Mai 2009 über die Einsetzung eines

Seiten der Internationalen Gewerkschaften liegt, hat die Einsetzung Europäischer Betriebsräte die Kultur transnationaler Verhandlungen befördert und damit auch den Durchsetzungsprozess der IFA beeinflusst.[90] Ziel der Richtlinie war und ist es, den sozialen Dialog und Arbeitnehmerrechte, insbesondere die Partizipation von Arbeitnehmern in grenzübergreifenden Unternehmen, zu fördern.[91] Konkret sollte ein rechtlicher und institutioneller Rahmen für transnationale Verhandlungen geschaffen werden.[92] Die ersten freiwilligen Bemühungen einzelner länderübergreifend agierender Unternehmen sollten so aufgefangen werden und durch den Ordnungsrahmen Nachahmer finden.[93]

Danone versuchte sich in der Folge der ersten Vereinbarung mit einer Reihe Rahmenvereinbarungen, sodass das Unternehmen mit zehn IFA – verhandelt zwischen 1998 und 2007 und verschieden aktualisiert – wohl die größte Erfahrung auf dem Gebiet der IFA vorweisen kann.[94] Jenseits dieses Einzelfalls kann von einer breiten Entwicklung und damit Durchsetzung des Instruments ab dem Jahr 2000 gesprochen werden. Seitdem steigt die Zahl der IFA sprunghaft.[95] Während von den Anfängen in 1988 bis 2002 lediglich 23 IFA existierten, konnten die Internationalen Gewerkschaften in den darauf folgenden drei Jahren 33 weitere Rahmenvereinbarungen verhandeln.[96] In der Spanne von 2007 bis 2010 erhöhte sich die Zahl um 26 von 56 auf 72 IFA.[97] Eine Abfrage der Datenbank der EU

Europäischen Betriebsrats oder die Schaffung eines Verfahrens zur Unterrichtung und Anhörung der Arbeitnehmer in gemeinschaftsweit operierenden Unternehmen und Unternehmensgruppen neugefasst ABlEU Nr L 122, 28.

90 die Europäischen Betriebsräte treten in vielen der europäischen IFA jedoch als Mitunterzeichner auf. Die EU selber verwendet zudem den Begriff der Transnational Company Agreements (TCA), der Vereinbarungen erfasst, die allein von einem Europäischen Betriebsrat als Vertreter für die Arbeitnehmerseite unterzeichnet sind. Dementsprechend sieht die EU die Europäischen Betriebsräte als treibende und dominierende Kraft hinter den TCA: Report – Expert Group – Transnational Company Agreements vom 31.1.2012, 28f., siehe Fn 45; zur überlegenen Rolle der Internationalen Gewerkschaften gegenüber den Europäischen Betriebsräten im Bereich der IFA: Gallin in Cross-Border Social Dialogue and Agreements, 15, 35ff.

91 siehe Erwägungsgründe 7ff. der Richtlinie 2009/38/EG (ABlEU Nr L 122, 28).

92 Bèthoux Background Document European Commission VT/2008/022, 2008, 8.

93 Bèthoux Background Document European Commission VT/2008/022, 2008, 8.

94 siehe EU-Database on transnational company agreements, http://ec.europa.eu/social/main.jsp?catId=978&langId=en, abgerufen am 1.11.2012; die Datenbank befindet sich auf den Stand von 2011.

95 Papadakis in Shaping Global Industrial Relations, 1, 5.

96 Papadakis in Shaping Global Industrial Relations, 1, 5.

97 Papadakis in Shaping Global Industrial Relations, 1, 5.

ergibt 107 globale Rahmenvereinbarungen im Jahr 2011.[98] Im Jahr 2010 unterfielen damit 6,3 Millionen Arbeitnehmer dem Schutz eines IFA.[99] Nicht eingerechnet die erfassten Arbeitsverhältnisse in Zuliefererbetrieben und Subunternehmen, zu deren Einbeziehung in die Rahmenvereinbarung sich die unterzeichnenden Unternehmen gegenüber der arbeitnehmerseitigen Vertragspartei ebenfalls regelmäßig verpflichten.[100]

b. Geographische Verbreitung

Die IFA sollen Antwort auf die Anforderungen der Globalisierung sein. Dementsprechend finden sie überwiegend weltweit Anwendung; derzeit gilt dies für 103 der 107 Rahmenvereinbarungen.[101] Trotzdem handelt es sich nur bedingt um ein weltweites Phänomen. Die EU spricht von einem ‚*european driven process*' und verweist auf die überragende Zahl der Unternehmen mit IFA, deren Unternehmenssitz in Europa liegt.[102] Tatsächlich geht die Europäische Kommission dabei auch von dem weiteren Begriff der Transnational Company Agreements (TCA) aus, der Vereinbarungen zwischen Unternehmen und betriebsinternen Europäischen Betriebsräten einschließt.[103] In 2008 ergab sich danach, dass von 89 bestehenden TCA 75 von Unternehmen mit Sitz in der Europäischen Wirtschafszone geschlossen wurden.[104] Zugleich beschränken sich fünf der damals sechs Agreements von in den USA gelegenen Unternehmen in ihrer Anwendung auf den europäischen Raum.[105] Die Zahlen, begrenzt auf IFA, zeigen zwar eine Zunahme der außereuropäischen IFA, ein deutlich anderes Bild zeichnen sie jedoch nicht: von 91 Unternehmen mit einem IFA liegen nur 24 außerhalb des EU-Raum, von denen wiederum fünf aus der Schweiz stammen und damit zumindest dem

---

98 siehe EU-Database on transnational company agreements, http://ec.europa.eu/social/main.jsp?catId=978&langId=en, abgerufen am 5.11.2012.

99 Papadakis in Shaping Global Industrial Relations, 1, 5.

100 Papadakis in Shaping Global Industrial Relations, 1, 5. siehe zu Grad und Häufigkeit der Einbeziehung von Zuliefererbetrieben und Subunternehmen die Grafik 2.1. in Welz in Shaping Global Industrial Relations, 38, 55.

101 siehe EU-Database on transnational company agreements, http://ec.europa.eu/social/main.jsp?catId=978&langId=en, abgerufen am 6.11.2012.

102 European Commission: Mapping of transnational texts negotiated at corporate level, EMPL F2 EP/bp 2008 (D) 14511, 5.

103 siehe Fn 10.

104 European Commission: Mapping of transnational texts negotiated at corporate level, EMPL F2 EP/bp 2008 (D) 14511, 6.

105 European Commission: Mapping of transnational texts negotiated at corporate level, EMPL F2 EP/bp 2008 (D) 14511, 6.

kontinentaleuropäischen Raum zugerechnet werden zu können. Noch deutlicher wird der Vergleich der geschlossenen IFA: bei insgesamt 107 vorliegenden IFA bleibt es bei 24 außerhalb der EU geschlossenen IFA. Trotzdem kann von einem positiven Trend gesprochen werden. Blickt man auf die in 2010 geschlossenen IFA sind fünf von zehn durch Unternehmen mit Sitz außerhalb der EU und auch Europa geschlossen worden.[106]

Die Verteilung im Detail ergibt für Deutschland 22,[107] Frankreich 23,[108] Schweden neun,[109] Niederlande sechs, Norwegen, Schweiz und die Vereinigten Staaten von Amerika fünf, Italien und Spanien vier,[110] Brasilien, Dänemark und Südafrika und Luxemburg drei,[111] Indonesien und Belgien zwei und für Japan, Griechenland, Australien, Malaysia, Kanada, Neuseeland, Portugal und Russland eine Rahmenvereinbarung.[112]

Ohne die starke Präsenz von Danone, mithin gemessen an der Zahl der engagierten Unternehmen, nicht der geschlossenen IFA, liegt Deutschland weit vorne. Neben Frankreich stehen die skandinavischen Länder vorn. Auffällig ist, dass, gemessen an Größe und Bedeutung des Landes, Großbritannien überhaupt nicht vertreten ist. Hier könnte sich der generelle Einfluss der Gewerkschaften im britischen Staat widerspiegeln, der durch die Regierung Thatcher stark zurückgedrängt wurde. So geht auch die rechtliche Kraft beziehungsweise Bindung von Kollektivvereinbarungen nach britischem Recht nicht über ein *gentlemen's agreement* hinaus, wenn nicht etwas anderes bestimmt ist, *Trade Union and Labour Relations* Act 1992 (TULR(C)A) sec. 179.[113] Andersherum ließe sich so auch die Vorreiterrolle von Frankreich und Deutschland erklären. In beiden Ländern gibt es immer noch eine hohe gewerkschaftliche Organisierungsrate der Arbeitnehmer. Zugleich können die Gewerkschaften auf einen starken gesetzlichen Rahmen setzen.[114]

---

106 alle Zahlen zu IFA siehe EU-Database on transnational company agreements, http://ec.europa.eu/social/main.jsp?catId=978&langId=en, abgerufen am 1.11.2012.

107 von 21 Unternehmen.

108 von 13 Unternehmen.

109 von 8 Unternehmen.

110 im Fall von Spanien von 3 Unternehmen.

111 im Fall von Luxemburg von 1 Unternehmen.

112 siehe EU-Database on transnational company agreements, http://ec.europa.eu/social/main.jsp?catId=978&langId=en, abgerufen am 5.11.2012.

113 Thüsing RdA 2010, 78, 92.

114 Zusammenstellung aller gesetzlichen Möglichkeiten und tatsächlichen Ausgestaltungen von ‚company agreements' in den EU-Mitgliedsstaaten: study on the characteristics and legal effects of agreements between companies and workers' representatives, 24ff, siehe Fn 46.

Über den Grad der Bedeutung von Arbeitnehmerschutz, Belangen der sozialen Sicherung und Gewerkschaften in einem Staat erklärt sich auch die allgemein starke Präsenz europäischer Staaten, vor allem der langjährigen EU-Mitgliedsstaaten. Eine der wichtigsten Politiken der EU ist der Bereich Beschäftigung und Soziales nach den Artt 145–154 AEUV. Für die Bemühungen um eine Entgrenzung des Arbeitsrechts stehen die Europäische Union und ihre Maßnahmen oftmals als *,best practice'*. Genauso kann die verhältnismäßig schwache Präsenz US-amerikanischer Unternehmen in der Liste der IFA-Unternehmen auf die starken Vorbehalte gegenüber Gewerkschaftsaktivitäten in den USA zurückgeführt werden.[115] Case studies in Brasilien und USA belegen eine Abhängigkeit von den institutionellen Voraussetzungen.[116] Entscheidend für den Abschluss und die Durchsetzung der IFA waren danach die Anerkennung von Gewerkschaften und die Aufgeschlossenheit gegenüber Kollektivverhandlungen.[117]

c. *Verbreitung nach Branchen*

Die Datenbank der EU unterscheidet 17 Branchen. Die bis 2011 gelisteten 107 IFA verteilen sich auf die Bereiche ,Metal Industry' (23), ,Building and woodwork' (14), ,Food and agriculture' (13), ,Information and communication' (11), Chemicals (10), ,Temporary agency work' und ,Graphical' (7), ,Commerce' (6), ,Energy and water supply; waste management' (4), ,Financial and insurance activities' (3), ,Cleaning', ,Tourism, hotel catering', ,Post, transportation and logistics' und ,Private security' (2) und ,Textile, clothing, leather' (1). Für den Bereich Health/Education und Sport liegen keine IFA vor.[118]

Die Bedeutung der Gewerkschaften zeigt sich, jenseits der nationalen Verteilung, auch bei der Verbreitung der IFA in verschiedenen Branchen.[119] IFA sind besonders im Metall-, Bau- und Chemiesektor verbreitet.[120] Diese Branchen

---

115 so auch Papadakis in Shaping Global Industrial Relations, 61, 64, der die USA in dieser Hinsicht Deutschland, Frankreich und den Nordeuropäischen Staaten gegenüberstellt.

116 Fichter/Helfen in Shaping Global Industrial Relations 85, 110ff.

117 Fichter/Helfen in Shaping Global Industrial Relations 85, 91 und 110ff.

118 alle Daten des Absatzes entstammen der EU-Database on transnational company agreements, http://ec.europa.eu/social/main.jsp?catId=978&langId=en, abgerufen am 5.11.2012.

119 Papadakis in Shaping Global Industrial Relations, 61, 64.

120 Papadakis in Shaping Global Industrial Relations, 61, 64.

werden auch als *producer-driven* bezeichnet.[121] Sie sind Kapital- und Technologieintensiv.[122] Neben hohen Einstiegshürden für Neuunternehmer führt dies dazu, dass die Unternehmen in einer durchgehenden hierarchisch strukturierten Produktionskette fertigen lassen.[123] Zulieferer stehen unter Kontrolle des Unternehmens.[124] Die Nähe zu den Arbeitern bleibt damit, anders als in Branchen, die als *buyer-driven* bezeichnet werden, erhalten. Zu dieser zweiten Sparte[125] zählen etwa die Textil- und Nahrungsmittelindustrie.[126] Die Unternehmen dieses Sektors gelten als gewerkschaftsmeidend.[127] In beiden sind auch IFA nur schwach vertreten. Zwar listet die EU-Datenbank 14 IFA im Bereich ‚Food and agriculture'; diese stammen jedoch von nur vier Unternehmen.[128] Wie in den beispielhaft genannten Textil- und Nahrungsmittelbranche ist der Zugang zur Wertschöpfungskette in Branchen, die als *buyer-driven* bezeichnet werden, aufgrund geringerer Produktionsvoraussetzungen und -kosten niedrigschwellig.[129] Die Unternehmen zeichnen sich vielmehr durch ihr Können in den Bereichen Design, Marketing, Branding und Verkauf aus.[130] Die personalintensive Produktion kann problemlos ausgelagert werden.[131] Durch die Trennung gehen dem Unternehmen der Kontakt und

121 Papadakis in Shaping Global Industrial Relations, 61, 64; Hammer in Cross-Border Social Dialogue and Agreements, 89, 93f.; Modell der Producer/Buyer-Driven Value Chains nach Gereffi IDS Bulletin 32.3/2001, 30.

122 Papadakis in Shaping Global Industrial Relations, 61, 64f.; Hammer in Cross-Border Social Dialogue and Agreements, 89, 93f.

123 Papadakis in Shaping Global Industrial Relations, 61, 64f.; Hammer in Cross-Border Social Dialogue and Agreements, 89, 93.

124 Papadakis in Shaping Global Industrial Relations, 61, 64f.; Hammer in Cross-Border Social Dialogue and Agreements, 89, 93f.

125 seit den 1990ern entwickelt sich eine neue dritte Sparte, von Gereffi als *internet-oriented* beschrieben, IDS Bulletin 32.3/2001, 30.

126 Papadakis in Shaping Global Industrial Relations, 61, 65; Hammer in Cross-Border Social Dialogue and Agreements, 89, 94.

127 Papadakis in Shaping Global Industrial Relations, 1, 6; ders in Shaping Global Industrial Relations, 61, 65.

128 EU-Database on transnational company agreements, http://ec.europa.eu/social/main.jsp?catId=978&langId=en, abgerufen am 5.11.2012.

129 Papadakis in Shaping Global Industrial Relations, 61, 65; Hammer in Cross-Border Social Dialogue and Agreements, 98, 94.

130 Papadakis in Shaping Global Industrial Relations, 61, 65; Hammer in Cross-Border Social Dialogue and Agreements, 98, 94.

131 Hammer in Cross-Border Social Dialogue and Agreements, 98, 94; Gereffi IDS Bulletin 32.3/2001, 30, 32f.

die Verantwortung für die produzierenden Arbeitnehmer verloren.[132] Die fehlende Nähebeziehung zwischen Unternehmen und Zulieferer verhindert zuletzt auch ein Eintreten der regelmäßig starken ‚Heimat'-Gewerkschaften für die Arbeitnehmer in den ausländischen Produktionsstätten.[133] Gewöhnlich mangelt es aber gerade dort an sozialen Mindeststandards, wie auch an eigenen durchsetzungsfähigen Arbeitnehmervertretungen.[134]

4. Parteien und Parteiinteressen

a. Vertretung auf Arbeitgeberseite

Das Unternehmen als Verhandlungspartner ist gesetzt. Regelmäßig unterzeichnet ein Vertreter der Geschäftsführung oder des Vorstandes der Obergesellschaft für die Unternehmensseite. Ein gesellschaftsrechtliches Problem, das an dieser Stelle nur angerissen werden soll, ist die Frage, inwiefern die Konzernleitung zum Abschluss eines den Gesamtkonzern bindenden IFA legitimiert ist. In der begleitenden Literatur wird dem Problem leichthin mit der Hoffnung begegnet, dass ein gut organisierter *Global Player* die Kommunikation in alle Konzernbereiche werde leisten können.[135] Diese Lösung kann jedoch überhaupt nur solange tragen, wie IFA mit keinerlei bindenden Rechtswirkungen ausgestattet sind.[136] Eine vertragliche Bindung würde in den meisten Staaten die erkennbare Vertretungsbefugnis der abschließenden Muttergesellschaft für ihre Tochtergesellschaften voraussetzen.[137] Möglich ist, sofern nach nationalem Gesellschaftsrecht vorgesehen, dass die Umsetzung im Rahmen des Weisungsrechts durchgesetzt wird.[138] Die Wirkung auch in der Konzernobergesellschaft steht in Frage, wenn IFA als Partei keine juristische Person, sondern schlicht ‚den Konzern' nennen.[139]

---

132 Papadakis in Shaping Global Industrial Relations, 1, 6.

133 in den als ‚producer-driven' charakterisierten Branchen kommt den ‚Heimat'-Gerwerkschaften eine bedeutende Rolle zu: Papadakis in Shaping Global Industrial Relations, 1, 6.

134 wobei Papadakis die Branchen ohnehin als klassicherweise gerwerkschaftsmeidend beschreibt, in Shaping Global Industrial Relations, 1, 6.

135 study on the characteristics and legal effects of agreements between companies and workers' representatives (2011), 116f., siehe Fn 46; Thüsing RdA 2010, 78, 92.

136 Dzida/Reinhard BB 2012, 2241, 2242.

137 Dzida/Reinhard BB 2012, 2241, 2242.

138 study on the characteristics and legal effects of agreements between companies and workers' representatives (2011), 116f., siehe Fn 46; Thüsing RdA 2010, 78, 92.

139 Dzida/Reinhard BB 2012, 2241, 2241f. mit Verweis auf die IFA Daimler, BMW, Danone, Danske Bank oder Lafarge.

Genaugenommen fehlt es hier an einem rechtsfähigen Vertragspartner.[140] Anders als für die Tochtergesellschaften kann für die Konzernobergesellschaft jedoch von der Bestimmbarkeit des Vertragspartners ausgegangen werden.[141]

Die IFA eröffnen den Unternehmen die Möglichkeit, die Beziehung zwischen Management und Gewerkschaften und auch zur Arbeitnehmerschaft positiv zu beeinflussen.[142] Im Dialog können Geschäftsentscheidungen und Restrukturierungsmaßnahmen besser kommuniziert und gemeinsam getragen werden.[143] Zugleich können die weltweit geltenden Vereinbarungen eine integrative Wirkung haben, indem sie zu einer höheren Identifikation mit dem global agierenden Unternehmen führen.[144] Die IFA haben dabei gegenüber den Codes of Conduct den Vorteil, dass die Unternehmen mit den Gewerkschaften einen öffentlich glaubhaften Partner und dessen Expertise zur Implementierung von CSR-Strukturen gewinnen.[145] Hieraus ergibt sich jedoch auch ein Risiko: die Unternehmen geben die Kontrolle über die Implementierung und den Umgang mit Complianceverstößen aus der Hand.

Das Unternehmensinteresse hinsichtlich eines nachhaltigen und sozial gerechten Wirtschaftens, vor allem aber einer glaubhaften CSR-Politik wird in den meisten Fällen wohl ein strategisches bleiben, – motiviert durch die steigende Bedeutung von sozialen Fragen und Nachhaltigkeitsaspekten für die Entscheidung von Käufern und Investoren. So wägen viele Unternehmen in der Präambel ihres IFA die Durchsetzung der Grundsätze gegen die eigene, auch kurzfristige Wettbewerbsfähigkeit ab. So etwa im IFA Röchling: „The precondition for the company to assume this responsibility, however, is the short, medium and long-term competitiveness". Zum Abschluss des IFA müssen die Vorteile, eine glaubhafte CSR zu betreiben und präsentieren zu können, die administrativen Kosten, vor allem aber die Kosten der Implementierung überwiegen.[146]

---

140 Dzida/Reinhard BB 2012, 2241, 2241f.

141 zur Notwendigkeit der Bestimmtheit bzw Bestimmbarkeit des Vertragspartners Dzida/Reinhard BB 2012, 2241, 2242.

142 Commission Staff Working Document: Transnational company agreements: realising the potential of social dialogue, SWD(2012) 264 endg, 5.

143 Commission Staff Working Document: Transnational company agreements: realising the potential of social dialogue, SWD(2012) 264 endg, 5.

144 Commission Staff Working Document: Transnational company agreements: realising the potential of social dialogue, SWD(2012) 264 endg, 5.

145 Drouin 31. CCL&P 3/2010, 591, 608, zitiert nach Banks/Shilton in 33. CCL&P 4/2012, 495, 547.

146 Banks/Shilton 33. CCL&P 4/2012, 495, 544f.

b. *Vertretung auf Arbeitnehmerseite*

Prägendes Merkmal der IFA ist die Verhandlungsführung durch eine internationale Gewerkschaft, im internationalen Diskurs kurz GUF (Global Union Federation) genannt.[147] Als globaler und unternehmensexterner Akteur ist sie frei von kurzfristigen unternehmensorientierten, national oder europäisch limitierten Interessen.[148] Sie kann lokale Entwicklungen und ihre Auswirkungen in einen globalen Kontext stellen. Den Voraussetzungen nach kann sie das Ziel, weltweit soziale Mindeststandards durchzusetzen, am ehesten verwirklichen. Dabei hat die Union Network International (UNI) mit 30 internationalen Verträgen bis 2011 am erfolgreichsten agiert. Dahinter folgen die International Metalworkers' Federation (IMF) mit 19 IFA und die Building and Wood Workers International (BWI) und die International Federation of Chemical, Energy, Mine and General Workers' Unions (ICEM) mit 14 beziehungsweise 13 verhandelten IFA. Die International Union of Food, Agricultural, Hotel, Restaurant, Catering, Tobacco and Allied Workers' Associations (IUF) konnte fünf Rahmenvereinbarungen verhandeln. Jeweils ein IFA wurde durch die International Textile, Garment and Leather Workers Federation (ITGLWF), die Public Services International (PSI) und die International Federation of Journalists (IFJ) geschlossen. Demgegenüber konnten die Education International und die International Transport Workers' Federation als einzige globale Gewerkschaft bislang kein IFA abschließen.[149]

Anders als auf Unternehmensseite treten neben die internationalen Gewerkschaften weitere Interessensvertreter: So wurde das IFA Wilkhahn nicht nur vom Unternehmensmanagement und der Building and Woodworkers International als globaler Gewerkschaft unterzeichnet, sondern auch durch den Betriebsrat und die IG Metall als nationale Gewerkschaft. Dem General Manager der France Télécom standen neben den Vertretern der Uni Global Union und des Europäischen Betriebsrats auch alle nationalen im Unternehmen vertretenen Gewerkschaften gegenüber: die Confédération générale du travail (CGT), die Confédération Française de l'Encadrement- Confédération Générale des Cadres (CFE-CGC), die Force Ouvrière (FO), die Solidaires Unitaires Démocratiques (SUD) und die Confédération Française des Travailleurs Chrétiens (CFTC).

---

147 siehe zum weiteren Begriff ‚TCA' der EU Fn 10 und Papadakis in Shaping Global Industrial Relations, 1, 5.

148 Gallin in Cross-Border Social Dialogue and Agreements, 15, 37.

149 alle vorgenannten Informationen/Zahlen zu den IFA-Abschlüssen der einzelnen internationalen Gewerkschaften nach Papadakis in Shaping Global Industrial Relations, 1, 6.

Während dabei nur in seltenen Fällen der nationale Betriebsrat am Unternehmenssitz als Mitunterzeichner auftritt,[150] erscheinen unter den Unterzeichnenden häufig Europäische Betriebsräte. Deren rechtliche Grundlage, die Richtlinie 94/45/EG vom 22. September 1994 über die Einsetzung eines Europäischen Betriebsrats,[151] sollte mittelbar auch die Verbreitung von freiwilligen Regulierungsinstrumenten auf transnationaler Ebene fördern und transnationale Verhandlungen kultivieren. Tatsächlich nehmen die Europäischen Betriebsräte heute unmittelbaren Einfluss: viele IFA gehen konkret auf die Initiative Europäischer Betriebsräte zurück. Ein Verhandlungsrecht steht ihnen nach der Richtlinie ursprünglich jedoch nicht zu, was zu einer Konkurrenzsituation mit den internationalen Gewerkschaften geführt hat. So schreibt der internationale Gewerkschaftsbund Building and Wood Workers International in seinen Richtlinien für Internationale Rahmenvereinbarungen: sofern vorhanden, sollten Europäische Betriebsräte anlässlich laufender Verhandlungen informiert und konsultiert werden.[152] Die Teilnahme oder der Status als Unterzeichner ist anders als für andere globale Gewerkschaften oder nationale Mitgliedsorganisationen nicht vorgesehen. Dabei ist das Irritations- und Konfliktpotenzial in Ländern, wie etwa Großbritannien, in denen die Arbeitnehmervertretung Monopol der Gewerkschaften ist, naturgemäß größer als in Ländern wie Deutschland, die auch national mehrere Organe zur Interessenvertretung der Arbeitnehmer kennen.[153]

Dagegen unproblematisch ist die Hinzuziehung nationaler Gewerkschaften. Meist sind diese Mitglieder der verhandelnden internationalen Gewerkschaft. Ihr Mitwirken ist gewollt und notwendig, da die globalen Gewerkschaften kein flächendeckendes Netz mit Regionalbüros unterhalten. In den BWI-Richtlinien

---

150 siehe etwa IFA Wilkhahn.

151 ABlEG Nr L 254, 64 ber ABlEU 2009 Nr L 103, 30; die Richtlinie wurde zwischenzeitlich durch die Richtlinie 2009/38/EG vom 6. Mai 2009 über die Einsetzung eines Europäischen Betriebsrats oder die Schaffung eines Verfahrens zur Unterrichtung und Anhörung der Arbeitnehmer in gemeinschaftsweit operierenden Unternehmen und Unternehmensgruppen neugefasst ABlEU Nr L 122, 28 neugefasst.

152 Modell Internationales Rahmenabkommen und Richtlinien für Internationale Rahmenvereinbarungen, abrufbar unter http://www.bwint.org/default.asp?index=1242&Language=DE, zuletzt abgerufen: 11.7.2013.

153 Telljohann et al European and international framework agreements: Practical experiences and strategic approaches, 7f.; ebenso Commission Staff Working Document: Transnational company agreements: realising the potential of social dialogue, SWD(2012) 264 endg, 9; siehe ausführlich zur überlegenen Rolle der Internationalen Gewerkschaften gegenüber den Europäischen Betriebsräten im Bereich der IFA: Gallin in Cross-Border Social Dialogue and Agreements, 15, 35ff.

für Internationale Rahmenvereinbarungen ist etwa vorgesehen, dass Mitgliedsorganisationen vor Ort in die Verhandlungen miteinbezogen werden sollen und die Vereinbarung mitunterzeichnen. Ihnen wird die Verantwortung für Koordination und Umsetzung der Rahmenabkommen zugeteilt. Dazu stellen sie Vertreter eines Kontrollgremiums, berichten an die BWI und planen die gewerkschaftliche Organisierung in IFA-Unternehmen, in denen diese noch fehlt.

Die Interessen auf Arbeitnehmerseite scheinen offensichtlich. Die Internationalen Rahmenabkommen ermöglichen die Sicherung sozialer Mindeststandards für die Unternehmensmitarbeiter weltweit, die Schaffung eines globalen Netzwerkes und von Vertretungsstrukturen zur Durchsetzung von Arbeitnehmerinteressen sowie die Stärkung der gewerkschaftlichen Strukturen vor Ort.[154] Damit ist jedoch auch ein starkes Eigeninteresse der Gewerkschaften auszumachen. Die Anerkennung der internationalen Gewerkschaften als globale Akteure zur Wahrnehmung von Arbeitnehmerinteressen wird als Haupterrungenschaft der IFA gesehen.[155] Durchaus kritisch wird zum Teil ein Wandel der IFA, die ursprünglich den sozialen Dialog fördern sollten, zu einem Werkzeug der Gewerkschaften zur Stärkung der eigenen Organisation und Steigerung der Mitgliederzahlen beschrieben.[156] Teilweise wird den Gewerkschaften unterstellt, dass ein Interesse eventuelle Missstände abzustellen, gar nicht bestehe.[157] Diese würden vielmehr helfen, die eigene Bedeutung und die Mitgliederzahlen hochzuhalten.[158] Die IFA würden als Kampfmittel missbraucht.[159] Letztere Anmerkungen sind in ihrer Einseitigkeit wohl interessengefärbt. Tatsächlich liegen Eigeninteressen der Gewerkschaften jedoch nahe. Letztlich kommt eine starke Gewerkschaft, gerade in Schwellen- und Entwicklungsländern, auf die die IFA zielen, aber mittelbar auch den Arbeitnehmern zu gute.

5. Charakteristische Inhalte und Klauseln

Nur in wenigen Ländern bestehen konkrete Einschränkungen hinsichtlich des Regelungsinhalts der IFA; überwiegend gilt, dass die zwingenden gesetzlichen

154 Telljohann et al European and international framework agreements: Practical experiences and strategic approaches, 8.
155 Stevis, International framework agreements and global social dialogue, 5.
156 Fichter/Helfen/Sydow Internationale Politik und Gesellschaft 2/2011, 69, 75.
157 Hornung-Draus BB 2012, 1.
158 Hornung-Draus BB 2012, 1.
159 Dzida/Reinhard BB 2012, 2241.

Vorschriften die Grenze des Erlaubten bilden.[160] Trotzdem weisen die IFA regelmäßig nur am Rande unternehmensspezifische Besonderheiten auf. Diese sind noch einmal eingeschränkt, wenn das IFA, was etwa für viele der durch die BWI geschlossenen IFA gilt, auf einer Modellrahmenvereinbarung basiert. Im Übrigen findet sich ein Kern an Bestimmungen in nahe allen IFA wieder. Diese lassen sich nach unternehmensorientierten und arbeitnehmerorientierten Belangen kategorisieren.[161] Zu Gunsten der Arbeitnehmer werden die grundlegenden Prinzipien und Rechte bei der Arbeit festgeschrieben.[162] Dazu gehören etwa die Vereinigungsfreiheit, das Recht zu Kollektivverhandlungen, das Recht auf diskriminierungsfreie Behandlung, das Verbot von Zwangs- und Kinderarbeit und weitere Mindestsozialstandards sowie die Arbeitsbedingungen hinsichtlich Arbeitszeit, Löhnen, Sicherheit und Gesundheit am Arbeitsplatz.[163] Regelungsbereiche, die schwerpunktmäßig das Unternehmen ansprechen, sind Aufstiegsmöglichkeiten, Weiterbildung, Sicherheit, Training, Schaffung von Jobsicherheit, Zulieferung, Restrukturierung.[164]

Über vergleichbare Inhalte hinaus finden sich in den IFA auch wiederkehrende Formulierungen und ganze Textbausteine. Dahinein spielt, dass die Hauptthemen der Vereinbarungen wohl als *common-sense* betrachtet werden dürfen, sodass die Regelungsrichtung übereinstimmt. Unterschiede im Detail kommen in den IFA auf Grund ihres Grundsatzcharakters nur selten zum Ausdruck. Gleichwohl variieren die IFA in ihrem Umfang, sodass auch auf dem oberflächlichen Regelungsniveau Besonderheiten auszumachen sind. Daraus ergibt sich nicht zwingend ein anderer Regelungsgehalt, sie lassen aber auf die unterschiedliche Ernsthaftigkeit des Engagements der Unternehmen schließen. Teilweise gehen die Klauseln nicht über den Verweis auf einzelne ILO-Übereinkommen hinaus, eine eigenständige oder angelehnte Formulierung fehlt, – so etwa in den IFA H&M und StatoilHydro.

---

160 Übersicht über die Einschränkungen in den EU-Mitgliedstaaten: Study on the characteristics and legal effects of agreements between companies and workers' representatives (2011), 75f., siehe Fn 46.

161 Papadakis/Casale/Tsotroudi in Cross-Border Social Dialogue and Agreements, 67, 71f.

162 Papadakis/Casale/Tsotroudi in Cross-Border Social Dialogue and Agreements, 67, 71.

163 Papadakis/Casale/Tsotroudi in Cross-Border Social Dialogue and Agreements, 67, 71.

164 Papadakis/Casale/Tsotroudi in Cross-Border Social Dialogue and Agreements, 67, 71.

Für diese Fälle ist es auf Grund der abstrakt formulierten und an Staaten adressierten Übereinkommen schwierig, den Regelungsgehalt festzulegen.

Die Frage, an welchen Stellen die IFA in ihren Regelungen nicht nur hinreichend konkret sind, sondern den Zusagen nach über das gesetzliche Niveau hinaus gehen und damit gegebenenfalls Rechte konstituieren, muss in jedem Staat anders beantwortet werden.

a. Verbot von Pflicht- und Zwangsarbeit

> „No forced or compulsory labour shall be permitted (ILO Convention No 29 and No 105). Similary, Wilkhahn shall not tolerate any form of bonded labour or prison labour. Employees shall not be forced to surrender their passports, identity cards or valuables." **(Wilkhahn)**. „Forced labour must not be used (IL0 Conventions 29 and 105). Employees must not be forced to pay a ‚deposit' or surrender their identity papers to their employer." **(SchwanSTABILO)** „There shall be no use of forced or compulsory labour, including bonded labour. Workers shall not be asked to surrender passports, identity papers or valuables (ILO Convention No 29 and No 105)." **(Italcementi)**. „DaimlerChrysler condemns all forms of forced and compulsory labor." **(Daimler)**. „Forced labor or compulsory labor must not be practiced. (ILO Conventions nos. 29 and 105). No employees must be forced to furnish a „deposit" or to hand in his/her identity papers with their employer." **(FaberCastell)**. „There shall be neither compulsory labour, debt bondage nor forced prison labour (ILO Convention Nos. 29 and 105)." **(Staedtler)**.

Die Abschaffung von Zwangsarbeit wird überwiegend an die ILO ‚Forced Labour Convention' von 1930 (No 29) und die ‚Abolition of Forced Labour Convention' von 1957 (No 105) angelehnt. Eine Ausnahme bildet etwa das IFA von Daimler. Die Übereinkommen 29 und 105 verpflichten die Staaten, Zwangs- oder Pflichtarbeit zu beseitigen und in keiner Form, etwa als Mittel politischen Zwangs oder politischer Erziehung, als Strafe, Maßnahme der Arbeitsdisziplin oder Maßnahme rassischer, sozialer, nationaler oder religiöser Diskriminierung, zu gebrauchen.[165] Als ‚Zwangs- oder Pflichtarbeit' definiert die ‚Forced Labour Convention' von 1930 (No 29) „jede Art von Arbeit oder Dienstleistung, die von einer Person unter Androhung irgendeiner Strafe verlangt wird und für die sie sich nicht freiwillig zur Verfügung gestellt hat". Beide sind Teil der ILO-Kernarbeitsnormen.

Neben den Kernaussagen, wie sie in den Auszügen aus den IFA Staedtler und Daimler getroffen sind, finden sich in ausführlicheren IFA zusätzliche Ausführungen, die die wohl häufigsten Formen von Zwangs- und Pflichtarbeit verbieten. Dazu gehören die Schuldknechtschaft und die Arbeit durch Gefängnisinsassen.

---

165 ILO-Convention No 105 Art 2.

Ebenso Maßnahmen, über die die Zwangs- und Pflichtarbeit erzwungen wird, wie Inpfandnahme oder Einziehung von Ausweisdokumenten und Wertsachen.

b. Kinderarbeit

> „…no use is made of child labour." **(Hochtief)**. „For the Group, the minimum general age for access to employment is set at 18 years old. However, the Group authorises employment or work by teenagers from sixteen years old provided that their health, safety and morality are fully guaranteed and that they have received, in the corresponding sector of activity, specific and adequate instruction or vocational training (ILO Convention no. 138). In this case, the company shall set up, for the employees concerned, a specific training measure, in order to assist them in achieving a higher level of general and vocational training. In order to assist young people during their studies and promote their access to working for the company, various job integration schemes combining vocational training within the company and the acquisition of skills in training establishments may also be offered as early as fifteen years old or the minimum legal age in the country where this is above fifteen years old (apprenticeships etc)." **(PSA Peugeot Citroën)**. „Child Labour is not used– Only workers over the compulsory school-leaving age shall be employed (ILO Convention 138 and 182)." **(Elanders)**. „It is prohibited to use child labour in any form whatsoever. Only workers above the age of 15 years, or over the compulsory school-leaving age if higher, shall be employed (ILO Convention 138). In view of their age, children under the age of 18 shall not perform work which, by its nature or the circumstances in which it is carried out, is likely to harm the health, safety or morals of children (ILO Convention 182)." **(RoyalBAM**, ebenso **Takashimaya)**. „Child labour is forbidden (ILO agreement no. 138 and no. 182). The minimum age of the employees is based on the respective state laws or collectively agreed regulations." **(GEA)**

Im engen Regelungszusammenhang mit dem Verbot von Zwangs- und Pflichtarbeit steht das Verbot von Kinderarbeit. In diesem Zusammenhang wird regelmäßig auf die ‚Minimum Age Convention' aus 1973 (No 138) und die ‚Worst Forms of Child Labour Convention' aus dem Jahr 1999 (No 182) verwiesen. Ausnahmen bilden etwa Daimler oder auch H&M, deren IFA auf den UN-Global Compact und die OECD-Leitsätze für multinationale Unternehmen verweisen. Die üblicherweise zitierten ILO-Übereinkommen 138 und 182 zählen beide ebenfalls zu den Kernarbeitsnormen der ILO. Danach darf das Mindestalter nicht unter dem Alter, in dem die Schulpflicht endet, und in keinem Fall unter 15 Jahren liegen. Ausnahmsweise wird, sofern die Entwicklung von Wirtschaft und schulischen Einrichtungen ungenügend ist, ein Mindestalter von 14 Jahren zugelassen, Art 1 Abs 3 und 4 der ILO-Convention No 138. Diese Altersgrenze wird in vielen IFA zitiert und ist eine der wenigen konkreten Festlegungen innerhalb der IFA-Vertragswerke.

Die Klauseln divergieren hier nicht nur im Regelungsumfang, sondern auch im Regelungsinhalt stärker. Während Hochtief auf eine konkrete Formulierung ganz verzichtet, geht PSA Peugeot Citroën weit über die übrigen Kinderschutzklauseln hinaus: Nicht nur ist das Einstiegsalter mit 18 beziehungsweise 16 Jahren besonders hoch. Auch die Ergänzung um begleitende Aus- und Fortbildungsmaßnahmen sowie die Tatsache, dass die Situation jüngerer Praktikanten bedacht wurde, ist außergewöhnlich. Die dynamische Verweisung auf das jeweils örtlich geltende Recht beziehungsweise auf lokale Kollektivvereinbarungen, die auch jenseits des zitierten IFA GEA gängig ist, kann keine selbständige konstituierende Bedeutung gewinnen. Geltende Gesetze sind einzuhalten.

c. *Gebot der Gleichbehandlung*

> „All workers shall have equality of opportunity and treatment and shall receive equal pay for work of equal value (ILO Conventions 100 and 111)." **(Elanders)**. „Equal opprtunities and equal treatment regardless to ethnic or social origin, colour of skin, sex, religion, political opinion, nationality or any other distingushing features shall be provided. (ILO Conventions Nr. 100 and NO 111). Brunel agrees not to discriminate based on culture, nationality, gender religion, political or union activities, differing experiences, physical appearance, career paths, age, health or sexual orientation in recruitment and caareer advancement. Brunel intends to apply and promote best practices beyond waht is legally required and to fight racism, sexism, xenophobia, homophobia and, more generally, intolerance of difference and to ensure respect for the personal lives of employees." **(Brunel)**. „PSA Peugeot Citroën undertakes not to operate any discrimination based on origin, sex, habits, sexual orientation, age, family status, pregnancy or maternity, genetic characteristics, the membership or non-membership, real or supposed, of an ethnic group, nation or race, political opinions, trade union or mutual activities, religious convictions, physical appearance, family name or health status or disablement in recruitment and vocational development (ILO Convention no. 111). PSA Peugeot Citroën intends to apply and promote, beyond the legal rules, best practice and fight racism, sexism, xenophobia and homophobia and more generally intolerance in respect of differences and guarantee the respect of private life." **(PSA Peugeot Citroën)**.

Zu dem Thema Gleichbehandlung wird überwiegend auf die ILO-Convention ‚Discrimination in Respect of Employment and Occupation' von 1958 (No 111) verwiesen. Häufig wird zudem die ‚Equal Remuneration Convention' von 1951 (No 100) angeführt, die sich in der Aussage „Gleicher Lohn für gleiche Arbeit wiederfindet".[166] Seltener wird die ‚Workers' Representatives Convention' aus dem Jahr 1971 (No 135) herangezogen,[167] die speziell die Diskriminierung von Arbeitnehmervertretern oder von Arbeitnehmern auf Grund ihrer Zugehörigkeit zu einer Gewerkschaft oder ihrer gewerkschaftlichen Betätigung verbietet.

---

166 siehe oben IFA Elanders, ebenfalls in den IFA Faber Castell, RoyalBAM.

167 siehe etwa IFA EADS.

Nur die beiden erstgenannten Übereinkommen zählen zu den Kernarbeitsnormen, was sich hier an der deutlich häufigeren Referenz ablesen lässt.

Trotz Bezug auf das ILO-Übereinkommen No 111, divergieren die in den IFA genannten Diskriminierungsmerkmale. Nach dem Übereinkommen kann eine unterschiedliche Behandlung nicht auf Grundlage von „Rasse, der Hautfarbe, des Geschlechts, des Glaubensbekenntnisses, der politischen Meinung, der nationalen Abstammung oder der sozialen Herkunft" gerechtfertigt werden (Art 1 a) ILO-Convention No 111). Die IFA Brunel und PSA Peugeot Citroën gehen weit darüber hinaus. Im Fall von Brunel so weit, dass an der Umsetzbarkeit und auch dem Sinn der Klausel Zweifel bestehen. Die diskriminierungsfreie Behandlung von Arbeitnehmern mit unterschiedlichen Erfahrungen und Werdegang bei Einstellung und Beförderung scheint nicht nur nicht praktikabel, sondern nicht einmal aus Arbeitnehmersicht wünschenswert. Eine eigene Wertung bringt auch das im Übrigen weniger umfangreiche IFA Italcementi ein. Danach soll die ungleiche Vergütung von Leiharbeitern verboten sein. Nach dem allgemeinen Gleichbehandlungsgrundsatz ist eine solche Gleichbehandlung von unternehmensangehörigen und nicht unternehmensangehörigen Arbeitnehmern nicht gefordert.

d. Arbeitszeit- und Urlaubsregelungen

„...working time must not be unreasonable." **(Hochtief)**. „We comply with national provisions regarding working hours and vacation". **(Bosch)**. „Weekly hours of work shall be agreed with unions and shall, as a minimum, meet the requirements of appropriate national legislation, national agreements and industry standards (ILO Conventions 1, 47 and Recommendation No 116). Overtime shall be voluntary wherever possible, shall not be demanded on a regular basis and shall not be a substitute for inadequate regular wages." **(Icomon)**. „The working time is to be defined in line with the valid laws or national collective bargaining agreements for every trade. All employers must be granted at least one day off per week for their own recreation." **(Faber Castell)**. „Working hours are not excessive." **(Inditex)**. External Manufacturers, Suppliers and their Subcontractors shall adjust the length of the working day to the provisions of the applicable laws or of the Collective Bargain Agreement for the sector in question, should this latter afford greater protection for the workers. At no event shall External Manufacturers, Suppliers and their Subcontractors require their employees to work, as a rule of thumb, in excess of 48 hours a week and workers shall be granted at least one day off for every 7 calendar day period on average. Overtime shall be voluntary, shall not exceed 12 hours per week, shall not be demanded on a regular basis and shall always be compensated at a premium rate, pursuant to the provisions of the prevailing regulations in force." **(Inditex)**.

Die Verweisung auf die ILO ‚Hours of Work (Industry) Convention', 1919 (No 1) und die ‚Forty-Hour Week Convention', 1935 (No 47) sowie die ‚Reduction of Hours of Work Recommendation', 1962 (No 116) findet sich in verschiedenen

IFA,[168] jedoch nicht häufig. In dem Übereinkommen No 1 legte die ILO die Wochenarbeitszeit auf achtundvierzig Stunden bei acht Stunden Arbeit täglich fest. In dem Übereinkommen 47 wurde eine Wochenarbeitszeit von 40 Stunden empfohlen und in der Empfehlung Nummer 116 schließlich allgemein die Senkung der Arbeitszeit nahegelegt.

Statt fester Vorgaben finden sich zahlreiche gehaltlose Aussagen, wie in dem zitierten IFA Hochtief. Teils wird auf eine eigene Aussage ganz verzichtet und die nicht weniger substanzlose Zusage getroffen, den jeweils vor Ort geltenden gesetzlichen Standard einhalten zu wollen.[169] Für die Mitgliedsstaaten der Europäischen Union ist der gesetzliche Standard nach Umsetzung der Richtlinie 93/104/EG über bestimmte Aspekte der Arbeitszeitgestaltung vereinheitlicht.[170] Im Übrigen variieren die nationalen Vorgaben auch in den entwickelten Industrienationen stark.[171] Insofern ist die Zusage eines freien Tages,[172] erst recht bezahlten Urlaubs[173] durchaus überobligatorisch. Ebenso die Zusage der Freiwilligkeit bezüglich Überstunden,[174] die sich etwa bei Inditex findet. Das erscheint insofern besonders interessant, als dass die auffällig konkreten Regelungen im Fall des Textilkonzerns nur die ausgegliederten Hersteller, Zulieferer und Subvertragsnehmer binden. Für die Arbeitszeitregelung, zu der sich Inditex selbst seinen eigenen Mitarbeiter gegenüber verpflichtet sieht, wurde nur die vage Formulierung „not excessive" gewählt.

e. Sicherheit und Gesundheitsschutz am Arbeitsplatz

> „...working conditions must be decent." **(Hochtief)**. Telkom Indonesia and UNI Global Union will support (...) the application of appropriate standards to guarantee the health and safety in the workplace." **(Telkom Indonesia)**. „A safe and hygienic working environment shall be guaranteed and implemented by an in-house work protection organization („Health and Safety Committee"). Optimum health and safety measures are supported in consideration of the current state of knowledge of the industry and of any given specific dangers." **(Faber Castell)**. „All employees shall be provided with a safe and healthy woriking enviroment and, when applicable, safe and healthy residential facilities, with applicable local law as a minimum. The employer should take appropriate action to prevent workplace accidents or illnesses." **(Electrolux)**. „The Company agrees that safe,

168 siehe IFA Elander und Icomon.
169 siehe zur Irrationalität solcher Zusagen Herberg in ZfRS 2001, 25, 45f.
170 Thüsing RdA 2010, 78, 85.
171 Thüsing RdA 2010, 78, 85.
172 siehe IFA Faber Castell, Wilkhahn.
173 siehe IFA Renault.
174 zum Recht des Arbeitgeber Überstunden einzufordern: Thüsing RdA 2010, 78, 85.

hygienic and sustainable working environment shall be provided (ILO Convention 155). Best occupational health and safety practice will be promoted, including the provision of necessary safety equipment and adequate training. Practices will comply with ILO Conventions, Standards and Health and Safety codes of conduct." **(Elanders)**. „...A safe and healthy working environment ensuring the physical and mental well-being in which the health and safety of the personel are given the absolute highest priority at all times." **(Vallourec)**.

Die Gesundheits- und Sicherheitsbestimmungen scheinen das Engagement der Firmen herauszufordern. Laut Renault genießt das eigene Engagement auf diesem Sektor „priority", GEA spricht von „highest priority", Bosch von „toppriority", Lukoil von „topmostpriority" und Vallourec von „the absolute highest priority at all times". Und tatsächlich weisen einige IFA statt vager Absichtserklärungen, wie in den IFA Hochtief und Telkom Indonesia, oder dem Versprechen, die gesetzlichen Vorgaben einhalten zu wollen, siehe etwa Electrolux, auch umfangreiche Klauseln zum Arbeitsschutz auf. Lukoil, als Mineralölkonzern Teil der Schwerindustrie, spricht im selben Zuge die ökologische Verantwortung des Konzerns an, da hierüber mittelbarer Einfluss auf die Sicherheit und Gesundheit konzernfremder Personen besteht. Der Konzern beschreibt in neun Punkten inklusive Berichtspflichten sein Engagement in diesem Bereich. Wie in vielen IFA umfasst dieses auch das Training der Mitarbeiter und die Zusammenarbeit mit den Gewerkschaften.[175] Dabei können die Firmen verschieden auf bereits bestehende Initiativen verweisen: Staedtler spricht sein eigenes ‚Integrated Safety Management' an, Renault verweist auf seine ‚Group Working Conditions Policy'.

Mögliche Referenzobjekte gibt es viele. Arbeitnehmerschutz ist ein in vielen Produktionsländern kaum regulierter Bereich, dafür aber Kernthema der ILO. Die Internationale Arbeitsorganisation hat hierzu eine große Zahl teilweise branchenspezifischer Übereinkommen, Empfehlungen und Richtlinien erlassen.[176] Von den drei grundlegendsten Konventionen, der ‚Occupational Safety and Health Convention', 1981 (No 155), der ‚Occupational Health Services Convention', 1985 (No 161) und der ‚Occupational Health Services Convention', 1985 (No 161) wird allein die früheste regelmäßig genannt.[177] Die ‚Occupational Safety and Health Convention' regt die Mitgliedsstaaten zu einer Arbeitsschutzpolitik

175 siehe etwa IFA Aker, GEA, Icomon, Staedtler, Volkswagen.

176 eine Übersicht aller ILO-Maßnahmen im Bereich ‚Occupational safety and health' unter http://www.ilo.org/global/standards/subjects-covered-by-international-labour-standards/occupational-safety-and-health/lang--en/index.htm, zuletzt abgerufen: 11.7.2013.

177 Aker, Brunel, Icomon, NorskHydro, PSA Peugeot Citroën, Staedtler.

an, die Arbeitnehmer aller Wirtschaftszweige vor Unfällen und Gesundheitsschäden schützen soll, die infolge, im Zusammenhang mit oder bei der Arbeit entstehen. Darüber hinaus werden etwa EU-Standards,[178] die ILO ‚Guidelines for the Management of Work Protection'[179] oder die ILO ‚Guidelines for Occupational Health Management'[180] angeführt.

Ein bedeutender Teil der IFA widmet sich, teilweise unter Verweis auf den ILO ‚Code of Practice on HIV/AIDS', der Prävention und Bekämpfung von HIV, Aids und anderen sexuell übertragbaren Krankheiten.[181] Das verwundert insofern als eine Erkrankung dieser Art für die überwiegende Zahl der Branchen nicht zu den typischen Berufsrisiken gehört. Das Engagement scheint überwiegend von CSR-Gedanken getragen zu sein.

f. Angemessene Vergütung und Mindestlohn

> „Adequate wages and salaries must be paid" **(Hochtief)**. „Renault recognizes the principle of fair compensation for work and complies with the provisions of ILO convention No 100 on equal pay for equal work." **(Renault)**. „DaimlerChrysler honors the right to reasonable compensation of a level no less than the legally established minimum-wage and the local job market." **(Daimler)**. „Salaries and other benfits shall at least meet the relevant national standards and norms." **(RAG)**. „To pay fair wages and benefits, as a minimum in accordance with industry standards in the country concerned." **(Lukoil)**. „PSA Peugeot Citroën provides remuneration that is in line with the market practices in each of its businesses (automobile, financing, transport and logistics) and undertakes that these payments shall be higher or at least equal to the conditions set out by national legislation or collective agreements. Thus, the salaries and remuneration paid for full-time work at least match the legal minimum and the professional guaranteed minimum and/or collectively agreed payments and must therefore allow the employees to enjoy decent living conditions. PSA Peugeot Citroën recognises the principle of equality of remuneration, in particular between men and women, for work of equal value and performance (ILO Convention no. 100). This principle is applicable whatever the contractual framework in which the employees are placed. The Group's salary policy aims to ensure objectivity, fairness and transparency of the rules setting out remuneration. In addition, in order to redistribute to its employees the fruits of growth and creation of value to which through their efforts they have contributed, a profit-sharing scheme linked to the company's performance is paid to all personnel." **(PSA Peugeot Citroën)**.

Der Lohn ist die Hauptleistung des Arbeitgebers und Kernmoment des Arbeitsverhältnisses. Die Konditionen und Höhe der Vergütung sind ein zentraler

178 IFA Renault.

179 IFA Staedtler.

180 IFA Lafarge.

181 siehe etwa IFA Lafarge, Lukoil, PSA Peugeot Citroën, Renault, Rhodia, RoyalBAM.

Regelungsgegenstand von Tarifvereinbarungen. Vor dem Hintergrund, dass Tarifvereinbarungen kein global flächendeckend verbreitetes Instrument sind, IFA hingegen regelmäßig weltweit Anwendung finden, ist auch in der weit überwiegenden Zahl der IFA eine Aussage zur Lohnpolitik des Unternehmens getroffen. Augenfällig sind deshalb die IFA, die keine Regelung hierzu treffen; so etwa bei Antara, Elanders, Merloni, Vallourec und IKEA. Bis auf den französischen Rohrhersteller Vallourec und den schwedischen Möbelhersteller IKEA weisen die genannten Unternehmen zumindest auf die ILO-Vorgabe „equal pay for equal work" aus der ‚Equal Remuneration Convention' von 1951 (No 100) hin. Damit ist jedoch keinerlei Vorgabe für die Höhe oder Angemessenheit der Vergütung gegeben, weshalb es sich in erster Linie um eine Gleichbehandlungsklausel handelt. In vielen IFA ist die Klausel deshalb unabhängig von Bestimmungen zur Vergütung in dem Abschnitt der Antidiskriminierungsbestrebungen verortet.[182]

Die Bandbreite an Aussagen zur Frage der Löhne ist beachtlich. Wie in anderen Bereichen belassen es einige IFA bei guten Absichten in Verbindung mit dehnbaren Formulierungen wie „angemessen". Die Bedeutung dieser Begriffe oder gar die Gewinnung fester Maßstäbe aus diesen gelingt bereits nach deutschem Recht nicht.[183] In weniger entwickelten Rechtsstaaten wird dies nicht einfacher sein. Ebendiese Vieldeutigkeit wird jedoch auch Intention der Unternehmensseite sein. Teilweise wird der Maßstab anhand des Lebensunterhalts konkretisiert. Vage klingt dies in den oben zitierten, ansonsten weit überdurchschnittlichen Ausführungen bei PSA Peugeot Citroën, greifbarer bei Triumph: „...which is enough to fulfil the basic needs of the employee and also leaves an amount for free disposal". Damit sagt Triumph mehr als die Grundbedürfnisse zu, schließt auf der anderen Seite jedoch nicht die Familie des Arbeitnehmers ein. Eine derart weitgehende Zusage lässt sich in anderen IFA finden.[184] Auch diese bleiben daher auslegungsfähig und – bedürftig.

Konkreter sind dagegen solche Zusagen, wonach der Standard aus Gesetz oder Kollektivvereinbarung[185], der Branchenstandard[186] oder der gesetzlichen Mindestlohn eingehalten werden sollen. Auffällig ist die Verknüpfung der verschiedenen Maßstäbe in einigen IFA: So vereint das IFA PSA Peugeot Citroën alle Vorgaben aller Verbindlichkeitsstufen: von vagen Leitsätzen wie „objectivity, fairness and

182 siehe etwa NorskHydro, Faber Castell, Lafarge, OTE.

183 Thüsing RdA 2010, 78, 84.

184 Thüsing RdA 2010, 78, 84: IFA OTE. Ebenso in Ability, Aker, Euradius, Icomon, Inditex, Italcementi, Pfleiderer, Portugal Telecom, Tel Telecomunicações, Veidekke.

185 siehe etwa IFA Aker, Bosch, Lafarge, RoyalBAM, Portugal Telecom.

186 siehe etwa IFA GEA, SchwanSTABILO.

transparency", über die Konkretisierung, dass das Gehalt dem Arbeiter „decent living conditions" ermöglichen soll, hin zur festen Bindung an die nationale Gesetzgebung und Kollektivvereinbarungen.

Die Lohngerechtigkeit wird in vielen IFA ergänzend über ein Verbot von nicht-gesetzlichen Lohnabzügen ohne Einwilligung des Arbeitnehmers gesichert. Eine solche Klausel sehen etwa die IFA Faber Castell, Lafarge, Nampak, Portugal Telekom und RoyalBam vor. Auffallend weit geht das IFA NorskHydro, das Lohnabzug als Strafmaßnahme ohne Einschränkung ausschließt. Ebenfalls zur Sicherung der Ansprüche dürfte die Vorschrift vieler IFA dienen,[187] die eine schriftliche Information und Aufstellung der Bezüge vorgibt. RoyalBam erlaubt den gewerkschaftlichen Beistand in Streitfragen bezüglich des Lohnes.

Über den Verweis auf die ILO-Convention No 100 zu gleichen Löhnen, bei gleicher Arbeit hinaus werden nur in den drei durch die UNI im Telekommunikationsektor verhandelten IFA weitere ILO-Normen zitiert. In den IFA OTE, Telefonica, Tel Telecomunicações und Portugal Telecom werden die ‚Labour Clauses (Public Contracts) Convention' von 1949 (No 94), die ‚Protection of Wages Convention' aus 1949 (No 95) und die ‚Minimum Wage Fixing Convention', 1970 (No 131) genannt.

g. *Arbeitnehmerkollektivrechte und Rechte der Gewerkschaft*

> „All workers shall have the right to form and join trade unions of their own choice. These unions shall have the right to be recognised for the purpose of collective bargaining in conformance with ILO Conventions 87 and 98. Workers' representatives shall not be subjected to any discrimination and shall have access to all necessary workplaces in order to carry out their duties as representatives (ILO Convention 135 and Recommendation 143). The employer shall take a positive attitude to trade union activities, including organising." **(Veidekke)**. „All workers shall have the right to form and join trade unions and to bargain collectively (ILO Conventions 87 and 98). VolkerWessels shall adopt a positive view of the activities of trade unions and an open attitude to their organising activities. VolkerWessels therefore undertakes not to oppose efforts to unionise its employees and guarantees that workers representatives shall not be discriminated against and shall have access to all workplaces necessary to enable them to carry out their representation functions. (ILO Convention 135 and Recommendation 143)." **(VolkerWessels)**. „The fundamental right of all employees to establish unions, join these and to conduct collective negotiations shall be recognized (ILO Conventions No 87 and No 98). Wilkhahn and the employees' representative organisations shall work together openly and honestly and in the spirit of overcoming conflicts in a constructive and cooperative manner. The employers shall take a positive approach towards the work

187 siehe etwa IFA Faber Castell, Lafarge, Nampak, SchwanSTABILO.

of the unions and be open to their activities in respect of organized labour of the employees. Representatives of the employees may not be discriminated against and shall have access to all working places as called for in the excercising of their representative function. (ILO Convention 135 and Recommendation 143)." **(Wilkhahn)**. „Brunel is open to labour union activities and acknowledges the global right of workers to form labour unions and join the labour union of their choice and agrees to ensure that union independence and pluralism are maintained (ILO-Convetion No 87). Brunel is committed to protecting union members and leaders and to abstaining from all forms of anti-union discrimination. Brunel acknowledges the right of employee representatives to be informed of and consuted on major decicions affecting the life of the company. Brunel is committed to promoting collective bargaining, a key aspect of relations between labour and management (ILO-Convention No 98). Brunel has a positive attitude to trade union membership." **(Brunel)**. „All workers shall have the right to form and join trade unions (ILO Convention 87). Where UNI affiliates represent the workers employed in companies owned by OTE – and its subsidiaries- the company shall recognize the right of unions to represent said workers in: (a) Collective bargaining (ILO Convention 98) (b) All dispute settlement procedures (c) Negotiations and consultations in all matters affecting jobs and training. Where no trade union exists, the company shall adopt a positive and flexible policy in a way that does not prevent workers from organizing. The company shall also respect the right of trade unions to organize employees (ILO Convention 98)." **(OTE)**

Als Ausdruck eines der Hauptinteressen der Gewerkschaften und damit einer der Kernregelungsbereiche der IFA findet sich in allen Rahmenvereinbarungen eine Aussage zu Arbeitnehmer-Kollektivrechten und Gewerkschaftsrechten. Wenn nicht ausdrücklich, dann zumindest mittelbar über den Verweis auf die ILO-Kernarbeitsnormen. Im Zuge der Gewährung von Vereinigungsfreiheit wird in den meisten IFA auf die einschlägigen ILO-Übereinkommen 87 und 98 verwiesen.[188] Beide Übereinkommen gehören zu den Kernarbeitsnormen der ILO. Die ‚Freedom of Association and Protection of the Right to Organise Convention' von 1948 (No 87) normiert die Vereinigungsfreiheit, die insbesondere die Bildung einer Vereinigung und den Beitritt zu bestehenden Vereinigungen schützt. Ergänzend steht daneben die ‚Right to Organise and Collective Bargaining Convention' von 1949 (No 98) zum Schutz der Vereinigungsfreiheit vor direkter Beeinträchtigung durch Einflussnahme auf die Organisationstätigkeit oder mittelbarer Beeinträchtigung durch die Benachteiligung organisierter Arbeitnehmer.

188 siehe etwa IFA Elanders, Faber Castell, GEA, H&M, Icomon, Merloni, NorskHydro, RoyalBAM, Staedtler, Veidekke, VolkerWessels.

Zur Sicherung der zugesagten Kollektivrechte findet sich in den meisten IFA eine Klausel, die vor Benachteiligung und Diskriminierung von gewerkschaftlich organisierten Arbeitnehmern schützen und den Zugang der Arbeitnehmervertreter zu den für ihre Arbeit relevanten Betriebsorten sichern soll.[189] In der überwiegenden Zahl der IFA ist diese mit dem Verweis auf das einschlägige ILO-Übereinkommen 135 und die entsprechende ILO-Empfehlung 143 verbunden.[190] Die ‚Workers' Representatives Convention' von 1971 (No 135) soll die Arbeit der Arbeitnehmervertreter erleichtern und vor Diskriminierung infolge der Amtsausübung schützen. Ähnlich soll die Empfehlung 143, die ‚Workers' Representatives Recommendation' von 1971 Arbeitnehmervertreter gegen Benachteiligungen, die sie auf Grund ihrer Stellung oder Betätigung als Arbeitnehmervertreter oder Gewerkschaftszugehörigkeit erfahren, schützen.

Diese verbreiteten, verhältnismäßig reduzierten Klauseln, für die das zitierte IFA Veidekke modellhaft stehen kann, werden in einigen IFA konkretisiert. Ausführliche Angaben zu Art und Weise des Zugangs der Gewerkschafter finden sich etwa im IFA Elanders. Ausführungen zu weiteren Gewerkschafterrechten finden sich in einer Reihe von IFA.[191] Regelmäßig genannt werden dabei Kollektivverhandlungen, Streitschlichtungsverfahren und die Verhandlung und Beratung in allen die Arbeit und Fortbildung der Arbeitnehmer betreffenden Fragen. In einigen IFA steht ergänzend das Recht der Gewerkschaften, dort zu aquirieren, wo die Arbeitnehmerschaft nicht organisiert ist.[192] Interessant ist in dieser Hinsicht, dass die Portugal Telecom, trotz im Übrigen großer Übereinstimmung mit den IFA anderer Kommunikationsdienstleister, dieses Initiativrecht nur den Arbeitnehmern zugesteht. Ein Streikrecht findet sich in keinem der IFA. Eine der seltenen Erwähnungen findet sich im IFA Shoprite Checkers. Die Klausel enthält jedoch kein Streikrecht, sondern nimmt die Gewerkschaft, hier UNI Global Union, für die Fälle unberechtigter Streiks in die Pflicht: „In the event that members of a affiliated union engage in any form of strike or other unprotected and/or unlawful industrial action, and if requested by Shoprite Checker to do so, UNI will take active, appropriate steps to nomalize the situation."[193]

189 siehe etwa IFA Faber Castell, Icomom, NorskHydro, OTE, SchwanSTABILO, SKF.

190 siehe etwa IFA Aker, Faber Castell, Icomon, NorskHydro, OTE, RoyalBAM, Staedtler.

191 siehe etwa IFA Antara, Icomon, Nampak, OTE.

192 siehe etwa IFA Nampak, OTE, Telefonica, Tel Telecomunicações.

193 siehe zur Möglichkeit eines Streikrechts aus IFA für das kanadische Recht Banks/Shilton in 33. CLL&PJ 4/2012, 495; für US-amerikanisches Recht: Compa/Feinstein in 33. CLL&PJ 4/2012, 635ff.

Ganz grundsätzlich lassen sich viele Gewerkschaften die positive Einstellung des Unternehmens gegenüber Gewerkschaftstätigkeiten schriftlich zusichern.[194] Im Gegenzug verlangen auch die Unternehmen „Wohlverhalten“: „On their part, unions agree to negotiate in good faith, aware of the need to involve themselves in the search for best practices in the area that ensure the development of the respective undertakings and their viability, which is the greatest expression of the guarantee of employment for their workers.“[195] Noch weitergehend versucht GEA den Umgangston durch Verhandlungsregeln positiv zu beeinflussen: „GEA AG and the company and trade union employees' representatives will cooperate in a frank manner whilst observing their respective mutual interests in a frank and constructive manner.“[196]

h. *Fortbildung*

> „Renault undertakes to provide every one of its workers, worldwide, throughout their entire career, regardless of their age and position, with the training necessary to properly perform their job and build a career.“ **(Renault)**. „We encourage our associates to train to acquire skills and knowledge and to expand and enhance their professional and specialist know-how.“ **(Bosch)**. „All workers shall have the opportunity to participate in education and training programmes including training to improve workers' level of skills so that they can use new technology and equipment. Whenever possible, the Lafarge Group in cooperation with trade unions shall develop workers' training with a view to improving their level of skills and ensuring that they participate in their career development and increase their employability.“ **(Lafarge)**. „PSA Peugeot Citroën undertakes to prepare and develop the required skills through in-work training. PSA Peugeot Citroën takes care that all its employees are able to benefit from training programmes organised by the company, in particular, those intended to improve their skills level aimed at gaining a greater command of new technologies, equipment, systems and processes. The signatories consider that vocational training is one of the tools for the promotion of improved employee equality, independently of their sex, origin, initial training, health status or working conditions or hours. PSA therefore adopts a proactive policy in this field.“ **(PSA Peugeot Citroën)**.

Einige Unternehmen betrachten auch die Aus- und Weiterbildung ihrer Mitarbeiter als Teil ihrer unternehmerischen Sozialverantwortung. Während Bosch nur seine positive Einstellung gegenüber weiterqualifizierenden Maßnahmen bestätigt, sagt die größere Zahl der Unternehmen, deren IFA eine ‚Training‘-Klauseln

---

194 siehe etwa IFA Aker, Faber Castell, RoyalBAM.

195 Auszug aus dem IFA Tel Telecomunicações; entsprechende Regelungen bei Antara, Portugal Telecom, Telefonica.

196 ähnlich auch IFA Daimler.

enthält, eigene Anstrengungen zur Qualifizierung ihrer Mitarbeiter zu. Dabei wird auch direkt auf den Nutzen für das Unternehmen verwiesen.[197] Sehr konkret nennt ArcelorMittal den Erhalt der Arbeitsplätze in Zeiten wirtschaftlicher Schwäche. In den meisten Unternehmen sind Fortbildungsmaßnahmen jedoch Teil einer aktiven Personalpolitik. So klingt in manchen der Klauseln mit Blick auf die Nähe zu den Themenbereichen Diversität und Aufstiegsmöglichkeiten auch der Gleichbehandlungsgrundsatz an.[198]

Vor allem aber ist der Bereich der Aus- und Weiterbildung in vielen Unternehmen Gegenstand der Zusammenarbeit mit Gewerkschaften. Wie bei Lafarge wird in zahlreichen IFA die Kooperation bei Planung und Durchführung oder das Mitspracherecht der Gewerkschaften in Fragen der Mitarbeiterfortbildung festgeschrieben.[199]

i. Sonstige

Entsprechend einzelner Unternehmens- oder Branchenbesonderheiten finden sich zahllose weitere Inhalte. Häufig sind Klauseln, etwa unter dem Titel ‚Respect for others at work', zum gegenseitigen Umgang zwischen Management und Mitarbeitern und den Mitarbeitern untereinander.[200] Die Zusage, sich um stabile Beschäftigungsverhältnisse zu bemühen und Vollzeitbeschäftigung zu bevorzugen, findet sich etwa bei Aker, NorskHydro, OTE, Portugal Telecom, Telefonica, Tel Telecomunicações, OTE, Wilkhahn. Im letztgenannten IFA unter Verweis auf die ILO-Empfehlung, Employment Relationship' von 2006 (No 198). In einigen IFA finden sich Klauseln zur Vermeidung von Korruption und Interessenkonflikten.[201] Viele der Unternehmen äußern sich zu ihrer ökologischen Verantwortung. Wenn dies auch nicht zu den IFA-Kernthemen Arbeitsbedingungen und Arbeitnehmerrechte gehört, handelt es sich doch um einen wichtigen Aspekt der Corporate Social Resposibility.[202] Eine besonders ausdifferenzierte Regelung einschließlich Berichtspflichten findet sich bei dem ressourcenintensiv produzierenden Mineralölkonzern Lukoil.

---

197 siehe etwa IFA Aker, Axa, Endesa.

198 siehe etwa IFA Brunel, PSA Peugeot Citroën, Renault.

199 siehe etwa IFA Aker, Elanders, OTE, Telefonica, Tel Telecomunicações.

200 siehe etwa IFA EDF, Icomon, Nampak, OTE, Portugal Telecom, Takashimayaya, Telefonica, Tel Telecomunicações, Vallourec, Volkerwessels.

201 siehe etwa IFA Brunel und PSA Peugeot Citroën.

202 siehe etwa IFA Aker, Bosch, GEA, Icomon, Lukoil, Nampak, NorskHydro, Portugal Telecom, Tel Telecomunicações, Veidekke, Wilkhahn.

6. Implementierung und Verstoß

a. Anwendungsbereich der IFA

aa. Räumlicher Anwendungsbereich

Obwohl von einer europäischen Initiative gesprochen wird,[203] ist der Anwendungsbereich der internationalen Rahmenvereinbarungen ganz überwiegend global gewählt. Von 107 der bis 2011 in der EU-Datenbank gelisteten IFA sind 102 international ausgerichtet. Axa und Accor begrenzen ihren Wirkungskreis auf die Europäische Union beziehungsweise den Europäischen Wirtschaftsraum. Die brasilianischen Rahmenvereinbarungen Tel Telecomunicacoes LTDA und Ability Tecnologias e Servicos S/A sowie das US-amerikanische Chiquita-IFA begrenzen sich auf den lateinamerikanischen Raum.[204]

bb. Sachlicher Anwendungsbereich

(1) Unternehmensgruppe

Die Bestimmung des Anwendungsbereichs der IFA geht nur wenig, manchmal gar nicht tiefer als die räumliche Festlegung, die regelmäßig ‚weltweit' ausfällt:[205] „These principles are binding for LEONI worldwide." heißt es repräsentativ bei Leoni. Bei Quebecor und – nahe wortgleich – bei Elanders fällt die Anwendungsbestimmung dagegen etwas konkreter aus: „The Principle set forth in this Joint Statement will apply to all Company operations and its subsidiaries regardless of where they are located." Dies entspricht den IFA und ihrer Idee, die grundlegenden Prinzipien aller Unternehmenstätigkeit festzuschreiben. Eine Einschränkung auf sachlicher Ebene würde dem Ziel, einen weltweiten Mindeststandard zu implementieren, zuwider laufen. Einschränkungen werden an dieser Stelle allenfalls mit Blick auf danebenstehende andere Vereinbarungen und Gesetze gemacht.[206] Entsprechend dem sehr detaillierten Text bei PSA Peugeot Citroën findet sich hier auch eine überdurchschnittlich detaillierte Klausel zum Anwendungsbereich des IFA in der Unternehmensgruppe: „This international framework agreement applies directly to all of the consolidated automobile division (research and development, manufacturing, sales and support functions), as well as the financing and transport and logistics divisions, for the present and future

---

203 siehe § 2 I.3.b.; European Commission: Mapping of transnational texts negotiated at corporate level, EMPL F2 EP/bp 2008 (D) 14511, 5.

204 siehe EU-Database on transnational company agreements, http://ec.europa.eu/social/main.jsp?catId=978&langId=en, abgerufen am 19.11.2012.

205 siehe § 2 I.6.a.aa.

206 siehe etwa IFA EADS oder Lukoil.

subsidiaries over which the Group exercises a dominant influence either through a majority financial holding or where this is limited to 50 Prozent, through its responsibility in the social management of this subsidiary." Die Genauigkeit, vor allem die Einbeziehung der Frage, inwieweit überhaupt ein Einfluss zur Durchsetzung der Klauseln besteht, dürfte in diesem Fall tatsächlich dafür sprechen, dass das Unternehmen der Vereinbarung Verbindlichkeit zuschreibt.

(2) Zulieferer und Subunternehmer

Einen großen Teil ihrer Wirkkraft gewinnen die IFA durch ihre Ausweitung auf die Produktionskette aus Subunternehmern und Zulieferern. Mit Blick auf den hohen Grad an globaler Aufspaltung der Produktion und die zunehmende Personalintensität auf den niederen Produktionsstufen dürften die IFA über die Erfassung der Unternehmenszulieferer und Subunternehmer sogar eine größere Arbeitnehmerzahl als in den Mutterkonzernen erreichen. Zudem ist die Produktion weltweit überwiegend in Entwicklungs- und Schwellenländer ausgegliedert. Gerade hier sind gesetzlicher Arbeitnehmerschutz und soziale Mindeststandards nicht gesichert, sodass die IFA auch ihrem Ziel gemäß eine größere Bedeutung durch Abdeckung der Produktions- und Lieferkette gewinnen können.[207]

Von den 107 erfassten IFA weist die EU 58 IFA auf, die über die Unternehmensgruppe hinaus auch die Zulieferbetriebe und Subunternehmen verpflichten. Sechs Unternehmen – Danone[208], Elanders, Inditex, Triumph, Veidekke, Wilkhahn – weiten den sachlichen Anwendungsbereich ihres IFA über das eigene Unternehmen und die Zuliefer- und Produktionskette hinaus auch auf die Vertriebskette aus.[209] Die Klauseln unterscheiden sich dabei maßgeblich. Herauszustreichen ist das IFA Inditex, das den bestehenden ‚Code of Conduct for External Manufacturers and Suppliers' des Unternehmens zum Vertragsgegenstand macht. Sich selbst sieht das Unternehmen gegenüber seinen direkt Beschäftigten lediglich an wenige Stichpunkte zur unternehmerischen Sozialverantwortung gebunden, deren Ausformulierung den zitierten ILO-Normen überlassen wird. Die Hersteller, Zulieferer und Subunternehmer trifft dagegen ein detaillierter und konkreter Verhaltenskodex. Diese Konstellation mit zweierlei Maß ist jedoch eine Ausnahme.

Üblich ist eine Klausel, die das Mutterunternehmen gegenüber dem gewerkschaftlichen Vertragspartner verpflichtet. Der Grad der Verpflichtung variiert

207 kritisch zur Bevormundung von Zulieferererbetrieben durch marktmächtige Unternehmen: Rieble BB 2013, 245ff.

208 Danone Fundamental Social Principles 2005.

209 siehe EU-Database on transnational company agreements, http://ec.europa.eu/social/main.jsp?catId=978&langId=en, abgerufen am 19.11.2012.

und damit auch die Erfolgschancen hinsichtlich einer Ausweitung des sachlichen Anwendungsbereichs. So erlegt sich Skanska eine reine Informationspflicht auf: „Suppliers should also be informed of the agreement." Genaugenommen keine Pflicht lässt sich aus der Klausel des Unternehmens Electrolux „Suppliers shall agree to comply with the Electrolux Workplace Code of Conduct" lesen. Andere Unternehmen betonen eine eigene Rolle bei der Verbreitung der Grundsätze in der Zuliefererkette. Die Zusagen der Unternehmen bleiben aber unverbindlich. Sie erklären die Einführung vergleichbarer Grundsätze bei ihren Vertragspartnern zu unterstützen (‚support'), zu fördern (‚promote') oder hierzu zu ermutigen (‚encourage').[210] Andere formulieren passiv; sie erwarten (‚expect') die Einhaltung vergleichbarer Grundsätze durch ihre Geschäftspartner.[211]

Verbindlicher erscheint die Variante, wonach die Vertragsbeziehung von der Compliance mit den in dem IFA niedergelegten Grundsätzen abhängig gemacht wird: „Bosch will not work with any suppliers who have demonstrably failed to comply with basic ILO labor standards." Wie Bosch machen etwa auch Elander, Faber-Castell, Pfleiderer, RoyalBAM Quebecor die Vertragsbeziehung von der Einhaltung der eigenen IFA-Klauseln oder vergleichbarer Grundsätze abhängig. Bei Lafarge, Shoprite Checkers und Wilkhahn bildet das Wohlverhalten der Vertragspartner zumindest ein Auswahlkriterium bei Vertragsschluss. Wer die Verstöße registrieren soll und was einen ausreichenden Verstoß darstellt, bleibt aber offen, – zumal der Maßstab, wie im Beispiel Bosch zu lesen, nicht in jedem Fall das IFA, sondern vielfach die ILO-Kernarbeitsnormen oder die Menschenrechte sind.[212] Damit gewinnen die IFA-Normen nicht an Reichweite.

IKEA hat dagegen eine eigene Abteilung für Compliance gegründet, die die Durchsetzung und Überwachung des weltweit in alle Zuliefererverträge integrierten Kodex „The IKEA Way on Purchasing Home Furnishing Products" übernimmt. Tatsächlich vertragliche Bindung verspricht das schweizer Unternehmen Triumph, das seine Zulieferer und Subunternehmer unter anderem zur Berichterstattung über Aktivitäten und gegebenenfalls jeden einzelnen Arbeitnehmer und Bereitschaft zur jederzeitigen Kontrolle der Betriebsstätten verpflichten will.

Ob diese, auch bei bester Absicht, durchführbar sind, ist offen. So wird in Anbetracht der starken Zergliederung der Produktionskette gerade in der Textilbranche bezweifelt, dass es einem Mutterkonzern überhaupt möglich ist, jeden Sub- und Sub-Subunternehmer oder Zulieferer im unteren Bereich der

---

210 siehe etwa IFA Daimler, EADS, GEA, Italcementi, Leoni, Lukoil, Rheinmetall.

211 siehe etwa IFA GDF Suez, Rhodia, SchwanSTABILO, Wilkhahn.

212 siehe etwa auch IFA Rhodia und PSA Peugeot Citroën.

Wertschöpfungskette zu kennen und zu erreichen.[213] Vor allem aber scheint bedenkenswert, dass rechtlich selbständige Zuliefer- und Subvertragsunternehmen den Kodizes beziehungsweise Rahmenvereinbarungen mehrerer Auftraggeber verpflichten sein können.[214] Hier kann es zu Pflichtenkollisionen kommen.[215] Das Problem sollte tatsächlich aber wenig Relevanz haben, da die Regelungen verschiedener CSR-Instrumente in der Regel weniger gegenläufig als unterschiedlich weitgehend sind. So verbleibt dem Zulieferer beziehungsweise Subunternehmer, sich an dem jeweils höchsten Standard zu orientieren.

b. Implementierung und Durchsetzung der IFA

aa. Rahmenvertragliche Implementierungs-, Kontroll- und Konfliktlösungsmodelle

(1) Information

> „This declaration will be distributed to all the personnel of Renault group companies." **(Renault)**. „These principles will be made available to all employees and their representations in a suitable manner." **(Leoni)**. The Company will distribute copies of this Global Agreement within its organization. UNI will distribute copies to all its affiliates with members in the Company. UNI and the Company also ensure its translation into the relevant local languages. It being understood that the parties may, as the case may be, decide to jointly inform and promote this Agreement." **(Elanders)**. „RoyalBAM Group nv will provide information concerning this agreement in both written and verbal form." **(RoyalBAM)**. Veidekke will ensure that appropriate translations of the agreement are available at all workplaces. The agreement will also be made public on Veidekke's website and Intranet. **(Veidekke)**.

Soweit ersichtlich, sehen alle IFA, mit Ausnahme der IFA Freudenberg und Carrefour, eine Informationspflicht gegenüber den Angestellten, beziehungsweise die Verbreitung des Vertragstextes unter diesen vor.[216] Es dürfte jedoch nicht nur geringqualifizierten, nicht anglosprachigen Arbeitskräften schwerfallen, die rechtlichen Erklärungen in Englisch nachzuvollziehen. Der in Ansehung des internationalen Anwendungsbereichs wichtige Punkt einer den Arbeitnehmer verständlichen Sprachfassung wird, wie die Beispiele zeigen, trotzdem nicht

---

213 Miller in Global Social Policy 4/2004, 215, 219; Telljohann et al European and international framework agreements: Practical experiences and strategic approaches, 54.

214 Telljohann et al European and international framework agreements: Practical experiences and strategic approaches, 54.

215 Telljohann et al European and international framework agreements: Practical experiences and strategic approaches, 54.

216 Welz in Shaping Global Industrial Relations, 38, 41.

ausdrücklich in allen IFA angesprochen. Auch die Kommunikation in der Öffentlichkeit wird, anders als die unternehmensinterne Verbreitung, selten angesprochen. Für das IFA StatoilHydro gilt, dass alle Veröffentlichungen in Zusammenhang mit dem IFA der gegenseitigen Verständigung und Übereinkunft der Vertragspartner bedürfen. In anderen IFA ist die Veröffentlichung des Vertragstextes auf der Website vorgesehen.[217] Gerade an einer breiten öffentlichen Wirkung scheint es Hochtief gelegen sein zu sein: „IFBWW and IG BAU will attest HOCHTIEF vis-à-vis state and international institutions and major private clients a particularly positive role as setting a good example of responsible corporate management, the yardstick of which is the implementation of this Code of Conduct." Eine gleiche Klausel enthält das IFA BallastNedam.

(2) Implementierung – Verantwortung, Verfahren, Training

> „Pfleiderer shall ensure implementation of the agreement at the different locations by taking suitable internal measures. These include specifically: information and explanation, integration in management systems and controlling, assigning responsibilities on site, inclusion in any applicable manuals and directives, inclusion in purchasing instructions and agreements with suppliers, wherever possible establishing obligation to report to executive board and local management, inclusion in the internal international audit plan; audits will in this regard take place in cooperation with local employee representatives/unions." **(Pfleiderer)**. „The head of each business is responsible for ensuring compliance with these principles and will take appropriate measures to ensure their implementation." **(EADS)**. „The President of Industri Energi on behalf of ICEM or person authorised by him, and the Vice President Labour Relations in StatoilHydro are responsible for the administration of this agreement."/„Industri Energi/ICEM and StatoilHydro will cooperate in developing joint training arrangements covering those issues – and their implementation– dealt with in this agreement. This will include appropriate training in health, safety and environmental best practice for union delegates from countries where StatoilHydro is the operator. It will also include Management training programmes within StatoilHydro (…)." **(StatoilHydro)**. „LEONI will place its executives in the respective countries under the obligation to comply with this declaration." **(Leoni)**. „H & M and UNI will bear joint responsibility for the full implementation in good faith of this agreement by all parties on all levels." **(H&M)**. „All employees have the obligation to follow the Code of Conduct…." **(SKF)**. „For all employees, including executives, the principles will be set down in the Integrity Code and then implemented (…) The senior managers of each business unit are responsible for ensuring compliance with these principles; they will take appropriate measures in respect of implementation." **(Daimler)**.

---

217 siehe zitiertes IFA Veidekke, so auch die IFA Italcementi, Skanska.

Während viele IFA Maßnahmen zur Evaluation beschreiben, scheinen Regelungen zur aktiven Umsetzung der Zusagen nicht für notwendig befunden zu werden. Entweder sehen die Unternehmen die Vorgaben als ohnehin erfüllt, sodass die Einhaltung keine Änderungen in den Unternehmensabläufen erfordert oder sie regeln die Umsetzung jenseits der gegenseitigen Vereinbarung intern. Teilweise wird die nähere Ausgestaltung in die Eigenmacht der verantwortlichen Personen gestellt. SKF sieht seine Angestellten ohne Ansehung ihrer Stellung im Unternehmen gleichermaßen in der Pflicht. Üblich ist jedoch die Verpflichtung der Führungsebene. Interessant ist dabei, dass einige IFA nur das unternehmensseitige Management in die Verantwortung nehmen,[218] andere auch die Gewerkschaftsseite in der Pflicht sehen.[219] Mitwirkungsklauseln und an die Gewerkschaften gerichtete Verhaltenspflichten sind jedoch verhältnismäßig selten. Dabei dürfte die Einbindung für die Gewerkschaften weniger Pflicht als Chance sein: sie birgt die Möglichkeit der Einflussnahme auf und Kontrolle über die Implementierung des IFA. Die gemeinsame Verantwortung für die Implementierung ist positiv konnotiert, insofern sie das höhere Vertragsziel der IFA, die Stärkung der Kooperation von Gewerkschaften und Unternehmen, widerspiegelt.

Über die Regelung der Verantwortlichkeit hinaus finden sich nur in wenigen IFA weitere Vorgaben zur Implementierung. Das zitierte IFA Daimler sichert die Aufnahme in die unternehmensinterne Kommunikation durch Inkorporierung des IFA in den Daimler ‚Integrity Code'. Die Übertragung in ein unternehmensinternes Regelwerk verspricht auch Bosch mit Verweis auf sein ‚Management System Manual for Quality, Environment, Safety, and Security in the Bosch Group'. Die IFA PSA Peugeot Citroën und GDF Suez sehen als Schritte der Umsetzung die Ausarbeitung der Grundsätze für unterschiedliche Unternehmensbereiche im weiteren sozialen Dialog vor. Darüber hinausgehende Umsetzungsmaßnahmen nennen die IFA ArcelorMittal und Pfleiderer. Neben der informativen Verbreitung und der Implementierung, decken deren Klauseln zugleich die Kontrolle und Evaluation ab. Ausführliche Schritte der Implementierung formuliert das IFA Euradius. Hierin wird insbesondere tatsächlicher Umsetzungsbedarf jenseits bloßer Verbreitungsmaßnahmen bedacht und der Führungsebene aufgetragen. Eine bereits inhaltliche Auseinandersetzung findet sich in den IFA StatoilHydro und Lukoil. Die Unternehmen planen gemeinschaftlich organisierte Fortbildungen zu den Regelungsbereichen des IFA. Darin sollen Gewerkschaftsvertreter

218 siehe etwa IFA Bosch, Daimler, EADS, Renault; Renualt sieht neben der Führungsebene auch den Renault Konzernbetriebsrat in der Pflicht.

219 siehe etwa IFA Antara, H&M, Lukoil, OTE, StatoilHydro, Telefonica.

und Führungskräfte über Best-Practices in Gesundheits-, Sicherheits- und Umweltfragen lernen.

(3) Auditing und Monitoring mit und ohne Gewerkschaftsbeteiligung

> „CHIQUITA and IUF/COLSIBA will each appoint up to four members to a Review Committee that will meet periodically to oversee the application of this agreement and to discuss other areas of mutual concern. In case of a major conflict, CHIQUITA and IUF/COLSIBA may, in addition, include in the meeting a representative of the local union and a representative of local management." **(Chiquita)**. „TRIUMPH INTERNATIONAL, the European Works Council and the EGV/TBL are setting up a committee for the supervision of the regulations of this Code of Conduct. TRIUMPH INTERNATIONAL is sending 2 representatives to this Monitoring Committee, likewise the Euro-Works Council 2 representatives and EGV/TBL 2 representatives. The committee dictates the tasks and authority of the Monitoring Committee according to the principle of unanimity." **(Triumph)**. „Monitoring of the agreement and regular progress reports will be provided by the signatories in meetings between Danske Bank Group management and UNI – Global Union, such meetings to be held with an agreed frequency. Reporting on the cooperation will be based on the regular reporting from Danske Bank Group, including employee surveys and CR reporting." **(Danske Bank)**. „…Upon indication of violation, Corporate Audit will take appropriate action. The corporate management will regularly report to and consult with the international employee representatives on social responsibility of the company and the implementation of these principles." **(Daimler)**. „Reports on compliance with this agreement and eventual infractions, which could not be resolved through discussions in the workplace, will be addressed by an application group comprising Skanska's Human Resources Director (Senior Vice- President Human Resources), EWC Skanska's executive committee and IFBWW. The Senior Vice President Human Resources and executive committee will each appoint one representative to visit and inspect selected work sites at least once a year. IFBWW participates at its own expense in meetings of the application group and the aforementioned visits to work sites." **(Skanska)**. „During internal audits, the Internal Auditing Department will monitor compliance with these principles and will include them in its audit criteria.(…). Implementierung and compliance with these principles will be reported on and discussed during the annual European Works Council meetings." **(Leoni)**.

Die Möglichkeiten und Wege punktueller und fortlaufend steuernder Evaluation sind vielfältig. Zunächst ist festzuhalten, dass die Begriffe Monitoring, Auditing und Reporting in den IFA nicht immer trennscharf verwendet werden. Welche Maßnahmen die Unternehmen dahinter vorsehen und in welcher Verantwortlichkeit diese stehen, bleibt oftmals unklar. Im Groben lassen sich die IFA im Punkt Evaluation in drei Gruppen einteilen: IFA, die eine rein unternehmensinterne Überwachung vorsehen, IFA, nach denen unternehmensintern gewonnene Ergebnisse an die Gewerkschaften berichtet werden sollen und IFA, nach denen die Parteien den Implementierungsprozess gemeinsam beziehungsweise parallel überwachen und die gewonnenen Erkenntnisse im Rahmen einer mehr oder weniger verbindlich verfassten Dialoggruppe austauschen. Die überwiegende Zahl der IFA lässt sich der letzten Gruppe zuweisen. Auch ansonsten kurzgefasste IFA weisen dabei nicht selten lange Ausführungen zum fortgesetzten Dialog der Vertragspartner auf.[220] Auch hierin zeigt sich, dass die Regelung der gegenseitigen Beziehung zwischen Unternehmen und Gewerkschaft ein Hauptanliegen der IFA ist.

Zur ersten Gruppe gehören etwa die IFA Leoni und SKF. Wie eingans zitiert, berichtet Leoni über sein internes Monitoring und Auditing, allerdings nur an den Europäischen Betriebsrat. SKF führt die interne Revision der Rahmenvereinbarung mit dem Weltkonzernbetriebsrat durch. Eine direkte Einbindung oder Information der Gewerkschaften ist nicht vorgesehen. Zur zweiten Gruppe gehört etwa das beispielhaft angeführte IFA Daimler. Die Hoheit über den Kontrollprozess und damit auch die Frage, worüber wie berichtet wird, obliegt hier allein der Unternehmensseite. Das kann entscheidenden Einfluss auf die Effektivität der Durchsetzung haben.[221] Einen interessanten Sonderfall mit Elementen der zweiten und dritten Gruppe bildet das IFA PSA Peugeot Citroën. Dort wird das Monitoring auf nationaler Ebene von Beobachtungsstellen, besetzt mit Mitgliedern der PSA Peugeot Citroën Personalabteilung und der Gewerkschaft, übernommen. Auf Konzernebene ist die Aufgabe dem Konzernbetriebsrat übertragen. Regelmäßig sind unter den Konzernbetriebsräten Gewerkschafter vertreten. Eine direkte Beteiligung der Gewerkschaft ist damit jedoch nicht sichergestellt. Zur dritten und größten Gruppe der IFA hinsichtlich Evaluationsverfahren gehören neben den beispielhaft zitierten IFA Chiquita, Danske Bank, Skanska, Triumph, etwa auch Elanders, Electrolux, IKEA, Impreglio, Italcementi, Lukoil, Nampak, Pfleiderer, Quebecor, RoyalBam, und SchwanSTABILO. Während die zitierten Klauseln aus den IFA Chiquita und Triumph auf die Gründung einer eigenen Arbeitsgruppe hinweisen, sehen die IFA DanskeBank, Lukoil oder Quebecor zwar regelmäßige Treffen beider Seiten vor, ein fest verfasstes Komitee ist indes nicht vorgesehen. Die Institutionalisierung solcher Gruppen muss aber im Interesse der Gewerkschaften liegen, da sie die Kontinuität des Dialogs und eine Begegnung der Gesprächspartner auf Augenhöhe sichert. Außerordentliches Beispiel eines fest verfassten Komitee ist das ‚Consultation Committee on

220 Gerade im Verhältnis zum Umfang der Klauseln im Übrigen sehr ausführlich IFA Endesa, Nampak, OTE, Securitas.

221 siehe hierzu Schömann et al Codes of conduct and international framework agreements: New forms of governance at company level, 74f.

EDF Group Corporate Social Responsibility (CCSR)', dessen Einsetzung und Regelung die EDF Group über vier Seiten detailliert aufführt.

Die Übernahme der Evaluationsergebnisse in den Jahresbericht, eine der wichtigsten Unternehmenspublikationen, sehen etwa die IFA GDF Suez, Lafarge, Pfleiderer, Veidekke und VolkerWessels vor. Das spiegelt die Bedeutung der Vereinbarung wider, macht die gewonnenen Daten einer breiten Öffentlichkeit zugänglich und erhöht damit auch den Compliance-Druck. Mittelbar wirkt sich die Veröffentlichung damit stärkend auf die Verbindlichkeit aus.

(4) Verfahren im Compliance-Fall

„All employees have the right to address issues and problems related to the agreed guidelines. This will not be to their detriment neither will it entail any sanctions." **(Rheinmetall)**. „In the event of a complaint or an infringement of the agreement the following procedure will normally apply: a) Firstly, the complaint should be raised with the local site management. b) If the complaint is not resolved with local management, it should be referred to the appropriate national union who will raise the issue with the company's regional president. c) If still unresolved, the complaint will be referred to the IFBWW Geneva office, which will raise the matter with the company's Corporate Management. Where infringements are found, these shall be reported to the responsible member of management, who will ensure that relevant corrective measures are implemented." **(Veidekke)**. All signatories agree that any difference arising from the interpretation or implementation of this agreement will be examined jointly, for the purpose of making recommendations to the signatories concerned. **(Lafarge)**. „If a unit of Skanska does not comply with the regulations contained in Enclosure I, the application group will report such violations to the responsible member of the Group Management staff, who will ensure that relevant corrective measures are implemented. If agreement regarding interpretations and applications of this agreement cannot be reached in the application group, the issue will be referred to an arbitration board comprising two members and an independent chairman. Skanska AB and the IFBWW will each appoint one member, and the chairman will be appointed through mutual agreement. Arbitration board rulings are binding for both parties." **(Skanska)**.

Nicht alle IFA äußern sich zu dem möglichen Fall von Verstößen gegen die Vereinbarung.[222] Die IFA Rheinmetall und Renault sparen das Thema nicht aus, räumen der Arbeitnehmerschaft jedoch allein abstrakt ein Beschwerderecht ein. Wo und wie dieses geltend gemacht werden kann, bleibt offen. Verstärkt auf die Konfliktlösung zielend, hinsichtlich der Verfahrenswege jedoch nicht weniger abstrakt, sind die IFA, in denen bekundet wird, dass eventuelle Differenzen gemeinsam (‚jointly')

222 siehe etwa IFA Elanders, H&M, Leoni, SchwanSTABILO, SKF, Triumph.

gelöst werden sollen.[223] Wie in allen Bereichen existieren jedoch auch in diesem Punkt weit detailliertere IFA, die ein mehrstufiges Verfahren für die Behandlung von Verstoßfällen vorsehen. Hierzu zählen etwa die IFA Bosch, GDF Suez, SCA, Securitas, Skanska, Veidekke.

Qualitativ lassen sich unternehmensinterne Verfahren, Verfahren, die die Gewerkschaften einbeziehen und Verfahren, die einen aussenstehenden Entscheider einbeziehen, unterscheiden. Auch hier muss vorangestellt werden, dass die Frage, wer die Hoheit über den Konfliktlösungsprozess hat, entscheidend für den Erfolg des IFA sein kann. Als interessengeleitetes Verfahren sollte eine sachgerechte Konfliktlösung im Ausgleich beider Interessensgruppen, besser noch unter Hinzuziehung eines objektiven Dritten gefunden werden. Während zu der ersten Gruppe etwa die angeführten IFA Rheinmetall und Renault gehören, bilden IFA wie beispielsweise EADS und Bosch eine Zwischengruppe, – ähnlich, wie im Fall der Kontrollhoheit: beide IFA sehen im Compliance-Fall die Information des Europäischen Betriebsrats vor. Sofern notwendig, soll dieser auch über Abhilfe beraten. Üblicher als die alleinige Einbindung des Europäischen Betriebsrats ist die Beteiligung der Gewerkschaften.[224] Dabei wird oftmals die Zuständigkeit entweder beider Partner[225] oder eines Dialog- beziehungsweise Evaluationskommitees[226] festgelegt. Die Entscheidungsgewalt über Vorliegen oder Nichtvorliegen eines Verstoßes wird dabei regelmäßig keiner der Parteien übertragen.

Die Option, dass weder unternehmensintern, noch auf nationaler oder globaler Ebene Einvernehmen hergestellt werden kann, wird in kaum einem IFA angesprochen. Ausnahme sind etwa die IFA GDF Suez und Skanska. Für den Fall, dass die Gespräche untereinander scheitern, sehen diese die Einsetzung eines externen Mediators vor. Als objektive Instanz kann dieser vermitteln, hat jedoch keine Letztentscheidungskompetenz. Bis zur letzten Konsequenz ist das IFA Pfleiderer gedacht: findet sich im Dialog der Parteien keine Lösung, kann die Rahmenvereinbarung als ultima ratio aufgekündigt werden.

---

223 siehe zitiertes IFA Lafarge, ebenso die IFA BallastNedam, Carrefour, Impreglio, Italcementi, OTE, VolkerWessels; ähnlich: Shoprite Checkers.

224 siehe etwa IFA Chiquita, GDF Suez, PSA Peugeot Citroën, RoyalBAM, Takashimaya, Veidekke.

225 siehe etwa IFA PSA Peugeot Citroën.

226 siehe etwa Chiquita, GDF Suez, RoyalBAM, Takashimaya, Veidekke.

bb. Implementierung und Durchsetzung in der Praxis

(1) Erste Untersuchungen zur Wirkung der IFA

Zur tatsächlichen Wirkung der IFA sind verschiedene Untersuchungen gemacht worden.[227] Schömann und andere haben für die European Foundation for the Improvement of Living and Working Conditions (Eurofound) etwa die Wirkung der IFA im Vergleich zu Codes of Counduct an den Fallbeispielen Arcelor, BASF, Bosch, Chiquita, EDF, IKEA, Leoni, PSA Peugeot Citroën, Securitas, Telefonica und Unilever untersucht.[228] Im Rahmen der ILO-Publikation ‚Shaping Global Industrial Relations' wird eine Auswahl dieser case studies aufgegriffen[229] und fortgeführt[230]. Darüber hinaus untersuchen Fichter und Helfen die Wirkung verschiedener IFA, etwa Rhodia, Lafarge und Skanska in den USA und Brasilien,[231] Stevis beschäftigt sich ausschließlich mit dem Fall Daimler,[232] da Costa und Rehfeldt mit der Automobilbranche anhand der IFA Daimler, Ford und General Motors[233] und Robinson mit dem Mehrwert der IFA für die Arbeiter in der Lieferkette für Bananen[234]. Miller untersucht die besondere Konstellation des IFA Inditex und inwiefern die Inverantwortungnahme der Hersteller, Zulieferer und Subunternehmer des Konzerns tatsächlich Früchte trägt.[235]

Wie die case studies der Eurofound zeigen,[236] haben die IFA nicht nur direkten Einfluss auf die Durchsetzung von grundlegenden Arbeits- und Sozialrechten, sondern auch auf den sozialen Dialog auf lokaler und nationaler Ebene sowie die

---

227 im Report der Europäischen Kommssion findet sich auch eine Auswertung der Erfahrungen verschiedener Unternehmen mit ihren Transnational Company Agreeements: Report– Expert Group – Transnational Company Agreements vom 31.1.2012, 85ff., siehe Fn 45.

228 Unilever und BASF besitzen kein IFA, hier war ein Verhaltenkodex Gegenstand der case studies; alle case studies abrufbar unter http://www.eurofound.europa.eu/areas/industrialrelations/governance.htm, zuletzt abgerufen: 11.7.2013.

229 Schömann in Shaping Global Industrial Relations, 21ff.

230 Welz in Shaping Global Industrial Relations, 38ff.

231 Fichter/Helfen in Shaping Global Industrial Relations, 85ff.

232 Stevis in Shaping Global Industrial Relations, 116ff.

233 da Costa/Rehfeldt in Shaping Global Industrial Relations, 143ff.; die Vereinbarungen Ford und General Motors erfüllen nicht den hier verwandten Begriff der IFA im engeren Sinne, da sie nicht durch globale Gewerkschaft unterzeichnet sind.

234 Robinson in Shaping Global Industrial Relations, 164ff.

235 Miller in Shaping Global Industrial Relations, 179ff.

236 abrufbar siehe Fn 228; zusammenfassender Bericht: Schömann et al Codes of conduct and international framework agreements: New forms of governance at company level.

Unternehmenskultur.[237] Mit Blick auf den Regelungsbereich „Kollektivrechte" zeigt sich, dass die IFA einen positiven Einfluss auf die Anerkennung der Vereinigungsfreiheit und das Recht zu Kollektivverhandlungen sowie die strukturelle und institutionelle Entwicklung betrieblicher Interessenvertretung haben.[238] Als Beispiel wird etwa das IFA Securitas angeführt, das zu einer Öffnung der US-amerikanischen Securitas-Führungsebene gegenüber Gewerkschaften geführt hat.[239] Im Konzern PSA Peugeot Citroën hat das IFA innereuropäisch zu einem Fortschritt in der Beziehung Arbeitgeber-Gewerkschaft geführt.[240] In Frankreich und Deutschland wurden durch das IFA der Kontakt zu nationalen Gewerkschaften hergestellt und Gespräche initiiert.[241] Neben einer veränderten Haltung gegenüber Gewerkschaftsaktivitäten und dem teilweisen Start von Gesprächen mit Gewerkschaftsorganisationen, für die hier auch die deutschen Unternehmen Bosch und Daimler als Fallbeispiele angeführt werden, lassen sich auch handfeste Fortschritte ablesen.[242] Schömann und andere verweisen auf die case study zum IFA IKEA: In Folge des IFA hat sich die Arbeitnehmerschaft der Tochterfirma Swedwood in Polen landesweit gewerkschaftlich organisiert.[243] Gleiches gilt für die Leoni Konzernniederlassung in Rumänien.[244] Die IUF gibt an, in Folge des Vertragsschlusses mit Chiquita starke Mitgliederzuwächse verzeichnet und mehrere Tarifvereinbarungen geschlossen zu haben.[245]

Über die Frage der Kollektivrechte hinaus bestätigen Arbeiter und Führung von Bosch vor allem einen Einfluss auf die Arbeitsbedingungen im außereuropäischen Ausland, wo gesetzlicher Schutz weniger stark ausgeprägt ist. Durch die Entwicklung eines Lieferantenaudit-Verfahrens konnten soziale Standards auch über das Unternehmen hinaus im Sinne der ILO-Kernarbeitsnormen beeinflusst

237 Schömann et al Codes of conduct and international framework agreements: New forms of governance at company level, 73.

238 Schömann et al Codes of conduct and international framework agreements: New forms of governance at company level, 75.

239 Schömann et al Codes of conduct and international framework agreements: New forms of governance at company level, 75.

240 Welz in Shaping Global Industrial Relations, 38, 50.

241 Welz in Shaping Global Industrial Relations, 38, 50.

242 Schömann et al Codes of conduct and international framework agreements: New forms of governance at company level, 75f.

243 Schömann et al Codes of conduct and international framework agreements: New forms of governance at company level, 76.

244 Schömann et al Codes of conduct and international framework agreements: New forms of governance at company level, 75f.

245 Welz in Shaping Global Industrial Relations, 38, 46f.

werden. Externe Stakeholder geben einen Imagewandel des Chiquita-Konzerns infolge des IFA-Abschlusses an.[246]

Daneben hat sich nach Abschluss eines IFA in vielen Unternehmen ein sozialer Dialog als festes Gestaltungselement der Unternehmenspolitik entwickelt.[247] Ein Zeichen hierfür und zugleich ein begünstigender Umstand ist die Mitunterzeichnung der Verträge durch nationale Gewerkschaften.[248] Gerade in diesem Punkt zeigt sich aber auch, dass die Erfolge einzelfall- beziehungsweise unternehmensabhängig sind. So zeigen die Fälle Bosch und Leoni nur zögerliche Fortschritte auf dem Gebiet des sozialen Dialogs.[249] Noch dazu sind diese, laut case studies, weniger auf das IFA als überwiegend auf fortgesetzte Gewerkschafts- oder Betriebsratkampagnen zurückzuführen.[250] Umgekehrt zeigt sich am Beispiel BASF, ein Unternehmen ohne IFA, aber mit großer Akzeptanz von Mitarbeiterpartizipation und -vertretung, dass auch auf Grundlage interner Unternehmenswerte und -prinzipien ein erfolgreicher sozialer Dialog institutionalisiert werden kann.[251]

Einen Einfluss konnte den IFA für die Beschleunigung der Entwicklung globaler Arbeitnehmervertretungen und weltweiter Betriebsräte nachgewiesen werden.[252] Die Europäischen Betriebsräte sind in Initiierung, Verhandlung, Implementierung und Monitoring der IFA bereits eingebunden.[253] Für ein internationales Vertragswerk, wie die IFA, drängt sich damit die Schaffung eines entsprechend kompetenten Gremiums mit globaler Reichweite auf.[254] So bindet EDF nicht den Europäischen Betriebsrat in das Monitoring ein, sondern

246 ganzer Absatz nach Welz in Shaping Global Industrial Relations, 38, 45f.

247 Schömann et al Codes of conduct and international framework agreements: New forms of governance at company level, 77f.

248 Schömann et al Codes of conduct and international framework agreements: New forms of governance at company level, 77.

249 Schömann et al Codes of conduct and international framework agreements: New forms of governance at company level, 78f.

250 Schömann et al Codes of conduct and international framework agreements: New forms of governance at company level, 78f.

251 Schömann et al Codes of conduct and international framework agreements: New forms of governance at company level, 79.

252 zur Festigung der Position der globalen Gewerkschaften durch die IFA siehe bereits § 2 I.4.b.

253 Schömann et al Codes of conduct and international framework agreements: New forms of governance at company level, 79.

254 Schömann et al Codes of conduct and international framework agreements: New forms of governance at company level, 79f.

schafft ein eigenes CSR-Komitee.[255] Ein solches Komitee kann als Vorläufer eines Weltbetriebsrats gesehen werden.[256] Im IFA PSA Peugeot Citroën wird bereits ausdrücklich die Schaffung eines Weltbetriebsrats angesprochen.

Allgemein schreiben die befragten Unternehmensmanager den IFA einen größeren Einfluss als den bislang im CSR-Bereich dominierenden Codes of Conduct zu. In ihrer Funktion als Leitbild und Kontrollmaßstab prägen sie die Kultur im Unternehmen, beeinflussen aber auch die Außenbeziehung zu Geschäftspartnern. Als Beispiel hierfür wird insbesondere auf die Erfahrungen in dem Unternehmen Leoni verwiesen.[257] Eine stärkere Wirkung kommt den IFA jedoch nur zu, wenn ihr struktureller Vorteil gegenüber den Codes of Conduct, ihre Zweiseitigkeit, auch zum Tragen kommt.

Als entscheidender Erfolgsfaktor der IFA wird das gemeinsame, nicht einseitige Monitoring der Durchsetzung angeführt.[258] Damit hängt der Erfolg jedoch auch von dem fortgesetzten Engagement der Arbeitnehmervertreter ab: Die Faktoren einer erfolgreichen Implementierung stellen deshalb auch wesentlich auf die Schaffung von Strukturen und Institutionen ab, die gemeinsames Arbeiten und einen andauernden sozialen Dialog nicht nur zwischen Unternehmen und Arbeitnehmer, sondern auch Gewerkschaften und Nichtregierungsorganisation sichern.[259] Die EU, die die Umsetzungschwierigkeiten vor allem in einer fehlenden speziellen gesetzlichen Grundlage für die IFA begründet sieht, überlegt, diesem Mangel durch Schaffung eines rechtlichen Rahmens abzuhelfen.[260] Dieser soll den Parteien die Implementierung erleichtern.[261] Der Rückgriff soll den Parteien freistehen.[262]

---

255 Schömann in Shaping Global Industrial Relations, 21, 31.

256 Schömann in Shaping Global Industrial Relations, 21, 31.

257 alle vorstehenden Angaben des Absatzes: Schömann et al Codes of conduct and international framework agreements: New forms of governance at company level, 81f.

258 Schömann et al Codes of conduct and international framework agreements: New forms of governance at company level, 4.

259 Schömann et al Codes of conduct and international framework agreements: New forms of governance at company level, 89, mit einer Zusammenstellung aller Erfolgsfaktoren hinsichtlich Verbreitung und Durchsetzung des IFA; ebenso Telljohann et al European and international framework agreements: Practical experiences and strategic approaches, 84, 85.

260 EU Commission Staff Working Document: Transnational company agreements: realising the potential of social dialogue, SWD(2012) 264 endg, 8f.

261 EU Commission Staff Working Document: Transnational company agreements: realising the potential of social dialogue, SWD(2012) 264 endg, 9.

262 EU Commission Staff Working Document: Transnational company agreements: realising the potential of social dialogue, SWD(2012) 264 endg, 9.

(2) Konfliktfälle und -austragung

Im Rahmen der case studies[263] werden kaum Konfliktfälle berichtet. Im Fall Leoni soll es seit Abschluss des IFA in 2003 zu keinem Verstoß gekommen sein.[264] In den case studies Arcelor, Chiquita, EDF, PSA Peugeot Citroën und IKEA fehlen Angaben.[265] Dies kann fehlender Evaluation, durchaus aber auch der jungen Geschichte der IFA zu dem Zeitpunkt der Untersuchung geschuldet sein. In der Fallstudie Bosch wird auf wenige Konfliktfälle hingewiesen, die nicht auf nationaler Ebene gelöst werden konnten.[266] Sie wurden dem laut Vertrag zuständigen Europäischen Betriebsrat vorgelegt.[267] Securitas hat in zwei Fällen, in denen der Anwendungsbereich der Vereinbarung strittig war, die eingesetzte ‚Implementation Group' angerufen.[268] Zwischen UNI und Telefonica ist es zu Konflikten hinsichtlich der Wahrung von Gewerkschaftsrechten und der Einhaltung nationaler Gesetze gekommen.[269] Nähere Information zu Art und Ausgang der Vorfälle, ob eine Lösung gefunden oder überhaupt versucht wurde, fehlen.

Die Worker Uniting, eine globale Gewerkschaft, verurteilt im Internet offen die Verletzung des erst im Juli 2012 zwischen Siemens und der IndustriAll Global Union geschlossenen IFA. Die Anprangerung des vermeintlichen Verstoßes erfolgt hier interessanterweise durch eine nicht am Vertrag beteiligte Gewerkschaft. Konkret wird auf die Klauseln zur Anerkennung der Vereinigungsfreiheit und des

263 alle case studies abrufbar unter siehe Fn 228.

264 Voss in Codes of conduct and international framework agreements: New forms of governance at company level, Case Study Leoni, 8.

265 Schömann/Sobczak in Codes of conduct and international framework agreements: New forms of governance at company level, Case Study Arcelor; Schömann in Codes of conduct and international framework agreements: New forms of governance at company level, Case Study Chiquita; Havard/Sobczak in Codes of conduct and international framework agreements: New forms of governance at company level, Case Study EDF; dies in Codes of conduct and international framework agreements: New forms of governance at company level, Case Study PSA Peugeot Citroën; Schömann/Sobczak/Wilke in Codes of conduct and international framework agreements: New forms of governance at company level, Case Study Ikea.

266 Voss/Wilke in Codes of conduct and international framework agreements: New forms of governance at company level, Case Study Bosch, 8.

267 Voss/Wilke in Codes of conduct and international framework agreements: New forms of governance at company level, Case Study Bosch, 8.

268 Schömann in Codes of conduct and international framework agreements: New forms of governance at company level, Case Study Securitas, 9.

269 Schömann/Sobczak/Wilke in Codes of conduct and international framework agreements: New forms of governance at company level, Case Study Telefonica, 9.

Rechts zu Kollektivverhandlungen verwiesen. Diese seien vor dem Hintergrund fortgesetzter gewerkschaftsfeindlicher Maßnahmen des Konzerns in den USA verletzt. Das Statement zählt dezidiert die vertragsmissachtenden Maßnahmen der Unternehmensführung auf und fordert zur Wahrung des Vertrags, dass Siemens gewerkschaftsfeindliche Maßnahmen einstellt, allen Arbeitnehmern auf einer Versammlung ihre Kollektivrechte und deren Wahrung bestätigt, der lokalen Gewerkschaft Zugang zu den Niederlassungen zur Kommunikation mit den Arbeitern gewährt und für alle Arbeiter eine Kopie des IFA zur Verfügung hält. Dem Statement ist ein Musterbrief an den Siemens-CEO zur allgemeinen Verwendung angehängt, in dem die Vorwürfe und Forderungen wiederholt werden.[270]

Grundsätzlich versuchen Gewerkschaften durch Kampagnen, Öffentlichkeit zu schaffen und die Regulierungskräfte des freien Marktes zu nutzen, um die Unternehmen unter Druck zur Einhaltung der Zusagen zu bewegen. In der Regel dürften solche Kampagnen für Gewerkschaften jedoch letztes Mittel sein, wenn der soziale Dialog, dessen Ziel und Produkt die IFA gleichermaßen sind, gescheitert ist. Andernfalls riskieren die Organisationen die langjährig aufgebauten Partnerschaften zu den Unternehmen. Das aggressive Vorgehen der Worker Uniting gegen Siemens dürfte mithin auch auf die fehlende eigene Beteiligung der Gewerkschaft an dem IFA und den Verhandlungen zurückgehen. Die Kampagne ist bislang die weitestgehende Reaktion auf einen IFA-Verstoß. In keinem Fall hat eine Vertragspartei oder ein Dritter einen Verstoß vor ein öffentliches Gericht oder auch eine außergerichtliche Streitbeilegungsstelle gebracht.[271]

II. Ordnungsversuche

Die Übersicht und die Auszüge aus den Kerninhalten der IFA zeigen eine große Bandbreite hinsichtlich Detailgrad und Verbindlichkeit der Formulierungen. Dabei sind einige IFA durchgehend knapp und unverbindlich, so etwa das IFA Hochtief, andere im Ganzen detailliert und substantiiert formuliert, so etwa das IFA PSA Peugeot Citroën. Das Gros der IFA lässt sich jedoch weniger klar einordnen. Dabei muss die geringe Zahl der IFA gegenüber der Gesamtzahl transnationaler

270 Statement und Musterbrief: Worker Uniting Statement vom 28.8.2012, abrufbar unter http://www.workersuniting.org/connect/news/workers-uniting-statement-on-union-busting-by-siemens-in-north-east-maryland-usa, zuletzt abgerufen: 11.7.2013.

271 EU Commission Staff Working Document: Transnational company agreements: realising the potential of social dialogue, SWD(2012) 264 endg, 16.

Unternehmen beachtet werden.[272] Eine Aufteilung nach Ländern und Branchen[273] ergibt für jedes Land beziehungsweise jeden Sektor noch nicht ausreichend Datenmaterial für eine aussagekräftige Kategorisierung.

Und doch lassen sich nationale und branchenspezifische Tendenzen ablesen. So sind französische IFA im Vergleich zu deutschen IFA, aber auch allgemein, im Durchschnitt weit umfangreicher.[274] Sie widmen sich stärker auch Themenbereichen jenseits der Beziehung zwischen Arbeitnehmer und Arbeitgeber.[275] Beide Länder stehen damit stellvertretend für die zwei Gruppen, in die sich IFA grob einteilen lassen: solche mit engem Unternehmensbezug und solche mit weiterem Regelungsbereich.[276] Branchenähnlichkeiten lassen sich mit Blick auf die Ausprägung der Gewerkschafts- und Kollektivrechte ausmachen, – ausführlicher finden sie sich in IFA der Bauindustrie, knapper dagegen in der Automobilindustrie.[277] Die Themen Umwelt und Nachhaltigkeit sind je nach Bezug und Ressourcenintensivität der Branchen unterschiedlich stark betont.[278] Ressourcenintensiv arbeitet etwa der Mineralölkonzern Lukoil. Entsprechend lang sind seine Ausführungen auf diesem Gebiet. Dagegen findet sich etwa in dem IFA der Zeitarbeitsunternehmen Adecco, Kelly Services, Manpower, Olympia, Randstad und USG mangels Berührungspunkten zwischen Unternehmenstätigkeit und Umwelt keine Klausel in diesem Bereich.

Branchenähnlichkeiten scheinen jedoch stärker der Verwendung von Modellverträgen, wie sie etwa von den beiden aktivsten Gewerkschaften BWI und IMF eingesetzt werden,[279] oder zumindest den Gepflogenheiten der branchenzuständigen Gewerkschaft geschuldet zu sein, als etwaigen Notwendigkeiten oder Spezifika der Branchen. Genauso führt der Einsatz von Modellvereinbarungen mit in weiten Teilen deckungsgleichen Formulierungen auch zu stärkeren Ähnlichkeiten einzelner IFA als es nationale Gepflogenheiten tun könnten. Starkes Beispiel

272 die Bundeszentrale für politische Bildung gibt die Zahl im Jahr 2008 mit 82 000 an; siehe http://www.bpb.de/nachschlagen/zahlen-und-fakten/globalisierung/52630/anzahl, zuletzt abgerufen: 11.7.2013.

273 siehe § 2 I.3.b und c.

274 Thüsing RdA 2010, 78, 89.

275 Thüsing RdA 2010, 78, 89.

276 Thüsing RdA 2010, 78, 90.

277 Thüsing RdA 2010, 78, 90.

278 Thüsing weist auf einen Schwerpunkt solcher Klauseln in den IFA der Unternehmen aus der Energiebranche hin, RdA 2010, 78, 90f.

279 siehe Parteien/Arbeitnehmerseite § 2 I.4.b.

hierfür sind die durch die UNI im Telekommunikationssektor verhandelten IFA OTE, Portugal Telecom, Telefonica und Tel Telecomunicações.

III. Ausblick auf die qualitative und geographische Tendenz des Instituts

Die absolute Zahl der IFA nimmt zu. Darüber hinaus ist die zahlenmäßige Entwicklung aber zu unstet, um eine durchschnittliche Steigerung vorherzusagen. Betrachtet man den eigentlichen Entwicklungszeitraum des Instruments ab dem Jahr 2000 – frühere IFA stammen nahezu ausschließlich aus der Experimentierphase des Danone-Konzerns – schwanken die Zahlen der Vertragsschlüsse stark. Während im Jahr 2002 elf IFA geschlossen wurden, waren es im Jahr darauf mit fünf IFA weniger als halb soviele. Dem Hoch im Jahr 2008 mit 17 IFA folgten fünf IFA im Jahr 2009. Der Vergleich der zwei Jahrzehnthälften 2001–2005 und 2006–2010 zeigt mit 47 und 48 Rahmenvereinbarung ein nahe deckungsgleiches Ergebnis.[280]

Mit Blick auf die junge Geschichte des Instruments sind auch Aussagen zur weiteren geographischen Ausbreitung mit Vorsicht zu treffen. Im Ausgang sind die IFA ein europäisches Phänomen.[281] Das erste Unternehmen mit IFA, Danone, ist europäisch und noch heute sind mehr als Dreiviertel der IFA durch ein Unternehmen mit Firmensitz in der Europäischen Union geschlossen. Das kann nicht nur mit der großen Bedeutung von Arbeitnehmerschutz und -partizipation in den EU-Mitgliedstaaten, sondern auch durch die Einführung der Europäischen Betriebsräte erklärt werden.[282] Hinzu kommen die aktiven Bemühungen der Kommission, das Instrument der IFA zu verbreiten und zu festigen. Der Abschlussbericht der Expertengruppe zu IFA schlägt hierzu die Erstellung eines zumindest optionalen rechtlichen Rahmens im Wege einer Richtlinie vor, auf den die Parteien zur rechtssichereren Gestaltung und zum Abschluss eines IFA zurückgreifen können.[283] Diese politisch-kulturellen und institutionellen

---

280 alle Zahlen entstammen der EU-Database on transnational company agreements, http://ec.europa.eu/social/main.jsp?catId=978&langId=en, zuletzt abgerufen: 11.7.2013.

281 European Commission: Mapping of transnational texts negotiated at corporate level, EMPL F2 EP/bp 2008 (D) 14511, 5; ausführlich in: Report- Expert Group – Transnational Company Agreements vom 31.1.2012, 150ff., siehe Fn 45.

282 siehe hierzu bereits § 2 I.3.a.

283 Commission Staff Working Document: Transnational company agreements: realising the potential of social dialogue, SWD(2012) 264, 9f.

Voraussetzungen sprechen dafür, dass die EU-Staaten auch zukünftig eine Vorreiterrolle auf dem Feld der IFA einnehmen werden. Gleichwohl ist der Zusammenhang zwischen der arbeitsrechtlichen beziehungsweise arbeitspolitischen Tradition und Ideologie eines Landes und dem Potential der IFA nicht ausreichend erforscht.[284] Wenn ein Zusammenhang besteht, ist dieser nicht zwingend. Das beweist die tatsächliche Entwicklung der IFA außerhalb der Europäischen Mitgliedsstaaten. Zwar sind bis 2011 von 107 IFA nur 24 von Unternehmen mit Sitz außerhalb der EU geschlossen worden. Deren überwiegende Zahl wurde jedoch in den letzten Jahren verhandelt. Im Jahr 2008 waren acht von 17 Unternehmen, die ein IFA in diesem Jahr abschlossen, mit ihrem Hauptsitz nicht in der EU registriert. Im Jahr 2009 lag dann zwar nur eines von sechs Unternehmen außerhalb der EU, dafür im Jahr 2010 jedoch mit fünf von zehn die Hälfte aller Unternehmen, die ein IFA abgeschlossen haben.[285]

Inhaltlich erscheinen neuere IFA substantiierter hinsichtlich der gemachten Zusagen und Vorschriften zum Implementierungsverfahren.[286] Zusammengenommen mit den bisherigen Einflüssen der IFA, die in den case studies gefunden wurden, zeigt sich, dass IFA geeignet sind, für eine Konzernverantwortung zu sensibilisieren, die über die Unternehmensgrenze hinausreicht, also auch die Zulieferkette erfasst. Auch erste Fortschritte bei der Verbreitung und Wahrung von Gewerkschafts- und Kollektivrechten lassen sich ablesen. Mangels direkter Kausalitäten sind diese jedoch mit Vorsicht in Verbindung zu den IFA zu setzen. Sicher hingegen ist, dass die IFA einen Beitrag zur Internationalisierung des sozialen Dialogs leisten; die Anerkennung der internationalen Gewerkschaften liegt in den Verhandlungen selbst.[287]

Gerade in der qualitativen Entwicklung der Klauseln und Implementierungsverfahren kann jedoch auch ein Grund für den fehlenden exponentiellen Anstieg der Zahl der IFA gesehen werden. Die ILO stellt fest, dass Unternehmen, die ein IFA unterzeichnet haben, gerade befürchten, Teil eines rechtlichen Vorganges zu

---

284 Telljohann et al European and international framework agreements: Practical experiences and strategic approaches, 84, 85f.

285 alle Zahlen entstammen der EU-Database on transnational company agreements http://ec.europa.eu/social/main.jsp?catId=978&langId=en, zuletzt abgerufen: 11.7.2013.

286 Welz in Shaping Global Industrial Relations, 38, 55; ebenso Telljohann et al European and international framework agreements: Practical experiences and strategic approaches, 38.

287 Stevis, International framework agreements and global social dialogue, 5.

werden, während sie selbst den sozialen Dialog suchen.[288] Die zunehmende Substantiierung der IFA erhöht die Hemmschwelle der Unternehmen zum Abschluss einer freiwilligen Verpflichtung; Verhandlungen werden langwieriger und Abschlüsse seltener.[289] Insofern sind auch die weiteren Verrechtlichungsbemühungen der EU ambivalent zu sehen. Sie schaffen Rechtssicherheit, wo Rechtssicherheit vielleicht nicht gewollt ist, – weil jedwede rechtliche Dimension nicht gewollt ist. Sie rücken das Instrument der IFA aus dem Bereich der CSR-Maßnahmen weiter in Richtung Rechtsinstrument. Im besten Fall führt das zu einem bedachteren Umgang der Akteure, im schlechteren und wahrscheinlicheren Fall ziehen sich die Unternehmen von dem Instrument und ihrem Engagement zurück.

Damit stehen die Akteure vor der Frage, welchen Charakter IFA in Zukunft haben sollen. Soll das Instrument weiter unter dem Label des Soft-Law firmieren oder als internationales Äquivalent zu national-verbindlichen Unternehmensvereinbarungen institutionalisiert werden? Dabei können die Vorteile einer Verrechtlichung für die Gewerkschaften nur dann das Risiko aufwiegen, Vertrauen und die aufgebaute Beziehung zwischen Arbeitnehmern und Gewerkschaften zu verlieren, wenn die Ziele der IFA mit den Mitteln des Soft Law nicht mehr oder nicht ausreichend durchgesetzt werden können.[290]

---

288 „companies that have signed have intimated that they do not want to be locked into a ‚legal process'; rather they want to be engaged in a ‚dialogue process': ILO, International Framework Agreements – An employers Guide' 2007, abrufbar unter http://apirnet.ilo.org/resources/ifas-an-employers-guide, zuletzt abgerufen: 11.7.2013.

289 Fichter/Stevis 33. CCL&P 4/2012, 667, 680f.

290 Banks/Shilton 33. CCL&P 4/2012, 495, 545.

§ 3 IFA in Nordamerika

Die Entwicklung der IFA ist kein Phänomen der ‚westlichen Welt'. Im Ursprung und mit Blick auf die Verbreitung nach Unternehmenssitz sind IFA allein europäisch. Die Frage ist, ob das Instrument den Sprung über die Grenzen Europas schafft und entsprechend seinem Anspruch, globale Probleme lösen zu wollen, auch globale Verbreitung findet. Der gemeinsame kulturell-wirtschaftliche Hintergrund Europas und Nordamerikas legt ein Vordringen in diese Region nahe. Es finden sich im hochindustrialisierten Nordamerika, anders als in Schwellen- und Entwicklungsländern, zudem viele Konzernmuttergesellschaften, potentielle Vertragspartner der globalen Gewerkschaften. Der historisch gewachsene Stellenwert von Arbeitnehmerrechten und -organisation ist in Nordamerika jedoch ein grundlegend anderer.[291] Die rechtliche und kulturelle Anerkennung und Verankerung von Kollektiv- und Gewerkschaftsrechten, die den IFA in Europa mutmaßlich den Weg bereitet hat, fehlt.[292]

Bislang konnten erst sechs IFA mit nordamerikanischen Unternehmen geschlossen werden. Fünf in den USA (Chiquita, Coca Cola, Kelly Services, Kimberly Clark, Manpower), eines in Kanada (Quebecor). Bis zum Jahr 2005 bestand nur das IFA Chiquita, dessen Anwendungsbereich zudem auf Lateinamerika beschränkt ist. Das Instrument der IFA findet jedoch gleichwohl indirekt Verbreitung in den USA. Viele IFA wirken in den USA und beeinflussen die dortigen Beziehungen zwischen Arbeitgebern, Arbeitnehmern und Gewerkschaften. Dies ist der Fall, wenn ein IFA einen weltweiten Anwendungsbereich vorsieht und die verwendenden Unternehmen Niederlassungen, gegebenenfalls auch Zulieferer oder Subunternehmer in den USA oder Kanada haben. Die Rezeption dieser IFA in Nordamerika wird entscheidend die weitere Verbreitung des Instruments unter nordamerikanischen Unternehmen beeinflussen.

Das Comparative Labor Law & Policy Journal hat dem Thema International Framework Agreements und deren Justiziabilität eine ganze Ausgabe gewidmet.[293] Der folgende Exkurs gibt einen Überblick über die dort gewonnenen

---

291 Papadakis in Shaping Global Industrial Relations, 61, 64.

292 Papadakis in Shaping Global Industrial Relations, 61, 64; siehe ebenda, 62ff., ausführlich zu den IFA-begünstigenden Faktoren, wie insbesondere dem kulturellem und arbeitspolitischen Hintergrund.

293 33. CCL&P 4/2012.

Erkenntnisse hinsichtlich Durchsetzungsmöglichkeiten und Rechtswirkungen von IFA in Nordamerika, der zweiten Großregion der westlichen Welt.

I. Rezeption der IFA in Kanada

1. Rechte aus IFA

Soweit die IFA auf die ILO-Normen zur Vereinigungsfreiheit und das Recht zu Kollektivverhandlungen verweisen, gehen sie in verschiedenen Punkten über das kanadische Recht hinaus. Zu einem niedrigeren Schutzniveau, als es die ILO-Kernarbeitsnormen 87 und 98 garantieren, führen insbesondere ein im Vergleich eingeschränktes Streikrecht, weniger Zugangsrechte der Gewerkschaften und die Tatsache, dass Arbeitnehmer in leitender Position und solche, die in Niederlassungen außerhalb Kanadas beschäftigt sind, nicht zum Kreis der geschützten Arbeitnehmer gehören. In diesen Bereichen können IFA für Berechtigte anspruchsbegründend wirken. Wo IFA auf das nationale Recht verweisen und ein eigener Regelungsgehalt fehlt, können die IFA im vorläufigen Rechtsschutz Bedeutung als Anspruchsgrundlage gewinnen.[294]

2. Möglichkeit privatrechtlicher Ansprüche aus Vertrag und Delikt

Das Institut der IFA ist im kanadischen Recht nicht gesondert geregelt. Durchsetzbare Ansprüche müssten sich deshalb auf Grundlage entweder kanadischen Privatrechts, insbesondere Vertrags- oder Deliktsrechts oder öffentlichen Rechts, hier dem kollektiven Arbeitsrecht, ergeben. Prozessual kann die Durchsetzung der IFA über Vertragsrecht vor den ordentlichen Gerichten bereits an der fehlenden Befähigung der Gewerkschaften, vor Gericht als Kläger oder Beklagter aufzutreten, scheitern. Nach kanadischem Recht ist die Parteifähigkeit der globalen Gewerkschaften, anders als die von Unternehmen strittig. Es bleibt die Möglichkeit, dass nationale Gewerkschaften aus dem Gewerkschaftsbund als Kläger auftreten. Auch materiell ist eine Durchsetzung eines vertraglichen Anspruchs aus einem IFA jedoch schwierig: nur bei Handelsverträgen vermuten die kanadischen Gerichte die Verbindlichkeit der Verträge, nicht so im Arbeitsrecht. Hier entscheidet die Auslegung.[295]

---

294 ganzer Absatz nach Banks/Shilton 33. CCL&P 4/2012, 495, 499ff.

295 kanadisches Privatrecht ergibt sich vorherrschend aus case law, die öffentlich-arbeitsrechtlichen Normen hingegen aus Gesetz; so und ganzer Absatz nach Banks/Shilton 33. CCL&P 4/2012, 495, 510ff.

Auch ein Anspruch wegen arglistiger oder fahrlässiger Täuschung hängt davon ab, ob der Vertrag nur vage Absichten formuliert oder konkrete Zusagen macht. Denkbar ist ein deliktischer Anspruch überhaupt nur im letzteren Fall und das auch nur, sofern sich der Arbeitgeber diesem nicht durch einen Haftungsausschluss vorsorglich entzogen hat. Ausreichend ist zudem nicht das bloße Zurückbleiben hinter den Zusagen. Ein Fall arglistiger Täuschung liegt nur dann vor, wenn der Arbeitgeber den Mangel an Compliance kennt, jedoch keine Maßnahmen zur zukünftigen Einhaltung seiner Zusagen unternimmt. Besteht zwischen Anspruchsteller und Arbeitgeber eine Sonderverbindung, kann ein Fall fahrlässiger Täuschung vorliegen, wenn der Arbeitgeber den Complianceverstoß zwar nicht kennt, jedoch die übliche Sorgfalt zur Sicherung der Compliance hinsichtlich seiner Zusagen vermissen lässt.[296]

3. Ansprüche und Haftung von Vertragsdritten

Ist eine Durchsetzung nach Auslegung des Vertrages denkbar, sind auch Ansprüche Vertragsdritter, hier regelmäßig der Arbeitnehmer, denkbar; sie sind von den Parteien des IFA intendiert und werden in diesem Rahmen geltend gemacht. Da ‚third party benficiaries' einen Ausnahmetatbestand im kanadischen Rechts bilden, werden hohe Ansprüche an den Nachweis eines dahingehenden Willens der Parteien gestellt. Eine Haftung Dritter, konkret der nicht unterzeichnenden und auch nicht später eintretenden rechtlich eigenständigen Niederlassungen, ist demgegenüber, auch wenn sie zu 100 Prozent der Muttergesellschaft angehören, nicht denkbar. Hier kann allenfalls der Mutterkonzern für die Zusage, die Töchter zu binden, haftbar gemacht werden.[297] Mit Blick auf die Tatsache, das derzeit nur ein kanadisches IFA existiert, somit die Ausführungen hauptsächlich Niederlassungen europäischer Unternehmen in Kanada betreffen, liegt hierin eine der größten Hürden für rechtliche Wirkungen der IFA.

4. Zuständigkeit kanadischer Gerichte und anwendbares Recht

Das zuständige Gericht bestimmt sich, entsprechend dem Urteil *Club Resorts Ltd. v. Van Breda* anhand einer zweistufigen Prüfung.[298] Zunächst sind die Gerichte des Staates zuständig, zu dem der Kläger einen tatsächlichen und wesentlichen Bezug

296 ganzer Absatz nach Banks/Shilton 33. CCL&P 4/2012, 495, 537ff.

297 alle vorstehenden Angaben des Absatzes nach Banks/Shilton 33. CCL&P 4/2012, 495, 515ff.

298 Club Resorts Ltd. v. Van Breda 18.4.2012 Supreme Court of Canada 17 (can.) zitiert nach Banks/Shilton 33. CCL&P 4/2012, 495, 519.

seiner Forderung nachweisen kann; das case-law spricht von ‚real and substantial connection'. Dies ist etwa durch den Beweis möglich, dass der Beklagte in dem Gerichtsstaat geschäftstätig ist. Ein Bestreiten ist dem Beklagten dann nur unter Nachweis einer engeren Verbindung zu einer anderen Gerichtsbarkeit möglich. Eine Rechtswahl, sofern getroffen, kann Indiz einer Verbindung zu einem Staat und seinen Gerichten sein, sie ist für die kanadischen Gerichte jedoch nicht bindend. Anders ist dies bei der Frage des anzuwendenden Rechts. Dies bestimmt sich grundsätzlich unterschiedlich. Vorrangige Beachtung vor den Gerichten finden Rechtswahlklauseln. Für deliktische Ansprüche ist der Ort des Vergehens entscheidend. Für Ansprüche aus Vertrag kommt das Statut zur Anwendung, zu dem das Rechtsgeschäft die engste Verbindung aufweist (‚closest and most real connection'). Die ist wiederum durch Auslegung der streitgegenständlichen Verträge zu bestimmen. Entscheidend können hier der Ort des Vertragsschlusses oder der Sitz des Unternehmens sein. Dabei besteht auch in der kanadischen Gerichtspraxis ein Heimwärtsstreben: die Tendenz der Gerichte, das Heimatrecht zur Anwendung kommen zu lassen.[299]

5. Durchsetzung nach kanadischem Arbeitsrecht

Die Durchsetzung nach öffentlich-arbeitsrechtlichen Normen hängt von der Frage ab, ob IFA unter das Institut der ‚company agreements' fallen. Deren Durchsetzung bestimmt sich nach Sonderrecht und wird jenseits der ordentlichen Gerichtsbarkeit verhandelt. Formale Voraussetzung für die Annahme eines ‚company agreements' ist der Abschluss durch einen Arbeitgeber und eine Gewerkschaft, die in Vertretung von Arbeitnehmern des entsprechenden Unternehmens handelt. Inhaltlich muss der Vertrag Regelungen zu den betrieblichen Arbeitsbedingungen oder Rechten, Vorteilen und Pflichten des Arbeitgebers, der Gewerkschaft oder der Arbeitnehmer enthalten. Die Vereinbarung muss sich ferner auf eine Verhandlungseinheit beziehen (‚bargaining unit'). Das heißt, die Betriebe, die die Vereinbarung einschließt, müssen bestimmt beziehungsweise bestimmbar sein. Die Grenzen der Verhandlungseinheit können nur ausnahmsweise über Provinzgrenzen, niemals über die Grenzen eines Bundesstaates hinweg festgelegt werden.[300]

Die Anerkennung als Gewerkschaft im hier erforderlichen Sinne könnten die globalen Gewerkschaften, wenn nicht von offizieller Seite des Labor Relations Board, durch eine Anerkennungsklausel von Seiten des Arbeitgebers im Rahmen

299 ganzer Absatz nach Banks/Shilton 33. CCL&P 4/2012, 495, 518ff.
300 ganzer Absatz nach Banks/Shilton 33. CCL&P 4/2012, 495, 522ff.

des IFA erlangen. Es fehlt jedoch eindeutig an einer bestimmten beziehungsweise bestimmbaren Verhandlungseinheit. Der Ansatz der IFA zur weltweiten Harmonisierung der Arbeitsbedingung verhält sich gerade gegenläufig zu dieser Voraussetzung, sodass es sich nicht, wie im Fall der Anerkennung, um eine umgehbare Formalie handelt.[301]

Grundlegend stellt sich die Frage, ob die Anerkennung der globalen Gewerkschaften in Bezug auf eine Verhandlungseinheit wünschenswert ist. Eine Verhandlungseinheit kann nur einfach gewerkschaftlich organisiert sein. Die Verlinkung zu einer globalen Gewerkschaft verbietet die weitere Vertretung durch eine andere Gewerkschaft. Arbeitsbedingungen, Rechte und Pflichten der Arbeitnehmer der betreffenden Verhandlungseinheit würden sich durch das IFA bestimmen, die notwendige Konkretisierung der Klauseln in Verhandlung mit einer nationalen Gewerkschaft wäre darüber hinaus nicht möglich. Damit würden IFA entgegen ihrer Intention die Gewerkschaftstätigkeit gerade verhindern statt fördern.[302]

6. Fazit

Das kanadische Recht zeigt einige Hürden bei der rechtlichen Erfassung von IFA. Zu nennen ist etwa der schwierige Nachweis der Verbindlichkeit im Vertragsrecht. Die Durchsetzung über das Arbeitsrecht scheitert daran, dass IFA nicht als ‚company agreement' im Sinne des kanadischen Rechts gelten können beziehungsweise deren Beschränkung auf einzelne Verhandlungseinheiten der Idee der IFA zuwiderläuft. Die notwendige Anerkennung des Gewerkschaftsbunds als Gewerkschaft nach kanadischem Arbeitsrecht ist zumindest im Zusammenwirken mit dem Unternehmen zu erlangen. Mit der Verlinkung zu einer Verhandlungseinheit und der damit einhergehenden Blockade der jeweiligen Verhandlungseinheit wendet das kanadische Recht die IFA jedoch gegen sich selbst. Die IFA, die Anstoß zu einem fortzusetzenden sozialen Dialog sein sollen, werden zum Hindernis für Kollektivverhandlungen auf nationaler beziehungsweise lokaler Ebene.

Diese Punkte könnten von den Vertragspartner durch eine dem kanadischen Recht angepasste Struktur und konforme Formulierungen aufgefangen werden. Tatsächlich wird dies aber nicht getan, was auf den fehlenden Willen hindeutet, die IFA als Rechtsinstitut zu begreifen. Offen ist der Weg über das Deliktsrecht. Über die Verwendung von Klauseln zum Haftungsausschluss kann ein Unternehmen aber auch solchen Ansprüchen vorbeugen.

---

301 ganzer Absatz nach Banks/Shilton 33. CCL&P 4/2012, 495, 525ff.

302 ganzer Absatz nach Banks/Shilton 33. CCL&P 4/2012, 495, 527ff.

II. Rezeption der IFA in den USA

Tatsächlich zeigen die IFA kaum Einfluss in den USA. Es ist schwierig, das Institut der IFA, das vor dem Hintergrund eines sozialdemokratischen Kapitalismus entwickelt wurde, in den liberalen Kapitalismus der Vereinigten Staaten zu integrieren. Die Niederlassungen nicht-amerikanischer Unternehmen in den USA fühlen sich entweder nicht gebunden oder verweisen auf Umstände, die die Anwendung des europäisch geprägten Instituts unmöglich machen. Dies ist umso mehr der Fall, je autarker die Niederlassungen sind und je gewerkschaftsfeindlicher der Bundesstaat oder die Branche ist, in der sie tätig sind. Die ‚right-to-work'-Gesetzgebung einiger Bundesstaaten spielt den Unternehmen mit dortigem Sitz in die Hand. Danach ist die Aushandlung von individuellen Konditionen trotz Tarifbindung erlaubt. Damit können Kollektivvereinbarungen unterwandert werden und sich zum Nachteil für die gewerkschaftlich organisierten Arbeitnehmer wenden. Damit wird der Stand der Gewerkschaften insgesamt erschwert.[303]

Vor diesem Hintergrund wird mit Blick auf die Implementierung der bestehenden IFA nicht die durchgehende Compliance zum Maßstab für den Erfolg der IFA gewählt. Vielmehr werden kleine Fortschritte im Verhältnis Arbeitgeber-Gewerkschaft dokumentiert, die für die Möglichkeit sprechen, dass IFA auch im liberalen Kapitalismus der USA wirken können. Neben vielen Fällen von aktiver Bekämpfung und Meidung von Gewerkschaften finden sich Einzelfälle, in denen das IFA zur Beendigung der ablehnenden Haltung US-amerikanischer Niederlassungen und zur Aufnahme von fortgesetzten Gesprächen mit Gewerkschaften, bis hin zur Erleichterung der gewerkschaftlichen Organisierung vor Ort geführt haben. Beispiele sind die Fälle Danone, G4S, IKEA, Lafarge, Mittal, Rhodia, SCA, Securitas. Daneben konnte in den Unternehmen Rhodia und Mittal ein ‚Health-' beziehungsweise ‚Safety-Committee' unter Gewerkschaftsbeteiligung installiert werden. Das Unternehmen Danone hat ein gemeinsames ‚Consultation and Information Committee' mit Beteiligung zweier amerikanischer Gewerkschaften gegründet.[304]

303 ganzer Absatz nach Fichter/Stevis 33. CCL&P 4/2012, 667, 682; ausführlich zu den strukturellen Faktoren, die die Verbreitung und Durchsetzung von IFA in den USA begünstigen oder hindern: siehe ebenda 687ff. und Fichter/Helfen in Shaping Global Industrial Relations, 85, 90ff.

304 ganzer Absatz nach Fichter/Stevis 33. CCL&P 4/2012, 667, 683ff.

1. Durchsetzbarkeit nach Bundesrecht

a. Betriebsverfassungsgesetz – Labor Management Relation Act

Nach § 301 (a) des Labor Management Relation Act (LMRA)[305] können Klagen, die sich auf IFA stützen, vor ein Bundesgericht gebracht werden. Die IFA können der zitierten Norm entsprechend als Instrument zwischenstaatlichen Handels begriffen werden. Folglich muss die Entscheidung über den Fall auch über das materielle Recht des Bundes gefunden werden, hier speziell über das Arbeitsrecht. Dies wäre auch dann der Fall, wenn vor einem Gericht eines Bundesstaates verhandelt würde. Die überwiegende Zahl der IFA bestimmen jedoch entgegen den Voraussetzungen des § 301 (a) LMRA nicht in weiten Teilen die Arbeitsbedingungen in den Unternehmen, mit denen sie geschlossen sind. Die globalen Gewerkschaften sind zudem nicht zur Vertretung der Mehrzahl der Arbeitnehmer in den Betrieben berechtigt. Damit gelten IFA zunächst nicht als ‚company agreement' im Sinne US-amerikanischen Rechts. Die US-amerikanische Rechtsprechung ist in dieser Hinsicht jedoch großzügig: der Supreme Court behandelt Vereinbarungen, die maßgeblich für den Erhalt des Arbeitsfriedens sind, entsprechend.[306] Demnach ist entscheidend, dass ein Gericht die globalen Gewerkschaften als ‚a labor organization representing employees in an industry affecting commerce'[307] anerkennt und ihnen beziehungsweise den durch sie geschlossenen Vereinbarungen maßgeblichen Einfluss auf den Erhalt des Arbeitsfriedens einräumt. Während das weite Verständnis des Ausdrucks ‚industry affecting commerce' nach § 501(1) LMRA[308] alle IFA erfasst, setzt die Annahme einer ‚labor organization' eine Arbeitnehmerbeteiligung voraus. Als ausreichend wird aber die indirekte Beteiligung von Arbeitnehmern erachtet. Die ergibt sich im Fall der globalen Gewerkschaftsverbünde über die angehörigen nationalen Gewerkschaften und ihre Mitglieder.[309]

b. Zugang zu den Bundesgerichten

Für die Klage vor einem Bundesgericht genügt nach der Verfassung der Vereinigten Staaten grundsätzlich die Zugehörigkeit einer Partei zu einem der US-Staaten.

---

305 29 United States Code § 185.

306 so werden etwa auch die ‚neutrality-agreements', die, gleich einem der Kernanliegen der IFAs, die ungehinderte gewerkschaftliche Organisierung ermöglichen sollen, jedoch keine Arbeitsbedingungen regeln, als ‚company agreements' anerkannt: Goldman 33. CCL&P 4/2012, 605, 612.

307 § 301 (a) LMRA, 29 United States Code § 185 (2006).

308 29 United States Code § 142(1) (2006).

309 ganzer Absatz nach Goldman 33. CCL&P 4/2012, 605, 607ff.

Unternehmen gehören dem US-Staat oder dem ausländischen Staat an, in dem sie gegründet wurden oder in dem ihr Hauptsitz liegt.[310] Die Klage vor einem US-Gericht ist mithin auch gegen ein ausländisches Unternehmen denkbar, sofern ein Bürger der USA oder eine US-amerikanische Organisation auf Klägerseite stehen. Bundesgerichtlichen Schutz speziell für und gegen Arbeitsorganisationen wird nach § 301 (c) LMRA[311] jedoch nur in dem Gerichtsbezirk gewährt, in dem die Arbeitsorganisation ihren Hauptsitz hat oder in dem sie zu Verhandlungen autorisiert ist. Schwierig wird es deshalb, wenn keine der Mitgliedsorganisationen einer globalen Gewerkschaft US-amerikanisch ist. Eine Klage vor dem Bundesgericht ist dann auch nicht möglich, wenn das beklagte Unternehmen in den USA gegründet wurde oder seinen Hauptsitz dort hat.[312]

Klagen vor den bundesstaatlichen Gerichten, die nicht unter § 301(a) und damit unter § 301(c) LMRA fallen, sind dagegen auch für ausländische Gewerkschaften möglich. Hier bestehen je nach Bundesstaat unterschiedliche Regelungen. Auch wenn die Voraussetzung des § 310(a) LMRA gegeben sind, eine Klage vor dem Bundesgericht aber an § 310(c) scheitert, kann an einem bundesstaatliches Gericht geklagt werden. Dieses legt seiner Entscheidung, wie ausgeführt, ebenfalls das materielle Recht des Bundes zugrunde.[313]

2. Durchsetzbarkeit nach dem Recht der Bundesstaaten[314]

a. *Vertragsrecht*

aa. Materielle Anspruchsvoraussetzungen

Für die Durchsetzung vertraglicher Ansprüche ist neben der gegenseitigen Einigung zweier Vertragsparteien und der im amerikanischen Recht nötigen Gegenleistung oder einem Äquivalent, die Bestimmtheit der Klauseln grundlegend. Hinreichend bestimmt sind die Klauseln, wenn das Gericht den Willen der Parteien, sich zu verpflichten, und Art und Inhalt der Pflichten erkennen kann. Wird etwa auf die ILO-Kernarbeitsnormen oder den Global Compact verwiesen, können diese Regelwerke zur Konkretisierung herangezogen werden. Die Eigenrecherche internationaler Regelwerke ist in der Gerichtspraxis jedoch

310 dies gilt derzeit für Chiquita, Coca Cola, Kelly Services, Kimberly Clark, Manpower.

311 29 United States Code § 185 (2006).

312 ganzer Absatz nach Goldman 33. CCL&P 4/2012, 605, 610.

313 ganzer Absatz nach Goldman 33. CCL&P 4/2012, 605, 610f.

314 insofern die Gesetze der Einzelstaaten die Bundesarbeitsgesetzgebung umsetzen, gelten die Ausführungen auch für die Durchsetzung nach § 301 LMRA vor den Bundesgerichten: Goldman 33. CCL&P 4/2012, 605, 612.

nicht beliebt, sodass die Parteien gut beraten sind, die entsprechenden Regeln in Zukunft zu inkorporieren. Die Klauseln der IFA allein werden in ihrer vagen Ausformulierung regelmäßig nicht ausreichen. In Hinblick darauf ist die Entscheidung Doe vs Wal-Mart[315] aufschlussreich. In dem zugrundeliegenden Fall versuchten die Arbeiter in Zuliefererbetrieben des Einzelhändlers, Wal-Mart für die Verletzung des konzerneigenen Code of Conduct für Zulieferer, begangen durch die Zulieferer, zu belangen. Mangels hinreichender Formulierungen wollte jedoch auch die Berufungsinstanz keine Pflichten des Mutterkonzerns aus dem Code ableiten.[316]

bb. Prozessuale Voraussetzungen

Über die materiellrechtlichen Probleme hinaus muss die klagende Partei parteifähig und klagebefugt sein. Die Parteifähigkeit wird in Staaten mit Common Law für nicht eingetragene Vereine abgelehnt. Gewerkschaften zählen hierzu. In verschiedenen Staaten wird diese Regel jedoch abgelehnt beziehungsweise sind Ausnahmen anerkannt. Wenn in einem Staat keine solche Ausnahme besteht und die Gewerkschaft nicht aus § 301 LMRA vorgehen kann, bleibt nur die Klage Dritter, die durch das IFA begünstigt werden. Die Klagebefugnis erfordert, dass das beklagte Handeln oder Unterlassen die rechtlich geschützten Interessen der Klägerpartei oder ihrer Mitglieder verletzt, sodass sie im Fall des Obsiegens profitieren. Drittbegünstigende Ansprüche können von einer Vertragspartei, in den meisten Staaten auch von den Drittbegünstigten selbst, geltend gemacht werden. So können neben Unternehmen und Gewerkschaften auch die Arbeitnehmer eines Unternehmens mit IFA klagebefugt sein – sofern diese als Drittbegünstige anerkannt werden.[317]

Schwierig ist die Klage gegen einen Vertragsdritten, der das IFA nicht unterzeichnet hat, dessen Verhalten durch das IFA jedoch kontrolliert werden soll. Eine Durchgriffshaftung ist nach dem National Labor Relations Act (NLRA) für rechtlich selbständige Unternehmensniederlassungen, die jedoch eine betriebliche Einheit bilden, denkbar. Für eine Einheit sprechen etwa wechselseitige Verbindung der Betriebe, eine gemeinsame Führung, zentrale Kontroll- und Monitoringverfahren oder die Verbindung über einen gemeinsamen Inhaber. Darüber hinaus ist die Haftung einer Drittpartei durch Vertragsübernahme oder

315 siehe ausführlich Kenny in 27 NW. J. INT'L L. & BUS, 453ff.; Zusammenfassung in Coie in 16. OR Empl LL. 2/2009.

316 ganzer Absatz nach Goldman 33. CCL&P 4/2012, 605, 613ff.

317 ganzer Absatz nach Goldman 33. CCL&P 4/2012, 605, 615f.

den Verzicht beziehungsweise die Verjährung von Einsprüchen gegen die Behandlung als Vertragspartei möglich.[318]

cc. Rechtsbehelfe und Rechtswahl

Das Klägerbegehren richtet sich regelmäßig auf einen Unterlassungsanspruch, dessen Anerkennung die Gerichte jedoch aufgrund des hohen Einsatzes justizieller Mittel zur Überwachung fürchten. Schadensersatzansprüche setzen den Nachweis eines finanziellen Schadens voraus. Sie führen, soweit kein gesetzlicher Anspruch vorliegt, zum Schadensausgleich; gegebenenfalls unter Einschluss von Zinsen für den Zeitraum von Schadenseintritt bis Schadensbegleichung.[319]

Rechtswahlbestimmungen sind zulässig und werden anerkannt, auch wenn kein Bezug zur gewählten Rechtsordnung besteht und diese gegen Kerngedanken des eigentlich anwendbaren Rechts verstößt. Fehlt eine Rechtswahl kommt das Statut zur Anwendung, zu dem die engste Verbindung besteht. Die Verbindung kann sich aus dem Verhandlungs- oder Vollzugsort des Vertrags, dem Ort an dem die charakteristische Leistung des Vertrags erbracht wird, dem Ort des vertraglichen Streitgegenstandes, dem Ort der Unternehmensniederlassung oder der Eintragung des Unternehmens oder dem Aufenthaltsort, Wohnsitz oder der Staatsangehörigkeit der Parteien ergeben. Sofern ein Sachverhalt den Regelungsbereich des Labor Management Relations Act berührt, müssen die dortigen Wertungen beachtet werden, gleich welches Recht nach Wahl oder Auslegung zur Anwendung kommt.[320]

dd. Grenzen der Vertragsfreiheit

Gerichtlich nicht durchsetzbar sind Klauseln, die gegen die öffentliche Ordnung, insbesondere gesetzliche Verbote, verstoßen. Denkbar ist etwa ein Verstoß gegen § 8 (a)(2) NLRA, wonach Verhandlungen mit Arbeitsorganisationen, die nicht die Mehrzahl der Arbeitnehmer vertreten, verboten sind. Dem Schutzzweck der Regelung nach dürften die materiellen Regelungen der IFA zwar unschädlich sein. Diese gehen regelmäßig nicht über den nach US-amerikanischen Recht ohnehin gegebenen Standard hinaus und meiden definitive Zusagen. Sie eröffnen jedoch eine neue Anspruchsgrundlage, die gegenüber rein gesetzlichen Ansprüchen eine Rechtserweiterung darstellen kann.[321]

---

318 ganzer Absatz nach Goldman 33. CCL&P 4/2012, 605, 616f.

319 ganzer Absatz nach Goldman 33. CCL&P 4/2012, 605, 617f.

320 ganzer Absatz nach Goldman 33. CCL&P 4/2012, 605, 617f.

321 ganzer Absatz nach Goldman 33. CCL&P 4/2012, 605, 621f.

Ein Rechtsverstoß erscheint auch mit Blick auf § 8(b)(4)(ii) NLRA möglich. Danach ist es Gewerkschaften verboten, im Wege des Arbeitskampfs Druck auf sogenannte ‚secondary employers' auszuüben. Gemeint sind solche Arbeitgeber, dessen eigene Arbeitnehmer nicht gewerkschaftlich organisiert sind, die aber in einer Geschäftsbeziehung zu dem ‚primary employer' stehen, also dem Arbeitgeber, deren Arbeitnehmer die Gewerkschaft vertritt. Auch die Erschwerung von Geschäftsbeziehungen des Arbeitgebers mit anderen Unternehmen durch Vereinbarung mit Gewerkschaften ist verboten, § 8(e) NLRA. Nicht in die Gruppe der ‚secondary employers' fallen Niederlassungen, die im maßgeblichen Umfang durch den ‚primary employer' kontrolliert werden oder überwiegend in seinem Eigentum stehen. § 8 (b)(4) NLRA soll jedoch vor allem verhindern, dass der Arbeitgeber sich gezwungen sieht, seine Geschäftspartner zur gewerkschaftlichen Organisierung anzuhalten. § 8(e) NLRA soll die freie Entscheidung des Arbeitnehmers hinsichtlich einer Gewerkschaftsmitgliedschaft schützen. Im Sinne dieser teleologischen Auslegung wurden die amerikanischen ‚neutrality-agreements' als konform zu §§ 8 (b)(4) und (e) NLRA verortet. Gleiches muss für die IFA gelten, solange in diesen nur gewerkschaftsbekämpfende Maßnahmen untersagt und nicht zur Förderung gewerkschaftlicher Organisierung in Zulieferer- und Subunternehmerbetrieben aufgerufen wird. Ein Verstoß bilden auch nicht die in vielen IFA getroffenen Regelungen, die den unterzeichnenden Unternehmen Geschäftsbeziehungen mit oder die Auslagerung von Arbeit an Unternehmen verbieten, die die IFA-Standards nicht einhalten. Diese bewahren nur den Bestand kollektiv verhandelter Standards und kommen allein den vertretenen Arbeitnehmern zu gute. Sie weiten die gewerkschaftliche Organisierung nicht aus. Fehlt der Bezug zur vertretenen Arbeitnehmerschaft, liegt ein Verstoß vor. Andersherum: bildet der Schutz einen rechtlichen Vorteil, kann hierin wiederum ein Konflikt mit § 8 (2) NLRA liegen.[322]

ee. Rechte auf Unternehmensseite

Auch die gerichtliche Geltendmachung von Ansprüchen gegen die Gewerkschaften ist vorstellbar. Zu denken ist etwa an Fälle, in denen Gewerkschaften im Konfliktfall zu Maßnahmen, wie etwa öffentlichen Kampagnen greifen, ohne die vertraglich vereinbarten Verfahren zur Konfliktlösung und Streitbeilegung zu beschreiten und auszureizen. Tatsächlich ist ein naheliegender Unterlassungsanspruch der Unternehmen jedoch nicht gegeben. Nach § 4 Norris-LaGuardia Act[323] können Unterlassungsansprüche nicht zur Beeinflussung des Arbeitnehmer- oder

322 ganzer Absatz nach Goldman 33. CCL&P 4/2012, 605, 622ff.

323 29 United States Code § 104 (2006).

Gewerkschafterverhaltens im Arbeitskampf eingesetzt werden. Lösungen sollen hier im Wege von Kollektivverhandlungen und -vereinbarungen einschließlich Schlichtungs- und Schiedsverfahren gesucht werden. Der Norris-LaGuardia Act bindet grundsätzlich nicht die Gerichte der einzelnen Staaten. In vielen gilt jedoch ein entsprechendes Gesetz. Im Übrigen wird auf Grund des Einflusses der IFA auf den zwischenstaatlichen und ausländischen Handel regelmäßig an die Bundesgerichte zurückverwiesen werden, die den Norris-LaGuardia Act anwenden.[324]

Möglich bleibt, statt Unterlassung zu fordern, die Schäden geltend zu machen, die etwa aus Aufwendungen für berichtigende Öffentlichkeitsarbeit entstanden sind. Denkbar sind auch Feststellungsklagen in Fällen von Differenzen, die zwischen den Parteien hinsichtlich der Auslegung des Vertrags oder den maßgeblichen Tatsachen, die dem Streit zugrunde liegen, bestehen.[325]

b. Verbraucherschutzrecht

Grundsätzlich schützt das Verbraucherschutzrecht vor Verlusten, die der Verbraucher im Vertrauen auf wesentliche Fehldarstellungen in tatsächlicher oder rechtlicher Hinsicht erleidet. Vielbeachtet war hier etwa der Fall Kasky v. Nike.[326] Das Unternehmen hat in einer Kampagne falsche Fakten hinsichtlich seiner eigenen und der Arbeitsbedingungen seiner ausländischen Zulieferer verbreitet, um die Kaufentscheidung der Verbraucher zu seinen Gunsten zu beeinflussen. Die Individualklage auf ein Bußgeld und eine einstweilige Verfügung, gestützt auf den Nike-Verstoß gegen staatliche Gesetze, speziell das Gesetz gegen irreführende Werbung und unlauteren Wettbewerb, war erfolgreich. Günstiger und schneller als eine Individualklage ist es, ein Eingreifen der Verbraucherschutzbehörden zu erwirken, – eine Option, die die Verbraucherschutzgesetze der Staaten und des Bundes regelmäßig vorsehen.[327]

So wird die Federal Trade Commission (FTC) auch auf Verbraucherbeschwerde hin tätig, wenn mutmaßlich ein Verstoß gegen den Federal Trade Commission Act vorliegt. Der Federal Trade Commission Act verbietet unlautere oder irreführende Geschäftshandlungen.[328] Bewahrheitet sich ein Verdacht und liegt

324 ganzer Absatz nach Goldman 33. CCL&P 4/2012, 605, 625f.

325 ganzer Absatz nach Goldman 33. CCL&P 4/2012, 605, 626.

326 Kasky v. Nike, Inc., 27 Cal. 4th 939 (California Supreme Court 2.5.2002) zitiert nach Goldman 33. CCL&P 4/2012, 605, 627.

327 ganzer Absatz nach Goldman 33. CCL&P 4/2012, 605, 627.

328 „...unfair or deceptive acts or practices in or affecting commerce", Federal Trade Commission Act § 5, 15 United States Code § 45 (2006) zitiert nach Goldman 33. CCL&P 4/2012, 605, 627.

ein wesentlicher, erheblicher, die Verbraucherrechte verletzender Verstoß vor, geht die FTC gegen das Unternehmen vor. Dabei geht die FTC davon aus, dass wesentlich irreführende oder falsche Aussagen beinahe zwingend zur Verletzung von Verbraucherrechten führen. Die unlauteren Angaben rufen Bedürfnisse und Erwartungen der Verbraucher hervor, denen in der Regel nicht entsprochen wird. Sind ausreichend Verbraucher betroffen, ist der Verstoß als erheblich zu werten. In der Konstellation, dass ein Unternehmen Compliance mit seinem IFA behauptet, obwohl es die Vorgaben verfehlt, kann die FTC mit der Durchsetzung einer einstweiligen Verfügung und einem richterlichem Verbot reagieren. Tatsächlich erlauben die beschränkten finanziellen Mittel der FTC jedoch keine flächendeckenden Kontrollen und Ahndungen. Dies ist besonders vor dem Hintergrund bedenklich, dass nur die FTC zur Durchsetzung der Vorgaben aus dem Federal Trade Act berufen ist. In einigen Staaten bestehen der FTC ähnliche Einrichtungen, die nach dem Uniform Unfair Trade Practices Act vorgehen. Auch hier ist die Ausstattung und damit das Wirken jedoch beschränkt.[329]

In den meisten Staaten ist darüber hinaus die Geltendmachung eines individuellen Schadensersatzanspruchs zulässig. In einigen Staaten kann der Einzelne auch einen Unterlassungsanspruch vorbringen. Dazu gewähren die Rechtsordnungen der meisten Staaten für den Fall des Klageerfolgs einen Anspruch auf Übernahme der Kosten des Rechtsstreits durch das unlauter handelnde Unternehmen. In einigen Staaten ist über den erwiesenen Schaden hinaus die Geltendmachung von punitivem oder multiplem Schadensersatz sowie von Mindestschadenssummen möglich.[330]

c. *Anlegerschutzrecht*

Wie für Verbraucher ist auch für immer mehr Anleger das sozial-ökologische Profil eines Unternehmens ein maßgebliches Kriterium für ihre Investmententscheidung. Ein IFA als Teil der Corporate Social Responsibility kann vor diesem Hintergrund durch Veröffentlichung auf der Unternehmenswebsite oder dem Unternehmensprospekt zum entscheidungsrelevanten Faktor werden. Damit bietet sich mit Blick auf die Durchsetzung der IFA auch ein Aufhänger für ein Vorgehen über die Securities and Exchange Commission, die US-amerikanische Börsenaufsichtsbehörde (SEC). Rechtliche Grundlagen finden sich verschieden: nach dem Securities Act of 1933 § 17(b)[331] und dem Securities Exchange Act of

329 ganzer Absatz nach Goldman 33. CCL&P 4/2012, 605, 627ff.
330 ganzer Absatz nach Goldman 33. CCL&P 4/2012, 605, 629.
331 15 United States Code §77q (2006).

1934 § 10(b)[332] ist es Wertpapierverkäufern und -käufern verboten, mit fehlerhaften Angaben zu arbeiten oder Geschäfte zu tätigen, die den Betrug oder die Täuschung des Käufers bedingen. Die SEC ist überdies selbst ermächtigt, bindende Regelungen festzulegen, die nach ihrem Ermessen den Wertpapierhandel im öffentlichen Interesse oder zum Anlegerschutz regulieren. Sie hat davon Gebrauch gemacht und etwa bestimmt, dass es im Wertpapierhandel unrechtmäßig ist, fehlerhafte Angaben zu machen oder für die Erstellung der Bilanzen wesentliche Angaben auszulassen, sodass die gemachten Angaben, mit Blick auf die tatsächlichen Verhältnisse bei Erstellung, irreführend sind.[333] Zur Durchsetzung ihrer Anordnungen kann die SEC Unterlassungsverfügungen und empfindliche Geldstrafen erlassen.[334]

Voraussetzung für die Verletzung der SEC-Regel 10b-5 ist die vorsätzliche Angabe unvollständiger oder irreführende Aussagen zur Lage des Unternehmens. Ein Anspruch des Anlegers entsteht hieraus, wenn dieser auf die Angaben vertraut hat, er in diesem Zusammenhang Wertpapiere kauft oder verkauft und ihm daraus ein Schaden entsteht. Eine Aussage wird unvollständig getroffen, wenn mit hoher Wahrscheinlichkeit davon ausgegangen werden konnte, dass die ausgelassenen Informationen das Gesamtbild aus den vorhandenen Informationen für einen vernünftig handelnden Investor erheblich verändert hätten. Streitig ist, wie irreführende Werbung vor diesem Hintergrund zu bewerten ist. Für die SEC schließt der werbende Charakter nicht aus, dass die Angaben von Investoren im Rahmen ihrer Investitionsentscheidung herangezogen werden. Notwendig ist jedoch auch Vorsatz. Hierfür braucht es die Absicht, täuschend, manipulierend oder betrügerisch zu handeln.[335] Dies kann zumindest dort vermutet werden, wo nachteilige Informationen mit Wissen um ihren voraussichtlichen Einfluss auf den Markt zurückgehalten werden. Die wider besseren Wissens gemachte Aussage, in Compliance mit dem eigenen IFA zu handeln, kann danach die SEC-Regel 10b-5 verletzten. Dazu reicht eine Angabe auf der Unternehmenswebsite aus.[336]

Auch bei der SEC steht einem großen Aufgaben- und Verantwortungsbereich ein eingeschränktes Budget gegenüber, sodass die Wahrscheinlichkeit gering ist,

332 15 United States Code §78j(b) (2006).

333 SEC Rule 10b-5, festgeschrieben in 17 Code of Federal Regulations § 240.10b-5 (2011).

334 ganzer Absatz nach Goldman 33. CCL&P 4/2012, 605, 629f.

335 „mental state embracing intent to deceive, manipulate, or defraud“, Ernst & Ernst v. Hochfelder, 425 United States Supreme Court 185, 193 (1976) zitiert nach Goldman 33. CCL&P 4/2012, 605, 631.

336 ganzer Absatz nach Goldman 33. CCL&P 4/2012, 605, 630f.

dass die Behörde auf die Durchsetzung von IFA entscheidend Einfluss nimmt. Zugleich wird der Aufsichtsbehörde falscher Respekt vor den Global Playern der Wirtschaft vorgeworfen. Anders als im Fall des FTC können neben der SEC jedoch auch Anleger selbst Verletzungen nach der SEC-Regel 10b-5 geltend machen.[337] Der Anspruch kann neben Schadensersatz die Kosten des Rechtsstreits umfassen. Es handelt sich um einen rein finanziellen Anspruch, der auf solche Verluste beschränkt ist, die auf allgemein bekannten betrügerischen Darstellungen börsennotierter Unternehmen beruht. Der schwierige Beweis durch den Investor kann von Unternehmensseite zumindest nicht mit Hinweis auf andere Verlustfaktoren entkräftet werden.[338]

3. Durchsetzbarkeit der IFA im Wege des Arbeitskampfes

Jenseits aller rechtlichen Überlegungen werden auch Möglichkeiten erwogen, den IFA im Wege des Arbeitskampfes (‚industrial action') zur Geltung zu verhelfen. Speziell wird dies für die Zusicherung von Vereinigungsfreiheit und Kollektivrechten durch Europäische Unternehmen überlegt. Hintergrund der Fragestellung ist die in Europa und den USA differierende Unternehmenspolitik Europäischer Unternehmen. Während die Unternehmen die Arbeitnehmerrechte im europäischen Raum nicht nur entsprechend dem hohen europäischen Standard wahren, sondern auch über Zusagen im sozialen Dialog, etwa durch die IFA absichern, fühlen sie sich bei Unternehmungen in den Vereinigten Staaten an keine ihrer Zusagen gebunden. Auch wenn die Unternehmen hier Compliance mit dem US-amerikanischen Recht üben, verstoßen sie regelmäßig gegen die ILO-Kernarbeitsnormen, die OECD Guidelines for Multinational Enterprises oder den UN-Global Compact. Diese gehen hinsichtlich der Vereinigungsfreiheit und den Kollektivrechten nämlich über das US-Recht hinaus. Zumindest auf die ILO-Kernarbeitsnormen verweisen dabei nahezu alle IFA. Ein Unternehmen, das in den USA Compliance mit den geltenden Gesetzen übt, kann mithin trotzdem seine freiwillige Selbstverpflichtung verletzen. Beispiele aus der Praxis sind zahlreich.[339]

Solange das Unternehmen die Gesetze wahrt, bietet das grundsätzlich gewerkschaftskritische US-amerikanische Recht jedoch keine Grundlage für einen Rückgriff auf die klassischen Mittel des Arbeitskampfs. Möglich ist es aber, einen Umweg über ausländisches Recht zu gehen und die Kooperation mit Gewerkschaften in anderen Staaten zu suchen. So kann in Konfliktsituationen etwa mit

337 15 United States Code § 78u-4 (2006).

338 ganzer Absatz nach Goldman 33. CCL&P 4/2012, 605, 631f.

339 ganzer Absatz nach Compa/Feinstein 33. CCL&P 4/2012, 635, 638ff.

indirekten Boykotten Druck auf die Unternehmen zur Einhaltung der gemachten Zusagen weltweit ausgeübt werden. Zuletzt bleibt als Druckmittel jenseits der klassischen Arbeitskampfmittel wie Streik, Boykott oder der kollektiven Krankmeldung (‚Sick-out'), unternehmerisches Fehlverhalten aufzudecken und in öffentlichen Kampagnen anzuprangern.[340]

4. Fazit

Wie in den Ausführungen zum kanadischen Recht, zieht auch Goldman das Fazit, dass Rechtswirkungen möglich sind, aber zielgerichtetere und verbindlichere, auf das US-amerikanische Recht zugeschnittene Formulierungen notwendig sind. Neben sprachlichen Feinheiten müssen globale Gewerkschaften die weiteren Besonderheiten beziehungsweise Grenzen des US-amerikanischen Rechts im Blick behalten: IFA können zu Gunsten der Arbeitnehmer nur dann wirken, wenn sie von einer Arbeitsorganisation geschlossen werden, die die Mehrheit der Arbeitnehmer des Unternehmens vertritt, mit dem verhandelt wird. Auch dann sind diese in ihrer Wirkung jedoch noch beschränkt. ‚Company agreements' gelten nur für gewerkschaftszugehörige Arbeitnehmer. In der Ausgestaltung sind Klauseln verboten, die über die Bewahrung verhandelter Arbeitsstandard hinaus, zur Ausweitung der gewerkschaftlichen Organisierung anreizen. Rechtswirkungen können den IFA vor allem mittelbar in Verbindung mit Verbraucher- und Anlegerschutzrecht abgewonnen werden. Neben Unterlassungsansprüchen können Kläger vor allem auf erweiterten Schadensersatz und den Ausgleich der Kosten des Rechtsstreits setzen. Das wiederum ist ein verstärkter Anreiz für Anwälte, solche Fälle zu übernehmen. Daneben besteht die Möglichkeit, über die FTC oder die SEC vorzugehen. Damit kann ein Vorgehen aus Vertrag und über Verbraucher- und Anlegerschutznormen zur gleichen Zeit empfehlenswert werden.[341]

Die Möglichkeiten des klassischen Arbeitskampf in diesem Zusammenhang dürften vor dem Hintergrund, dass sie im US-amerikanischem Recht keine Grundlage haben und auch die Zusammenarbeit mit europäischen Gewerkschaften vor dem Hintergrund einer gänzlich verschiedenen Gewerkschaftskultur schwierig ist, mittelfristig eine untergeordnete Rolle spielen.[342]

---

340 ganzer Absatz nach Compa/Feinstein 33. CCL&P 4/2012, 635, 643ff.

341 ganzer Absatz nach Goldman 33. CCL&P 4/2012, 605, 632ff.

342 Compa/Feinstein 33. CCL&P 4/2012, 663f.

2. Teil – Rechtliche Einordnung des Instituts der International Framework Agreements

§ 4 Positive Justiziabilität der Klauseln

Zwischen den Parteien der IFA sind nicht nur die Inhalte der IFA-Klauseln kontrovers. Auch die rechtliche Bedeutung des Instruments wird teilweise unterschiedlich bewertet. Wiederholt wurde angesprochen, dass die Vorstellungen der Akteure von der Natur der IFA, vor allem aber ihrer weiteren Entwicklung auseinandergehen. Neben die Aushandlung der Inhalte tritt deshalb das Ringen um die Verbindlichkeit der Zusagen. Das schlägt sich in den Verträgen verschieden nieder. Die Untersuchung der Rechtsnatur und Rechtwirkungen gibt Aufschluss, wo die Entwicklung der IFA als Dialog-Instrument steht.

I. Rechtliche Verbindlichkeit

Die Wirkung der IFA und ihre Bedeutung im politischen Kontext sind abhängig von ihrer Rechtsnatur. Vertragliche Rechte und Pflichten, verbindlich und durchsetzbar, entstehen dort, wo sie als solche von den Vertragspartnern vereinbart werden. Die Rechtsnatur ist durch Auslegung des Willens der Vertragsschließenden zu ermitteln. Im Fall der IFA, die von transnationalen Unternehmen auf der einen Seite, internationalen Gewerkschaften auf der anderen Seite und mit dem Anspruch grenzüberschreitender Wirkung verhandelt werden, wirft das die Vorfrage nach dem anzuwendenden Recht auf. Vor Bestimmung der Rechtsnatur muss deshalb die kollisionsrechtliche Behandlung der Internationalen Rahmenvereinbarungen untersucht werden.

1. Grundlagen des Kollisionsrecht

Das anwendbare Recht wird durch die Kollisionsnormen des internationalen Privatrechts bestimmt. Die Grundlagen des IPR, die Frage der Rechtsfindung und Auslegung, hier insbesondere der zentrale Begriff der Qualifikation, sind höchst umstritten. Leitend für die Untersuchung der IFA soll hier jeweils die herrschende Meinung sein, um die Untersuchungsfrage nicht aus dem Blick zu verlieren.

a. Qualifikation

Durch den Vorgang der Qualifikation wird bestimmt, ob der zu untersuchende Sachverhalt von einer Kollisionsnorm erfasst wird. Die kollisionsrechtlichen Systembegriffe knüpfen dabei allerdings an normbezogene Sachverhalte an. Das heißt, dass die Subsumtion nicht allein mit dem tatsächlichen Sachverhalt gelingen kann. Auch die interessierenden Rechtswirkungen müssen bestimmt sein, um die entsprechende Kollisionsnorm finden zu können. Der zugrundliegende Sachverhalt muss demnach zunächst rechtlich verortet werden.[343]

Nach engem Verständnis liegt allein hierin die Qualifikation, nach weiterem und überwiegendem, deshalb auch hier maßgeblichen Verständnis ist die Qualifikation ein vielteiliger Gesamtprozess, der den Sachverhalt, die dort aufgeworfenen Rechtsfragen, und die Subsumtion und Auslegung der den Sachverhalt regelnden Norm erfasst.[344] Die Auslegung und gegebenenfalls auch Rechtsfortbildung der den Sachverhalt aufgreifenden Kollisionsnorm ist in den Prozess der Qualifikation integriert, da sie der Subsumtion vorgeht.[345]

b. Funktionale Auslegung

Grundsätzlich bestimmt sich das Auslegungsstatut in diesem Prozess nach der lex fori, mithin ist – ausgehend von der Anrufung eines deutschen Gerichts im Streit um ein IFA – deutsches Recht maßgeblich.[346] Etwas anderes gilt dort, wo die maßgeblichen Kollisionsnormen nicht dem nationalen Recht entnommen werden: für die Auslegung gemeinschaftsrechtlicher Kollisionsnormen aus den Rom I und II-Verordnungen, sind die Regeln, die für das sekundäre Europarecht gelten, heranzuziehen.[347]

Vor dem Hintergrund des Anspruchs des Kollisionsrechts, Sachverhalte mit Auslandsbezug möglichst lückenlos zu erfassen, erfordert die Auslegung einen Maßstab, der nicht allein die nationale beziehungsweise europäische Begrifflichkeit und Systematik referiert, – diese notwendige Öffnung der kollisionsrechtlichen Norm- und Systembegriffe lässt sich nach überwiegender Meinung durch eine funktionale Auslegung der Begriffe erreichen.[348] Die Subsumtion

---

343 ganzer Absatz nach Schotten/Schmellenkamp § 3 Rn 48.

344 Schotten/Schmellenkamp § 3 Rn 48; Sonnenberger in MünchKomm BGB/IPR Einl, Rn 480, 484 f.

345 Sonnenberger in MünchKomm BGB/IPR Einl, Rn 487.

346 Schotten/Schmellenkamp § 3 Rn 48; Sonnenberger in MünchKomm BGB/IPR Einl, Rn 495.

347 Sonnenberger in MünchKomm BGB/IPR Einl, Rn 532; s.a. Martiny in MünchKomm BGB/IPR, Vorb zu Art. 1 Grundlagen, Rom I-VO, EG-Vertragsrechts-Übereinkommen, Internationale Zuständigkeit, Schiedsgerichtsbarkeit, Rn 15; Junker in MünchKomm BGB/IPR, Vorb zu Art 1 der Verordnung (EG) Nr. 864/2007, Rn 28.

348 Sonnenberger in MünchKomm BGB/IPR Einl, Rn 501 mWN; ebenso Dörner in Schulze u.a. Vorb zu Artikel 3–6, Rn 15; Rauscher, 101 f.; BGH Urteil vom 22.3.1967 - IV ZR 148/65, NJW 1967, 2109, 2111; BGH Urteil vom 19.12.1958 - IV ZR 87/58, NJW 1959, 717, 718.

einer in- oder ausländischen Norm unter die Normgruppenbegriffe einer Kollisionsnorm erfordert hierbei keine begriffliche Ähnlichkeit.[349] Entscheidend ist, dass die in- oder ausländische Sachnorm einen vergleichbaren Ordnungszweck verfolgt; sie muss die Funktionen, die der Normgruppenbegriff einer Kollisionsnorm voraussetzt, wahrnehmen.[350] Über den Ordnungszweck als definierendes Moment bleiben die Begriffe auf der Tatbestands- und Rechtsfolgenseite der Kollisionsnormen hinreichend flexibel, um den Anwendungsbereich der Kollisionsnorm nicht zweckwidrig zu verkürzen.[351]

c. *Rechtsfortbildung der Kollisionsnormen*

Wenn der Maßstab der funktionellen Auslegung aber ‚vergleichbare Ordnungszwecke' sind, wird zugleich deutlich, dass die kollisionsrechtlich-funktionelle Auslegung die rechtsfortbildende Analogie erfasst. Das funktionelle Verständnis der kollisionsrechtlichen Systembegriffe erfasst nicht nur die dem Wortlaut naheliegenden Sachverhalte, sondern verwandte Institute oder Sachverhalte mit vergleichbarer Interessenlage. Damit wird die Notwendigkeit anerkannt, alle denkbaren Sachverhalte mit den bestehenden Kollisionsnormen zu erfassen. Die Rechtsfortbildung der Kollisionsnormen im Wege der Analogie führt die Auslegungsbemühungen fort und ist damit als Teil des Qualifikationsprozesses anzusehen.[352]

Ausgangspunkt der Rechtsfortbildung sind die unterschiedlichen, internationalprivatrechtlich anerkennenswerten Interessen, die einen Sachverhalt tragen. Während früher noch von materiell-rechtlichen Interessen ausgegangen wurde, werden die Interessen heute überwiegend kollisionsrechtlich bestimmt.[353] Teilweise wird kritisiert, die Interessenanalyse sei zu abstrakt[354] oder verbürge für sich allein noch keine gerechte Anknüpfung[355]. Jenseits der Kritik besteht jedoch Einigkeit, dass eine Interessenanalyse als Ausgangspunkt der Rechtsfortbildung hilfreich ist.[356] Die grundsätzliche Anerkennung und gleichzeitige Kritik bringen

349 Sonnenberger in MünchKomm BGB/IPR Einl, Rn 501.

350 Sonnenberger in MünchKomm BGB/IPR Einl, Rn 501, 509.

351 Sonnenberger in MünchKomm BGB/IPR Einl, Rn 501.

352 ganzer Absatz nach Sonnenberger in MünchKomm BGB/IPR Einl, Rn 513 f; weiter noch Rauscher, der Auslegung und Analogieschluss nicht mehr differenziert, 101.

353 Lüderitz in FS Kegel, 34.

354 Flessner 44f.

355 Kropholler, § 5 I 4, II, Sonnenberger in MünchKomm BGB/IPR Einl, Rn 85.

356 Kropholler, § 5 I 4, Sonnenberger in MünchKomm BGB/IPR Einl, Rn 85, 86, 93, – beide unter Verweis auf die Bedeutung der Wertung.

die Autoren über ein weites Begriffsverständnis in Einklang: der Interessenbegriff liege nah an althergebrachten Rechtsbildungskriterien, sodass von Abwägungstopoi[357], Sinn und Zweck der Norm, Lösungskriterien oder auch rechtspolitischen Gründen[358] gesprochen werden kann.

Ein feststehendes Interessensystem gibt es nicht, sodass die Literatur überwiegend zu dem Schluss kommt, dass die Wertung der Interessen entscheidend sei: welche typisierten Interessen sind kollisionsrechtlich relevant und wie ist der Ausgleich der relevanten Interessen vorzunehmen.[359] Dafür fehlen festgeschriebene oder allgemein anerkannte Regeln.[360] Orientierung gibt die Bündelung verschiedener Interessen und deren Wertung durch den Gesetzgeber; beides ist an den Normgruppenbegriffen der Kollisionsnormen abzulesen.[361] Der bei der Auslegung nach der Normfunktion maßgebliche Ordnungszweck lässt sich mithin auch als ein Bündel von Interessen bezeichnen.[362] Davon ausgehend, kann bei ähnlicher Interessenlage dieselbe kollisionsrechtliche Behandlung gefolgert werden.[363]

2. Anwendbares Recht

a. Fehlende Internationale Rechtsgrundlage und Kollisionsnorm

Eine gesonderte Rechtsgrundlage für Verhandlung und Abschluss von International Framework Agreements existiert nicht. Sie sind Ausdruck allgemeiner Vertragsfreiheit. Entsprechend fehlt auch eine spezielle Kollisionsnorm. Die Subsumtion unter das allgemeine Vertragsstatut nach den Art 4 ff Rom I-VO[364] kann mit Blick auf die Nähe der vertraglichen Rahmenbestimmungen zu Instrumenten kollektiven Arbeitsrechts wie der Betriebsvereinbarung oder dem Tarifvertrag nicht ohne Weiteres bejaht werden. Eine differenzierte, internationalprivatrechtliche Betrachtung der IFA ist notwendig.

---

357 Sonnenberger in MünchKomm BGB/IPR Einl, Rn 86.

358 Flessner, 46.

359 Sonnenberger in MünchKomm BGB/IPR Einl, Rn 85, 93ff.; Kropholler, § 5 II; Lüderitz in FS Kegel, 40; Flessner, 53.

360 Sonnenberger in MünchKomm BGB/IPR Einl, Rn 497ff.

361 Sonnenberger in MünchKomm BGB/IPR Einl, Rn 498ff.

362 Sonnenberger in MünchKomm BGB/IPR Einl, Rn 500.

363 Nur im Ausnahmefall, bei gänzlich abnormen Sachverhalten, wird eine neue Kollisionsnorm parlallel zu den gesetzgeberischen Wertungen im bestehenden Kollisionsrecht zu entwickeln sein: Sonnenberger in MünchKomm BGB/IPR Einl, Rn 514.

364 VO (EG) 593/2008.

b. Systematik der Artt 4 ff Rom I-VO

Für Schuldverträge, die ab dem 17.12.2009 geschlossen wurden, gilt die Rom I-VO, die Verordnung (EG) Nr. 593/2008 des Europäischen Parlaments und des Rates vom 17. Juni 2008 über das auf vertragliche Schuldverhältnisse anzuwendende Recht.[365] Altverträge werden von Art 27 EGBGB erfasst. Nach Art 1 Abs 1 Rom I-VO gilt die Verordnung für vertragliche Schuldverhältnisse in Zivil- und Handelssachen, die eine Verbindung zum Recht verschiedener Staaten aufweisen. Hier grenzt sich die Verordnung zu deliktischen Ansprüchen ab, die in der Rom II-Verordnung behandelt werden.[366] Das Vertragsstatut bestimmt grundsätzlich das gesamte Vertragsverhältnis einschließlich Zustandekommen, Gültigkeit, Inhalt der Ansprüche und Erlöschen.[367]

Neben der vorrangigen ausdrücklichen oder konkludenten Rechtswahl, die in Art 3 Rom I-VO geregelt ist, finden sich in den Artt 4 bis 8 Rom I-VO einheitliche Kollisionsnormen zur Festlegung des anwendbaren Statuts. Die Artt 5 bis 8 Rom I-VO enthalten dabei spezielle Kollisionsnormen für Vertragstypen, für die der Gesetzgeber in Anerkennung einer vom Normalfall abweichenden internationalprivatrechtlichen Interessenlage spezielle Kollisionsregelungen getroffen hat. Im Einzelnen finden sich spezielle Kollisionsnormen für Beförderungsverträge, Art 5 Rom I-VO, Verbraucherverträge, Art 6 Rom I-VO, Versicherungsvertrag, Art 7 Rom I-VO, und Arbeitsverträge in Art 8 Rom I-VO. Art 4 Rom I-VO ist demgegenüber ein Auffangtatbestand.

c. Subsumtion der IFA unter die Artt 3 ff Rom I-VO

aa. Spezielle Kollisionsnormen, Artt 5–8 Rom I-VO

Die gegebenenfalls auch entsprechende Anwendung eines der Spezialtatbestände der Artt 5–8 Rom I-VO kann für die IFA ohne vertiefte Prüfung verneint werden. Insbesondere ist auch eine Anwendung des Art 8 Rom I-VO nicht denkbar, da es sich hier um eine Kollisionsnorm für individualrechtliche Arbeitsverträge handelt. Die Norm trägt dem besonderen Abhängigkeitsverhältnis zwischen Arbeitnehmer und Arbeitgeber, das hier anders als bei gewöhnlichen Austauschverhältnissen besteht, Rechnung.

365 ABlEU Nr L 177 vom 4.7.2008, 6; berichtigt ABlEU Nr L 309 vom 24.11.2009, 87.

366 Ferrari in Ferrari/Kieninger/Mankowski u.a. Art 1 Rom I- VO, Rn 5.

367 Martiny in MünchKomm BGB/IPR, Vorb zu Art. 1 Grundlagen, Rom I-VO, EG-Vertragsrechts-Übereinkommen, Internationale Zuständigkeit, Schiedsgerichtsbarkeit, Rn 8.

bb. Das allgemeine Vertragsstatut nach Art 4 Rom I-VO

(1) Tatbestand des Art 4 Rom I-VO

Prägendes Qualifikationsmerkmal des gemeinschaftsrechtlich-autonomen Vertragsbegriffs,[368] der der Rom I-VO zugrunde liegt, ist die „freiwillig eingegangene Verpflichtung“ der einen gegenüber der anderen Vertragspartei.[369] Die Verpflichtung kann danach ein- oder beidseitig erfolgen, entscheidend ist die Willensübereinstimmung, die in rechtserheblicher Abstimmung erzielt wird.[370]

Artikel 4 Rom I-VO erfasst dabei überwiegend klassische schuldrechtliche Austauschverträge, wie die Aufzählung verschiedener Vertragstypen in Abs 1 zeigt. Auch in Abs 2 wird ein klassisches Austauschverhältnis vorausgesetzt; hier wird auf die charakteristische Leistung des Vertrages zur Bestimmung des anwendbaren Rechts abgestellt.

Die IFA sind Ausfluss der allgemeinen Vertragsfreiheit und werden dem allgemeinen Vertragsrecht folgend durch die übereinstimmenden Vertragserklärungen der arbeitnehmer- und unternehmensseitigen Vertreter geschlossen. Sie sind allerdings Kollektivverträge, die die Unternehmen überwiegend einseitig und zu Gunsten von Dritten, den Arbeitnehmern des Unternehmens, verpflichten.

Regelungsgegenstand ist vor allem das Arbeitgeber-Arbeitnehmerverhältnis, wenn die Abreden mangels Normativwirkung auch keine direkten Wirkungen für Vertragsdritte haben. Die Regelungsbereiche der IFA decken sich in weiten Teilen mit den typischen Gegenständen von Manteltarifverträgen – etwa Arbeitsschutz- und Arbeitszeitbestimmungen. Damit einher geht eine vertragliche Struktur, die weniger auf Ausgleich, denn auf Verteilung ausgerichtet ist.[371]

Diese vertraglichen Besonderheiten führen beim Tarifvertrag dazu, dass ein direkter Rückgriff auf die kollisionsrechtlichen Normen für Schuldverträge und insbesondere die Anwendung der Rom I-VO abgelehnt wird.[372]

(2) Funktionale Betrachtung

Die Funktionale Auslegung des Art 4 zeigt, – vor allem in Verbindung mit Art 3, der diesem vorgeht – dass die Kollisionsnorm allein den Parteiinteressen dient.

---

368 zur Notwendigkeit der gemeinschaftsrechtlich-autonomen Auslegung: Magnus in Staudinger Art 1 Rom I-VO, Rn 27.

369 EuGH Urteil vom 17.06.1992 - C-26/91, Handte, Slg 1992 I-3967, Rz 15 zu Art 5 Nr 1, Nr 3 EuGVÜ; Magnus in Staudinger Art 1 Rom I-VO, Rn 27 mwN.

370 Magnus in Staudinger Art 1 Rom I-VO, Rn 31, 35.

371 Merkmal zur Abgrenzung von Tarif- und Schuldvertrag nach Thüsing in Wiedemann § 1 Rn 58.

372 Birk in MünchHB ArbR Bd 1 (2000) § 21, Rn 28ff.; Martiny in MünchKomm BGB/IPR Art 8 Rom I-VO, Rn 137; Reufels in Thüsing/Braun 13, Rn 4.

Nach Art 3 Rom I-VO können die Vertragspartner das anwendbare Recht frei wählen. Fehlt eine Rechtswahl bestimmt Art 4 Rom I-VO objektiv, zu welcher Rechtsordnung die engste Verbindung bestehen soll. Auschlaggebend ist danach in der Regel der gewöhnliche Aufenthaltsort der Partei, die die charakteristische Leistung in der Vertragsbeziehung erbringt. Daneben kann auch das Recht eines anderen Staates Anwendung finden, wenn der Vertrag offensichtlich eine engere Beziehung zu diesem aufweist, Art 4 Abs 3 Rom I-VO. Im Zusammenspiel versuchen Artt 3 und 4 Rom I-VO den ausdrücklichen beziehungsweise mutmaßlichen Parteiinteressen zur Geltung zu verhelfen. Sie sind damit kollisionsrechtlicher Ausdruck der Privatautonomie.[373]

Anders als bei relativen Schuldverträgen können bei arbeitsrechtlichen Kollektivverträgen neben die Parteiinteressen auch Verkehrs- und Allgemeininteressen an der anwendbaren Rechtsordnung treten. Die Regelungen eines Tarifvertrages können durch Beitritt zu einer der Koalitionsparteien, auch durch Gleichstellungsabrede, seltener durch Allgemeinverbindlicherklärung, bei Vertragsschluss noch Unbeteiligte treffen; hieraus ergibt sich ein Verkehrsinteresse.[374] Ein Allgemeininteresse an der Durchsetzung eines Tarifvertrages und der ihn regelnden Normen ergibt sich aus seiner Funktion zur Ordnung und Befriedung des Arbeitslebens.[375]

Durch die strukturelle und inhaltliche Nähe zu Tarifverträgen lässt sich beides auch für die IFA bejahen. Im Unterschied zu Tarifverträgen sind IFA jedoch nicht Teil des Tarifsystems, das der Gesetzgeber zur Ausübung der Koalitionsfreiheit stellt.[376] Die IFA werden nicht auf Grundlage des TVG geschlossen. Den Parteien der IFA kommt keine Tarifmacht zu. Die Klauseln der IFA haben keine Normativkraft. Obwohl IFA Kollektivverträge und Ausdruck der Koalitionsfreiheit sind, können Verkehrs- und Allgemeininteressen danach nicht dasselbe Gewicht entfalten, wie bei einem Tarifvertrag. Entsprechend werden Vertragsschluss und rechtliche Wirkungen der IFA vollständig durch das allgemeine Vertragsrecht abgebildet.

---

373 Die Rechtswahl ist das kollisionsrechtliche Pendant der Vertragsfreiheit: Magnus in Staudinger Art 3 Rom I-VO, Rn 28.

374 potentiell Beteiligte haben ein Verkehrsinteresse: Kegel/Schurig, §2 II 2.

375 Zur Ordnung und Befriedung des Arbeitslebens als Funktion des Art 9 Abs 3 GG: Scholz in Maunz/Dürig Art 9, Rn 159 unter Verweis auf BVerfG Urteil vom 6.5.1964 - 1 BvR 79/62, NJW 1964, 1267, 1268.

376 zum Tarifsystem als Mittel zur Ausübung der Koaltionsfreiheit: Treber in Schaub (2013) § 197 Rn 7.

(3) Ergebnis
Nach funktioneller Betrachtung sind die IFA vom Vertragsbegriff des Art 4 Rom I-VO erfasst. Die internationalprivatrechtlich-relevanten Interessen im Fall der IFA sowie der Ordnungszweck der sie regelnden Normen deckt sich mit dem Systembegriff des Art 4 Rom I-VO. Vor dem Hintergrund der weiten, die Grenzen zur Rechtsfortbildung auflösenden Auslegung im Kollisionsrecht ist diese Funktionsgleichheit für die Subsumtion entscheidend. Die Tatsache, dass die IFA keinem der schuldrechtlichen Leitbilder entsprechen und in ihrer Gestaltung vom klassischen Schuldvertrag abweichen, muss dahinter zurückstehen. Zudem ist mit dem Auffangabsatz 4 auch tatsächlich eine Anknüpfungsregelung formuliert, die auf Verträge ohne Austauschverhältnis anwendbar ist.

d. Objektive Anknüpfung nach Art 4 Rom I-VO377

Als Vertrag sui generis können die IFA unter keines der Leitbilder in Absatz 1 subsumiert werden. Entsprechend dem Tarifvertrag kann für die IFA auch keine charakteristische Leistung, auf die Absatz 2 abstellt, ausgemacht werden. Es fehlt an der schuldrechtstypischen Austauschstruktur. Die IFA bilden keinen Leistungskatalog, der in Leistende und Leistungsempfänger teilt. Jedenfalls steht kein Klauselgegenstand charakteristisch für das Institut der IFA. Eine Anknüpfung nach Absatz 2 ist sachgerecht nicht möglich.

So fallen die IFA unter die Auffangregel des Absatz 4 des Art 4 Rom I-VO, die analog auch für den Tarifvertrag herangezogen wird.[378] Entscheidend ist die engste Verbindung des Vertrags zu einem Statut. Für den Tarifvertrag soll die engste Verbindung anhand des Verwaltungssitzes der Arbeitgeberkoalition, der überwiegenden Zahl der durch sie geregelten Individualarbeitsverhältnisse oder auch anhand des Geltungsbereichs des Vertrages bestimmt werden.[379] Ergänzend

377 zur Anwendung der Rom I-VO auf TCA siehe Study on international private law aspects and dispute settlement related to transnational company agreements VC/2009/0157, 4f., abrufbar unter http://ec.europa.eu/social/main.jsp?catId=707&langId=en&intPageId=214, zuletzt abgerufen: 11.7.2013.

378 Martiny in MünchKomm BGB/IPR Art 8 Rom I-VO, Rn 138; Däubler in Däubler (2006) Einl, Rn 872; BAG Urteil vom 16.2.2000 - 4 AZR 14/99, NZA 2001, 331, 333.

379 Däubler in Däubler (2006) Einl, Rn 672; Schlachter NZA 2000, 57, 64; dies in ErfK Art 9 Rom I-VO, Rn 32; Martiny in MünchKomm BGB/IPR Art 8 Rom I-VO, Rn 138; für die erfassten Arbeitsverhältnisse: Birk in MünchHB ArbR Bd 1 (2000) § 21, Rn 22; für den Geltungsbereich: Thüsing in Wiedemann § 1, Rn 106.

können auch Vertragssprache, Nationalität der Tarifparteien und der Regelungsinhalt Aufschluss geben.[380]

Die Heranziehung des räumlichen Schwerpunkts scheidet im Fall der IFA denknotwendig aus. Die IFA haben keine unmittelbare Drittwirkung. Als internationale Verträge sind sie zudem in ihrer Reichweite von vorneherein nicht auf einen Staat festgelegt. Trotzdem können die IFA im Unterschied zur überwiegenden Zahl der Schuldverträge auch nicht abschließend über die Vertragsparteien beurteilt werden. Über Zweck und Inhalt – verkürzt zielen die IFA über das Arbeitnehmerwohl auf das Unternehmenswohl – öffnen sich die zweiseitigen IFA gerade für Verbindungen über die konkrete Vertragsbeziehung hinaus. Damit kann durchaus ein Wirkkreis der Rahmenrechtsvereinbarung jenseits der Parteien ausgemacht werden. Dieser ist allerdings wiederum international.

Einen zahlenmäßigen Schwerpunkt bei den mittelbar betroffenen Arbeitsverhältnissen zu suchen, würde dem Vertragszweck zuwiderlaufen. Dieser richtet sich auf die Bekämpfung des Rechtsgefälles[381] an den unterschiedlichen Unternehmensstandorten und die Vereinheitlichung von Arbeitsstandards für die gesamte Arbeitnehmerschaft. Der Vereinheitlichungsgedanke fordert einen zentralen unverrückbaren Vertragskern. Die rechtlichen Rahmenbedingungen, unter denen die Mehrheit der Arbeitnehmer arbeitet, sind dabei regelmäßig nicht der angestrebte Standard. Im Gegenteil soll mit den IFA ein Rechtsrahmen verbreitet werden, der den Standards der Herkunftsländer der Konzerne entspricht.

Hier zeigt sich die enge Verbindung der IFA zu ihren geistigen Urhebern und der ihnen verbundenen Rechtsordnung. Der Sitz der international agierenden Arbeitnehmervertretung steht dabei in keiner Verbindung zu dem Unternehmen, seinen Arbeitnehmern sowie dem Vertragswerk und muss ohne Bedeutung bleiben. Ausgangspunkt der Rahmenrechtsvereinbarung ist der Sitz des Unternehmens. Die Unternehmenszentrale ist zudem ein allen direkt und mittelbar betroffenen Parteien gemeiner Bezugspunkt. Der Sitz des Unternehmens als Anknüpfungsmoment ist naheliegend und sachgerecht.

---

380 Thüsing in Wiedemann § 1, Rn 106; ebenso Däubler in Däubler (2006) Einl, Rn 672.

381 Begriff des Rechtsgefälles nach Kocher GRUR 2005, 647, 648, die die globale Produktion durch Unternhemen als ein Ausnutzen des internationalen Rechtsgefälles beschreibt.

e. Möglichkeit der Rechtswahl

Für Schuldverträge ist die Möglichkeit der Rechtswahl gegeben, Art 3 Rom I-VO, für Tarifverträge ist sie hingegen streitig.[382] Im Fall der IFA spricht die Interessenanalyse für eine Zulässigkeit der Rechtswahl. Die Rechtswahlfreiheit auf kollisionsrechtlicher Ebene entspricht der Parteiautonomie, die die Vertragsschließenden im materiellen Recht genießen.[383] Wo materiellrechtlich keine zwingenden Vorschriften die Vertragsfreiheit einschränken, kann auch kollisionsrechtlich nur das Interesse der Parteien auschlaggebend sein.[384] Die Interessenlage bei den Rahmenrechtsvereinbarungen ergibt kein über das Parteiinteresse hinausgehendes Allgemeininteresse. Weder vertragsdritte Arbeitnehmer, noch das Grundrecht der Koalitionsfreiheit, noch dessen einfachgesetzliche Umsetzung im Tarifvertragsrecht, insbesondere durch das Institut des Tarifvertrages, sind durch die Vereinbarung der IFA-Parteien in ihrem Sein, Bestand und Wirken rechtserheblich tangiert. Die IFA sind keine Normenverträge, ihr Wirken erschöpft sich schuldrechtlich. Sie ähneln nach Zweck und Inhalten zwar einem Tarifvertrag, ihnen fehlt aber die Kraft, gesellschaftspolitische Bedeutung zu erlangen. Durch die Parallelen zum Tarifvertrag entsprechen die IFA zwar nicht vollständig dem Leitbild des Schuldvertrags der Rom I-VO. Anders als bei dem Tarifvertrag ergibt sich aber kein rechtlich belastbares Argument, dem Parteiinteresse nicht nachzugeben und eine Rechtswahl, entsprechend der Behandlung der Schuldvertragsparteien im Übrigen, zuzulassen.

f. Anwendbarkeit der Rom I-VO

Die dem Ergebnis zugrundliegende Rom I-VO findet auf Verträge Anwendung, die ab dem 17. Dezember 2009 geschlossen wurden, Art 28 Rom I-VO. Das Ergebnis bezieht sich damit auf alle IFA, die nach diesem Stichtag geschlossen wurden. Für davor geschlossene Verträge gelten die Regelungen des EGBGB für Sachverhalte mit Auslandsbezug, dort speziell die Artt 27 f. Dies führt jedoch zu keiner anderen Annahme für die Anknüpfung.[385]

---

382 Für eine Rechtswahl bei Tarifverträgen: Schlachter in ErfK Art 9 Rom I-VO, Rn 32; dies NZA 2000, 57, 64 Martiny in MünchKomm BGB/IPR Art 8 Rom I-VO, Rn 137; Magnus in Staudinger Art 3 Rom I-VO, Rn 29; Däubler in Däubler (2006) Einl 668ff.; dagegen: Birk in MünchHB ArbR Bd 1 (2000) § 21, Rn 20ff.; für eine bedingte Zulässigkeit: Thüsing in Wiedemann § 1, Rn 108.

383 Magnus in Staudinger Art 3 Rom I-VO, Rn 28.

384 Magnus in Staudinger Art 3 Rom I-VO, Rn 28.

385 so auch Krause in 33. CLL&PJ 4/2012, 764; wohl auch Thüsing RdA 2010, 78, 91f.

3. Anwendung deutschen Rechts

Mit wenigen Ausnahmen, konkret den IFA Falck, Umicore und FranceTelekom, ist in den bestehenden IFA keine Rechtswahl getroffen, was auf das Selbst- beziehungsweise Rechtsverständnis der Vertragsschließenden hindeutet. Auch in den genannten IFA soll das Recht des jeweiligen Firmensitzes gelten, also dänisches, belgisches beziehungsweise französisches Recht. Die Rechtswahl der Vertragsparteien entspricht damit dem hier gefundenen Ergebnis für die internationalprivatrechtliche Behandlung bei fehlender Rechtswahl. Für die Auslegung und rechtliche Bewertung der IFA kommt entsprechend Art 4 Abs 4 Rom I-VO das Recht des Staates zur Anwendung, in dem das Unternehmen mit seinem Hauptsitz belegen ist. Für Unternehmen mit Sitz in Deutschland bestimmt sich die Auslegung nach deutschem Recht. Derzeit betrifft dies 23 IFA.

4. Rechtsnatur der Rahmenrechtsvereinbarungen zwischen Normenvertrag, Schuldvertrag und atypischer Schuldvereinbarung

Obwohl die IFA mangels spezialgesetzlicher Grundlage nicht einheitlich erscheinen, können anhand wiederkehrender Gestaltungsmuster und -elemente sowie vor dem Hintergrund eines vergleichbaren Kontext, in dem die IFA verhandelt werden, verallgemeinerungsfähige Aussagen zu ihrer Rechtsnatur getroffen werden. Maßgabe ist das deutsche Recht.

Zentral ist dabei zunächst die Frage, ob eine verbindliche oder unverbindliche Vereinbarung vorliegt Weiter führt die Frage, ob die IFA, wenn sie verbindliche rechtliche Wirkungen intendieren, an eines der durch den Gesetzgeber vorgegebenen Leitbilder und die hierfür jeweils vertypten Rechtswirkungen referieren. Zuletzt ist auch die Möglichkeit in Betracht zu ziehen, dass die Parteien über das gegenseitige Vertragsverhältnis hinaus mit den IFA auch Wirkungen für weitere vertragliche Beziehungen, konkret die individualvertraglich begründeten Arbeitgeber-Arbeitnehmer-Verhältnisse bestimmen wollen.

Ausserhalb des Gestaltungsvermögens der IFA-Partner liegt dabei die Möglichkeit, den IFA normative Wirkung zu verleihen. Normenverträge, die über das konkrete Vertragsverhältnis und seine Parteien hinaus Wirkung entfalten, können nur dort geschlossen werden, wo der Gesetzgeber die Parteien hierzu ermächtigt. Auf eine solche Rechtsgrundlage können sich die IFA-Parteien nicht berufen; sie tuen es auch ersichtlich nicht. Wirkungen im Verhältnis zwischen Arbeitgeber und Arbeitnehmer sind aber auch im Rahmen eines Schuldvertrages denkbar. So etwa über einen Koalitionenvertrag in Form eines schuldrechtlichen Normenvertrags oder einen schuldrechtlichen Normenvertrags zu Gunsten Dritter, § 328 BGB.

Für jegliche schuldrechtliche Bindung in Abgrenzung von einer rein tatsächlichen Einigung muss der Vertrag mit Rechtsbindungswillen geschlossen worden sein. Eine Erklärung zur Rechtsverbindlichkeit des Vertrages kann ausdrücklich oder konkludent niedergelegt sein. Der Inhalt der Erklärung ist unter Heranziehung von Wortlaut, Form, Inhalt und Kontext auszulegen. Maßgebend sind die §§ 133, 157 BGB zur Auslegung von Rechtsgeschäften. Ein normativer Auslegungsmaßstab scheidet mangels normativer Wirkung der IFA aus.

a. Inhalt und Wortlaut

In einigen IFA sind Regelungen zur Verbindlichkeit getroffen. Die IFA DaimlerChrysler, GEA, Rheinmetall und Röchling legen die Verbindlichkeit der Rahmenrechtsvereinbarung ausdrücklich fest. In dem IFA RAG heißt es, Rechte und Pflichten werden ausschließlich zwischen den Parteien begründet. Die Feststellung von Rechten und Pflichten aus der Vereinbarung oder der Begriff ‚verbindlich' sind zwar nicht gleichbedeutend mit ‚justiziabel' beziehungsweise ‚haftungsbewehrt'. Die Wortwahl ist jedoch ein starkes Indiz eben dafür.[386] In den IFA BMW, Leoni, Pfleiderer, RAG, Prym, Siemens und Volkswagen werden Ansprüche von Drittparteien ausgeschlossen. Ein Ausschluss auch für individuelle Ansprüche findet sich bei BMW. Die ausdrückliche Zurückweisung jeder Verbindlichkeit durch BMW ist nicht umzudeuten. Die Absage an Drittansprüche kann jedoch gerade im Umkehrschluss als Anerkennung möglicher individueller Ansprüche aus dem IFA verstanden werden.[387] Ebenso wie die Festlegung der Verbindlichkeit muss aber auch der Umkehrschluss der Auslegung im Ganzen standhalten.

aa. Erklärungsgehalt der IFA

Ein starkes Argument für eine gewollte Verbindlichkeit und zugleich Voraussetzung für die Durchsetzbarkeit sind konkrete und unzweideutige Formulierungen zu Rechten und Pflichten. Die IFA variieren stark in Wortwahl und Detailgrad der Klauseln. Neben einem Überblick über herausstehend schwache und starke Formulierungen sollen anhand von Beispielen Formulierungsmuster und eine Tendenz hinsichtlich der Verbindlichkeit der Aussagen herausgearbeitet werden.

Einen Eindruck von einem besonders inhaltsschwachen Beispiel gibt die Rahmenrechtsvereinbarung von Hochtief. In einer bloßen Aufzählung statuiert der Vertragstext, dass „Vereinigungsfreiheit und das Recht zu Kollektivverhandlungen respektiert werden", „die Arbeitszeiten nicht übermäßig sind" oder etwa „die

---

386 so auch Krause 33. CCL&P 4/2012, 749, 766.

387 so auch Krause 33. CCL&P 4/2012, 749, 766.

Arbeitsbedingungen annehmbar sind". Hieraus lässt sich mangels konkreter Angaben kein individuelles Recht ableiten. Den Klauseln fehlt ein greifbarer Aussagegehalt. Vielmehr wird in der Summe der dehnbaren Formulierungen gerade der Wille des Unternehmens deutlich, sich nicht verbindlich festzulegen und keine haftungsbewährten Handlungspflichten schaffen zu wollen.[388]

Aber auch umfangreicheren IFA fehlt es an Substanz, um individuelle Ansprüche bejahen zu können. Neben deklaratorischen Klauseln, in denen etwa die Fähigkeiten und Kenntnisse der Mitarbeiter gewürdigt werden[389] oder auf das eigene Engagement im Umweltschutz verwiesen wird[390], müssen viele der Klauseln bereits ihrem Gegenstand nach als Allgemeinplätze bezeichnet werden. So das Bekenntnis zu den Menschenrechten, die Absage an Zwangsarbeit und verschiedene Antidiskriminierungsklauseln, die Teil fast aller deutschen IFA sind. Sofern nicht auch diese Klauseln rein deklaratorisch formuliert sind, entsprechen sie ihrem Inhalt nach regelmäßig nur den ohnehin geltenden lokalen Gesetzen.[391] Bei weltweiter Anwendung könnten sich hieraus in einzelnen Staaten zwar auch konstitutiv Rechte ergeben. Für durchsetzbare Ansprüche fehlt es aber an einer Konkretisierung der Grundsätze und, solange diese in Verbindung mit Formulierungen wie „respektiert", „ächtet", – „unterstützt", „erkennt an", „wendet sich gegen" oder auch „beachtet" (DaimlerChrysler, Prym, Rheinmetall, Volkswagen wie andere) stehen –, auch am Bindungswillen der versprechenden Partei. Wenn es zu Regelungen über die Arbeitsbedingungen, den Arbeitsschutz, die Arbeitszeit und die Vergütung kommt, erklären die Unternehmen hinter den IFA regelmäßig direkt, nur die nationalgesetzlichen Vorgaben einhalten zu wollen.[392] Da diese ohnehin zwingend sind, können die Klauseln nur deklaratorisch wirken. Erweiterungen, wie etwa die zusätzliche Maßgabe, neben den gesetzlichen Vorgaben dem Grundsatz der Fairness Rechnung tragen zu wollen,[393] sich am jeweiligen Arbeitsmarkt orientieren zu wollen[394] oder angemessene Regelungen zu treffen,[395] sind so vage, dass auch sie leerlaufen.

388 von gleicher Qualität ist das IFA RAG.

389 siehe etwa die IFA GEA, GIMD und Röchling.

390 IFA Freudenberg.

391 manifester und latenter Sinngehalt solcher Legalitätsgelöbnisse fallen auseinander und führen die Aussage ins Paradoxe: Herberg in ZfRS 2001, 25, 45ff.

392 siehe etwa die IFA Bosch, BMW, Faber-Castell, Leoni, Pfleiderer Prym, Rheinmetall, Staedtler, Volkswagen, Wilkhahn.

393 siehe IFA Rheinmetall, Wilkhahn.

394 siehe etwa das IFA BMW.

395 siehe etwa die IFA Bosch, Staedtler, Wilkhahn.

Zunächst deutliche Verbotsklauseln zu Kinderarbeit, Diskriminierung oder Lohnkürzungen verlieren in vielen IFA ihren rechtlichen Mehrwert durch die Rückkopplung an die nationale Gesetzgebung, durch Verweis auf dortige Bestimmungen beziehungsweise den Vorbehalt dortiger Verbote oder Erlaubnistatbestände.[396] Andere werden durch die Abwägung mit der unternehmerischen Wettbewerbsfähigkeit entkräftet, die bei vielen IFA in der Präambel als der sozialen Verantwortung vorrangig bezeichnet wird (DaimlerChrysler, Leoni, Rheinmetall, Röchling). Bei Pfleiderer soll diese laut Vertragstext sogar die Umsetzung „von Maßnahmen mit dem Ziel der Unterwanderung von Tarifstrukturen und der Mitbestimmung" erlauben.

Die Textanalyse zeigt jedoch auch Beispiele mit verbindlicheren Formulierungen. Hervorstehen die durch die BWI geschlossenen IFA mit Faber-Castell, STABILO, Staedtler und Wilkhahn. Die BWI hat einen Modelltext und Richtlinien zur Verhandlung und zum Abschluss von Internationalen Rahmenabkommen ausgearbeitet.[397] In allen vier IFA wird nahe wortgetreu ein Verbot der Kinderarbeit festgelegt. Anders als an anderer Stelle,[398] wird dies nicht durch einen Verweis auf das jeweils geltende nationale Recht entkräftet, sondern setzt mit 15 Jahren beziehungsweise Überschreiten des Pflichtschulalters eine fixe Grenze. Die Klausel enthält weder dehnbare Rechtsbegriffe, noch Relativierungen oder sonstige Formulierungen mit Interpretationsspielraum. Ein konkreter Unterlassungsanspruch der BWI scheint hier möglich.

Interessant ist der Vergleich der Absätze zum Vereinigungsrecht: Faber-Castell, Staedtler und Wilkhahn übernehmen den Verweis auf die IAO-Übereinkommen 87 (Vereinigungsfreiheit und den Schutz des Vereinigungsrechtes), 98 (Anwendung der Grundsätze des Vereinigungsrechtes und des Rechtes zu Kollektivverhandlungen), 135 (Schutz und Erleichterungen für Arbeitnehmervertreter im Betrieb) und 143 (Missbräuche bei Wanderungen und die Förderung der Chancengleichheit und der Gleichbehandlung der Wanderarbeitnehmer).[399] Staedtler bleibt als einziges Unternehmen nah an der Musterformulierung, die den Arbeitnehmern das Recht auf Bildung und auf Beitritt zu einer Gewerkschaft einräumt

396 etwa die IFA GEA, Rheinmetall, Röchling; besonders stark ausgeprägt in dem IFA GIMD.

397 Modell Internationales Rahmenabkommen und Richtlinien für Internationale Rahmenvereinbarungen, siehe Fn 152.

398 siehe etwa die IFA Bosch, BMW, Faber-Castell, Leoni, Pfleiderer Prym, Rheinmetall, Staedtler, Volkswagen, Wilkhahn.

399 abrufbar unter http://www.ilo.org/dyn/normlex/en/f?p=1000:12000:0::NO:::, zuletzt abgerufen: 11.7.2013.

(„Alle Arbeitnehmer genießen das Recht…“). Die IFA Faber-Castell, STABILO und Wilkhahn formulieren deutlich anders, indem sie eben diese Rechte bloß anerkennen („Das (Grund-)Recht aller… wird anerkannt“). Damit bleibt zumindest die Hintertür offen, das Recht zur Vereinigung nicht zu gewähren, wenn es denn nicht besteht. Die Formulierung kann so ausgelegt werden, dass sie ein bestehendes Vereinigungsrecht aus anderer Quelle – dann regelmäßig nationale Gesetzgebung – voraussetzt. Die Abrede konstituiert ein solches Recht nicht zwingend selbst. Damit würde den Klauseln ein rechtlicher Gehalt jenseits des Bekenntnisses zur bestehenden Gesetzgebung fehlen. Genauso formuliert einzig Staedtler nah am Formulartext, dass das Unternehmen Gewerkschaftsaktivitäten positiv und gewerkschaftlichen Organisierungsbestrebungen offen gegenüber steht. In den IFA Faber-Castell und Wilkhahn ist diese ohnehin eher bekenntnismäßige Klausel zur Soll-Klausel abgestuft. Bei STABILO ist sie gänzlich weggefallen.

Im Abgleich mit dem Modelltext lassen sich aber auch gezielte Abschwächungen durch Staedtler ausmachen. Die Klausel des Modelltextes, nach der jeder Arbeitnehmer ein Anrecht auf einen freien Tag pro Woche hat, findet sich bei Staedtler gar nicht, bei Faber-Castell und Wilkhahn nur noch als Soll-Formulierung. Dabei hat es nicht einmal der Begriff ‚freier Tag‘, sondern nur die auslegungsfähige Formulierung ‚Ruhezeit‘ in die Verträge geschafft.

bb. Kündigungsklauseln und Konfliktfallregelungen

Möglich ist auch, aus einer vorhandenen Kündigungsklausel Schlüsse für die Verbindlichkeit zu ziehen. Die IFA Staedtler, Faber-Castell, Pfleiderer, WAZ und andere sehen Klauseln zu Kündigung und Kündigungsfristen vor, andere wie etwa Prym, Röchling oder Volkswagen nicht. Die Auslegung, die Parteien beließen es bei der gesetzlichen Regelung aus § 314 BGB, ist in Ansehung der danach nur restriktiven Möglichkeit zur Kündigung eines Dauerschuldverhältnisses fernliegend. Näher liegt die Begründung, dass die Parteien aufgrund fehlender Verbindlichkeit keine Notwendigkeit für eine Kündigungsklausel gesehen haben: die Möglichkeit, sich den Pflichten zu entziehen, besteht dann unabhängig vom Bestehen oder Nichtbestehen der Abrede. Zugleich kann eine bestehende Regelung zur Kündigung nicht automatisch als Beweis für die Verbindlichkeit einer Vereinbarung stehen. Gerade mit Blick auf die öffentliche Wirkung der IFA kann die Zuwiderhandlung oder Zielverfehlung Folgen für das Unternehmen haben. Die Möglichkeit zur Kündigung interessiert deshalb nicht nur, um einer direkten Inanspruchnahme aus dem Vertrag die Grundlage zu nehmen. Die Kündigungsklausel ist auch dann sinnvoll, wenn zwar nicht die klageweise Geltendmachung von Ansprüchen droht, wohl aber der öffentliche Vorwurf des

Vertragsbruchs. Gleiches muss für die häufige Klausel zum Geltungsbeginn der IFA gelten.[400]

Viele IFA sehen umfassende Abreden zu ihrer Umsetzung und für den Konfliktfall vor, während zugleich eine Rechtswahl fehlt.[401] Eine Rechtswahl macht zwar auch für die Bewertung der Vereinbarung in Zustandekommen und Auslegung Sinn, kommt aber vor allem im Konfliktfall zum Tragen. Das Fehlen einer Rechtswahl spricht dafür, dass die Parteien den Konfliktfall nicht im Rechtswege lösen wollen,[402] – zumindest soweit alternative Schlichtungswege genannt werden wie etwa die umfassenden, detailreichen Ausführungen zur Implementierung und Konfliktbewältigung in fast allen deutschen IFA.[403] Eine außerhalb von Unternehmen stehende Aufsichts- oder Entscheidungsinstanz kommt hier nicht vor. Möglich ist natürlich, die gesondert festgelegten Verfahrenswege als vorgeschaltet zu verstehen, sodass der staatliche Rechtsweg nicht ausgeschlossen, sondern nur subsidiär ist.[404] Hierzu fehlt jeder sprachliche Hinweis. In Ansehung der detaillierten Schilderungen, die im IFA Hochtief sogar merklich ausführlicher als die Klauseln des IFA im Übrigen ausfallen, erscheint der unbedachte Verzicht eines Hinweises auf den staatlichen Rechtsweg oder ein mögliches Subsidiaritätsverhältnis jedoch unwahrscheinlich.

b. Kontext und Form

aa. Unternehmerische Motivation zum Vertragsschluss

Die IFA sind anders als das bereits länger praktizierte Institut der Codes of Conduct ein mehrseitiger Vertrag, der im Wege der Aushandlung geschlossen wird. Entgegen etwa der rechtlichen Situation beim betrieblichen Interessenausgleich, dessen Versuch der Betriebsführung in § 113 BetrVG sanktionsbewährt aufgegeben ist, besteht im Ausgang kein Beweggrund zum Abschluss eines IFA, außer dem Willen, sich zu verpflichten. Die Unternehmensleitung kann sich frei von jedem kollektivarbeitsrechtlichen Druck entscheiden und

---

400 siehe etwa die IFA Faber-Castell, Leoni, Prym, Volkswagen.

401 siehe etwa die IFA Bosch, DaimlerChrysler, GEA, Pfleiderer, Röchling, Staedtler, Wilkhahn.

402 zur ebenfalls seltenen Verwendung von Schlichtungsklauseln in anderen Vertragsformen siehe Commission Staff Working Document: Transnational company agreements: realising the potential of social dialogue, SWD(2012) 264, 16.

403 siehe etwa die IFA Bosch, DaimlerChrysler, GEA, Pfleiderer, Röchling, Staedtler, Wilkhahn; zur Indizwirkung ebenso Thüsing RdA 2010, 78, 92; Dzida/ReinhardBB 2012, 2241, 2243.

404 Krause in 33. CLL&PJ 4/2012, 749, 767.

aus dieser Situation heraus verhandeln. Möglich ist es auch, sich einen einseitigen Verhaltenscodex aufzuerlegen oder gar nicht tätig zu werden. Hinter der Aushandlung mit einer anderen Partei steht die Anerkennung dieser und ihrer Interessen. Wer fremden Interessen nicht entgegenkommen möchte, tut dies nicht, wenn er nicht gesetzlich verpflichtet ist. Auch das ist Privatautonomie. Gleichwohl kann der Parteiwille, obwohl initiativ ein Vertrag geschlossen wird, dahingehend ausgelegt werden, dass eine rechtsverbindliche Verpflichtung nicht gewollt ist: zwar greift das Unternehmen zum Vertragsinstrument, wählt aber gerade keine der möglichen verbindlichen kollektivarbeitsrechtlichen Handlungsformen.

Denkbar ist, dass ein Unternehmen das IFA als rein öffentlichkeitswirksame Maßnahme begreift, Verbindlichkeit vorgibt, sich über die Proklamierung hinaus aber nicht gebunden fühlt. Ein solcher Wille kann jedoch nicht ausschlaggebend sein. Er ist für den Vertragspartner beziehungsweise einen objektiven Erklärungsempfänger nicht erkennbar. Auch wenn die gewinnlerische Haltung des Unternehmens im Laufe intensiver Verhandlungen offenbar wird, ist das Unternehmen in dieser Haltung nicht schützenswert. Wird der fehlende Rechtsbindungswille nicht in dem Vertragstext zum Ausdruck gebracht, muss eine am objektiven Empfängerhorizont orientierte und auf Vermeidung von Widersprüchen gerichtete Auslegung vom Vorliegen des Rechtsbindungswillen ausgehen.

Ausdruck des fehlenden Verpflichtungswillens könnten jedoch die ausführlichen Präambeln der IFA sein. Die IFA erscheinen hier als Ausfluss der unternehmerischen Bemühungen, wertorientiert und sozialverantwortlich zu handeln. Sie werden eingebettet in die Unternehmensphilosophie und das firmeneigene Wertegerüst. So sehr der Stellenwert dieser Unternehmensziele und die Bemühungen darum beschworen werden, stehen sie in der Unternehmenswirklichkeit doch hinter den wirtschaftlichen Zielen. Einen Umstand, den die IFA Röchling, DaimlerChrysler oder Leoni ausdrücklich benennen. Mit den Ausführungen im Rahmen der Vorworte werden die IFA in ihrer Bedeutung in einem Bereich jenseits unternehmerischer Kernaufgaben und Notwendigkeit verortet. Hier wird erkennbar, dass von einer geringen Bereitschaft zur rechtsverbindlichen Verpflichtung ausgegangen werden muss.

bb. Fehlende Gegenseitigkeit

Den IFA fehlt es, obwohl sie mehrseitig sind, überwiegend an Gegenseitigkeit. Mehr eine Obliegenheit als eine Pflicht ist der Zusatz, der sich in wenigen IFA im Zusammenhang mit der Gewährung von Vereinigungsfreiheit findet. Danach ist nicht nur der Arbeitgeber, sondern auch die Gewerkschaft zum kooperativen, konstruktiven und vertrauensvollen Verhandeln aufgerufen.[405] Eine Ausnahme bildet zudem das IFA zwischen Hochtief und der IBBH und IG BAU. Die Gewerkschaften verpflichten sich darin, Hochtief öffentlich eine positive Rolle als Vorreiter sozialen Unternehmertums zu attestieren. Gerade das IFA Hochtief statuiert aber zugleich, dass die Vertragspartner den Kodex als reine Selbstverpflichtung anerkennen. Das Unternehmen strebt damit ausdrücklich Unverbindlichkeit an.

Dass die IFA regelmäßig keine Gegenleistung vorsehen und damit den Arbeitgeber einseitig belasten, führt nicht zwingend zur Einordnung der Vereinbarung als unverbindlich. Zum einen gilt hier noch mehr das Obengesagte, – einseitige Absichtserklärungen können, wenn gewollt, jederzeit und ohne Gegenseite erklärt werden –, andererseits liegt der Gegenwert, den das Unternehmen sich von einem IFA verspricht, in mittelbaren Effekten und außerhalb des Vertragsbeziehung.[406] Unternehmensintern können IFA zu einem Nachhaltigkeitsgewinn, unternehmensextern zu einem Imagegewinn führen. Aber auch ohne jede Gegenleistung können Absprachen bindend sein. Siehe etwa die schuldrechtlichen Leitbilder der Schenkung in § 516 BGB, der Leihe in § 598 BGB oder des Auftrags in § 662 BGB.

cc. Fehlende Vertretungsberechtigung, fehlender Vertragspartner

Regelmäßig tritt die Konzernobergesellschaft als Vertragspartner auf.[407] In vielen Ländern, so auch Deutschland, verbietet das Gesellschaftsrecht jedoch eine vertikale vertragliche Bindung der Konzerntöchter durch die Konzernmütter. Die Antwort der Literatur, eine starke Konzernobergesellschaft werde die Durchsetzung im Gesamtkonzern organisieren,[408] ist ungenügend. Mit guter Organisation kann die erfolgreiche Kommunikation des Vertragsschlusses erreicht werden; für eine Bindung müsste die Muttergesellschaft gegenüber den Tochtergesellschaften aber vertretungsberechtigt sein.[409] Nach deutschem Recht bleibt zumindest ein gesellschaftliches Weisungsrecht zur Durchsetzung, wenn dies auch nicht zur vertraglichen Bindung führt.[410] Ob überhaupt eine Bindung zustande kommen kann, muss für diejenigen IFA bezweifelt werden, die als Vertragspartei ‚den

---

405 siehe etwa die IFA GEA, Leoni, Staedtler, Wilkhahn.

406 ausführlich zur Reziprozität und ihrer Vielgestaltigkeit: Köndgen, 244ff.

407 siehe etwa IFA Pfleiderer, Röchling.

408 Study on the characteristics and legal effects of agreements between companies and workers' representatives (2011), 116f., siehe Fn 46.

409 Dzida/Reinhard BB 2012, 2241, 2242.

410 Thüsing RdA 2010, 78, 92.

Konzern' nennen, – eine juristische Person als vertragsfähiges Rechtssubjekt ist damit nicht benannt.[411] Beide juristischen Aspekte dürften den Unternehmen bekannt sein. Das Hinweggehen über diesen Umstand legt nahe, dass die Unternehmen beide Punkte für nicht relevant halten.

dd. Schriftform

Wenn auch der Schluss auf einen rechtsverbindlichen Vertrag nicht zwingend ist, ist die Schriftform ein Indiz für die Verbindlichkeit einer Vereinbarung. Die Verkörperung und Perpetuierung der Erklärung deutet den Willen an, dass diese über den Erklärungsmoment hinaus wirken sollen. Gerade für diesen Fall macht die Schriftform mit ihrer Klarstellungs-, Appell- und Beweissicherungsfunktion Sinn. Es kann jedoch auch nicht bestritten werden, dass die Schriftform auch für unverbindliche Abreden die gleiche Bedeutung haben kann. Wer die mittelbare Wirkung des Soft-Law anerkennt, wird auch die Bedeutung der Schriftform für solche Abreden anerkennen.

c. Zusammenfassung und Ergebnis

Wenn nicht, wie in den wenigen genannten Fällen, ausdrücklich auf Verbindlichkeit hingewiesen ist, ist von einer konkludenten Einigung über die Rechtsverbindlichkeiten der Rahmenabkommen auszugehen. Wo sich die widerstreitenden Interessen der Verhandlungspartner treffen, ist anhand der vorgehenden Textauswertung festzustellen. Maßstab ist der Wille der Parteien, wie er sich nach dem objektiven Empfängerhorizont darstellt, § 133 BGB, und soweit er mit Treu und Glauben, § 157 BGB, vereinbar ist.[412] Letzteres fordert die Vermeidung von Widersprüchen und die Berücksichtigung der Interessen beider Vertragsseiten bei der Auslegung.[413]

Während die Wortwahl in ihrer Verbindlichkeit uneinheitlich ist, deuten fehlende Rechtswahlklauseln, umfassende Vorgaben zur außergerichtlichen Konfliktbewältigung, der sozialpolitische Kontext der IFA und das Übergehen wichtiger juristischer Fragen hinsichtlich Konzernbindung und rechtsfähiger Partei auf den Willen, allein nicht justiziable Verpflichtungen zu schaffen.

Diese Gestaltungsmerkmale sind dabei nicht einseitig. Aufschlussreich sind insofern das BWI Modell Internationales Rahmenabkommen und die BWI

---

411 Dzida/Reinhard BB 2012, 2241 mit Verweis auf die IFA Daimler und BMW.

412 Busche in MünchKomm § 157 Rn 3.

413 Busche in MünchKomm § 157 Rn 6ff.

Richtlinien zur Rahmenvereinbarung.[414] Auch von Seiten der BWI, als internationaler Gewerkschaft, ist keine Regelung zur Verbindlichkeit getroffen. Stattdessen findet sich in der Einleitung des Modelltextes die Formulierung „(Name des Unternehmens) und BWI arbeiten daher zusammen, um die wirksame Anwendung der nachstehenden Erfordernisse in allen Unternehmensbereichen von (Name des Unternehmens) zu gewährleisten." Statt einer Rechtswahl oder noch konkreter der Wahl eines Gerichtsstandortes finden sich auch hier allein detaillierte Ausführungen zur Konfliktlösung zwischen Unternehmen und Gewerkschaft. Als letzte Konsequenz für Vertragsverletzungen nennt die BWI die öffentliche Bloßstellung des Unternehmens und als äußerstes Mittel die Kündigung des Abkommens. Die Möglichkeit des Rechtswegs bleibt außen vor.[415] Die fehlende Durchsetzbarkeit vor öffentlichen Gerichten scheint danach von beiden Seiten anerkannt zu sein.

Die teilweise vorhandenen Klauseln zu Geltungsbeginn und Kündigung der IFA bezeugen jedoch, dass den Klauseln jenseits der Klagbarkeit eine Wirkung zugedacht ist. Die Form des schriftlichen Vertrags spricht für den Willen der IFA-Parteien, eine verbindliche Absprache zu treffen. Hieran knüpfen Rechtsverkehr und so auch ein objektiver Erklärungsempfänger Erwartungen zur Verbindlichkeit der Absprache. Der Kontext, in dem die IFA geschlossen werden, relativiert diese Erwartungen jedoch. Die internationalen Gewerkschaften verhandeln gerade nicht auf Grundlage des kollektiven Arbeitsrechts. Die IFA entstehen im sozialen Dialog. Ein Umstand beziehungsweise Hinweis auf die Rechtsqualität, der in den meisten Präambeln auch festgehalten wird. Dabei sind es auch hier nicht allein die Unternehmen, die die Verhandlungen stärker politisch als rechtlich betten. Der soziale Dialog, in dem die IFA-Verhandlungspartner aufeinander zugehen, ist zudem auch das Mittel der Wahl für die internationalen Gewerkschaften, denen insofern selbst ein direktes Mandat zu Vertragsverhandlungen von Seiten der begünstigten Arbeitnehmer fehlt.

Gleichwohl muss das Element der Aushandlung Gewicht finden. Es spricht gegen einen bloß informatorischen Charakter der IFA, der unverbindlichen Zusagen ansonsten anhaftet. In der Verhandlungssituation liegt die Anerkennung des Verhandlungspartners, seiner Interessen und seiner Rechtspositionen. Der Abgleich der Formular-IFA und der auf dieser Basis verhandelten IFA zeigt, dass die unterschriebenen IFA Ergebnis einer Auseinandersetzung zu den unterschiedlichen

414 Modell Internationales Rahmenabkommen und Richtlinien für Internationale Rahmenvereinbarungen, siehe Fn 152.

415 entsprechend in dem Leitfaden der IG-Metall: Thüsing RdA 2010, 78, 92.

Positionen der Vertragsparteien sind. Diese Auseinandersetzung hat sich in der Inhalts- und Wortlautanalyse gezeigt: Die Klauseln sind weder einseitig vorformuliert noch beliebig. Sie ergeben sich durch Verhandlung, was hinsichtlich der sprachlichen Verbindlichkeit oft zu einem uneinheitlichen Bild der IFA führt. Der Abgleich von gewerkschaftsseitiger Modellvereinbarung und den auf dieser Basis verhandelten IFA zeigt die unterschiedlichen Vorstellungen hinsichtlich der Verbindlichkeit im Ausgang, die in den endgültigen IFA ihren Ausgleich finden. Das Aushandeln, das ein Zugehen auf die andere Vertragspartei und Sich-Einlassen auf deren Standpunkte umfasst, suggeriert Verbindlichkeit. Hieran müssen sich beide Verhandlungsseiten festhalten lassen.

Das Festhalten eines Verhandlungsergebnisses macht zudem nur Sinn, wenn der Konsens nicht zum Belieben einer Partei steht. Dass dies tatsächlich auch nicht der Fall ist, dafür sprechen die umfangreichen Kontroll- und Konfliktklausen in allen IFA. Die Abgrenzung von vertragskonformen und vertragsbrüchigen Verhalten steht damit fest und ist zwischen den Parteien nicht einseitig änderbar.

Der Wille der Parteien mag, wie er sich nach außen darstellt, ambivalent erscheinen: die typischen Gestaltungselemente und -merkmale, die in einer Vielzahl der IFA ähnlich sind, sowie die allen IFA gemeinsame Form und der sie prägende Kontext weisen darauf hin, dass mit den IFA rechtliche, wenn auch nicht klagbare Positionen geschaffen werden sollen. Eine Kategorie, die rechtlich nicht umsetzbar scheint. Bei genauerem Differenzieren nach Anspruch und Durchsetzung löst sich diese Ambivalenz jedoch auf. Die besondere Struktur der IFA lässt sich rechtsdogmatisch unter Annahme einer unvollkommenen Verbindlichkeit, einer sogenannten Naturalobligation, auffangen.[416] Die Abrede hat bestand, kann aber gerichtlich nicht durchgesetzt werden. Kommt es zur Leistung besteht jedoch ein Rechtsgrund und genauso markiert die Nichterfüllung einen Vertragsbruch.

Als Ausdruck von Privatautonomie ist der Ausschluss der Klagbarkeit grundsätzlich anerkannt.[417] Gerade im Bereich freiwilliger Selbstverpflichtungen ist das

---

416 Thüsing RdA 2010, 78, 92; ähnlich: Papadakis/Casale/Tsotroudi in Cross-Border Social Dialogue and Agreements, 67, 77; für die Unverbindlichkeit der IFA ohne weitere Differenzierung: Murray 33. CCL&P 4/2012, 715, 729; Schömann et al Codes of conduct and international framework agreements: New forms of governance at company level, 8; Stevis, International framework agreements and global social dialogue, 9; Dzida/Reinhard BB 2012, 2241, 2243; die Frage muss im Einzelfall entschieden werden: Krause in 33. CLL&PJ 4/2012, 749, 768.

417 BGH Beschluss vom 12.04.2006 - III ZR 153/05, BeckRS 2006, 05541; Schulze JuS 2011, 193, 198.

Rechtsinstitut der Naturalobligation, die mangels Zwangsmacht wirkungsschwächer als die vollkommene Verbindlichkeit ist, verbreitet.[418] Es fördert Unternehmensinitiativen, immer mit der Chance einen Regulierungsprozess anzustoßen, der zunehmend an Qualität gewinnt.[419] Die Verrechtlichung dieses Bereichs, auch ohne staatlichen Erfüllungszwang, leitet einen Prozess der Rationalisierung und Normierung gesellschaftlicher Vorstellungen ein.[420] Motor dieser Entwicklung sind Publizität und Transparenz, die zu einem gesellschaftlichen Rechtfertigungszwang führen und die Regulierungsmechanismen der Märkte freisetzen.

II. Rechtliche Rahmenvorgaben

Der Ausgangspunkt der Suche nach der Rechtsnatur war die Frage nach justiziablen vertraglichen Rechten und Pflichten aus den IFA. Als Ergebnis der Suche nach der internationalprivatrechtlichen Behandlung der IFA wurde der Sitz des Unternehmens als sachgerechte Anknüpfung bestimmt. Die darauf aufbauende Untersuchung des Rechtsbindungswillens der nach deutschem Recht zu bewertenden IFA deutet auf einen bedingten Bindungswillen hin. Dementsprechend lassen sich die Verpflichtungen aus den IFA als unvollkommene Verbindlichkeiten begreifen. Aus den IFA lassen sich keine direkt durchsetzbaren Ansprüche ableiten. Möglich ist es jedoch, dass aus den Rahmenvereinbarungen mittelbar, unter Heranziehung gesetzlicher Anspruchsgrundlagen aus dem Schuld,- Wettbewerbs-, Arbeits- oder Deliktsrecht Rechtsfolgen erwachsen können.

418 Schulze Naturalobligation, 554ff. und 560f.; Schulze JuS 2011, 193, 198.
419 Schulze JuS 2011, 193, 199.
420 Schulze JuS 2011, 193, 199.

3. Teil – Mittelbare Rechtswirkungen der International Framework Agreements

§ 5 Kommunikation der IFA im Markt

Die Untersuchung der Rechtsnatur hat ergeben, dass die Rahmenvereinbarungen kein klagbares Pflichtenverhältnis zwischen Unternehmen und globalen Gewerkschaften schaffen. Denkbar bleiben mittelbare Ansprüche, die sich im Fall des Verstoßes über gesetzliche Anspruchsgrundlagen ergeben können und Rechtswirkungen aus allgemeinen Rechtsgrundsätzen. Die zentrale Frage für mögliche mittelbare Rechtwirkungen aus verkehrs- und vertrauensschützenden Normen ist, ob und wie die IFA Eingang in den Rechtsverkehr und die Vertragsbeziehungen zwischen Unternehmen und Dritten finden.

Unternehmenseigene CSR-Maßnahmen sind regelmäßig Gegenstand des unternehmerischen Marketings. Auch die IFA erfüllen die grundlegenden Voraussetzungen zur Vertrauenswerbung im Markt. Sie dürften in der allgemeinen Wahrnehmung sogar höher bewertet werden, als einseitige unternehmensinterne Maßnahmen wie Leitlinien, Berichte und Internetpräsentationen.[421] Fraglich ist jedoch, inwiefern die Unternehmen dieses Potenzial nutzen und ob und wie Geschäfts- und Verbraucherkreise der Selbstdarstellung über IFA begegnen. Anders als punktuelles unternehmerisches Engagement, lassen sich die komplexeren IFA, die eine Vielzahl Themen wie Arbeitsbedingungen, Menschenrechte, Kollektivrechte und auch Umweltbelange vereinen, schwerlich in ein Logo oder einen Button wie ‚Bio' oder ‚Fairtrade' gießen. Das Stichwort IFA wird bei den wenigsten Kunden Assoziationen auslösen, sodass ein Verweis leerlaufen würde.

Grundsätzlich sind die IFA im Internet abrufbar. Quellen sind teilweise die Unternehmenswebseiten, teilweise die Seiten der Gewerkschaftsbünde. Eine Sammlung findet sich unter der Gemeinschaftsseite verschiedener globaler Gewerkschaften.[422] Auch die Europäische Kommission stellt eine Sammlung in ihrer Datenbank ‚database on transnational company agreements' bereit.[423] Darüber hinaus finden sich auf fast allen Unternehmenswebseiten Pressemitteilungen oder Hinweise auf den IFA-Abschluss im Rahmen der Selbstdarstellung der Unternehmen. Wenn nicht im Bereich Presse, finden sich die Verweise regelmäßig bei Informationen zur Corporate Social Responsibility. So etwa bei Chiquita, EADS,

---

421 Aufzählung nach Glinksi in Umweltverantwortung multinationaler Unternehmen, 187, 195.

422 http://www.global-unions.org/?lang=en, zuletzt abgerufen: 11.7.2013.

423 EU-Database on transnational company agreements http://ec.europa.eu/social/main.jsp?catId=978&langId=en, zuletzt abgerufen: 11.7.2013.

Inditex, Leoni, SchwanSTABILO, Siemens, Skanska oder Sodexo. Teilweise findet sich der Hinweis auf das IFA auch unter ‚Employee Relations', so etwa bei der Danske Bank oder H&M. Auch dieser Bereich kann zur Unternehmensdarstellung gezählt werden.

Die Verweise sind teils sachlich informativ, teils werbend formuliert. Sachlich informiert etwa Veidekke: „Veidekke has chosen to enter into a global framework agreement with Norwegian United Federation of Trade Unions, the Norwegian Union of General Workers and IBTU (the International Federation of Building and Wood Workers). In it the parties commit to work for continuous improvement within working environment, party relations (with Veidekke employees), health and safety standards at the workplace and the external environment."[424] EADS bettet die Informationen zu seinem IFA in einen werbenden Bericht über die Vielzahl seiner CSR-Aktivitäten. Unter dem PR-englischen Titel ‚Putting it in the right frame' und einer Aufnahme mit begeisterten Mitarbeitern steht dort: „...signing of an International Framework Agreement committing EADS to common social principles and standards throughout operations worldwide. The principles contained in the agreement are aligned with the general rules of the International Labour Organisation conventions, the Organisation for Economic Cooperation and Development Guidelines for Multi-national Enterprises and the UN Global Compact. They are also in line with the EADS Code of Ethics."[425] H&M unterstreicht mit dem Link auf sein IFA speziell, dass sich das Unternehmen für eine Arbeitnehmervertretung einsetzt: „We underline our commitment to employee representation through our Global Framework Agreement with Union Network International (UNI)."[426]

Daneben sehen einige Unternehmen, etwa GDF Suez, Lafarge, Pfleiderer, Veidekke und VolkerWessels, die Übernahme der IFA-Evaluationsergebnisse in ihren Jahresbericht vor. So finden die Internationalen Rahmenvereinbarungen neben der Bekanntgabe und Veröffentlichung durch die Gewerkschaften zwar über Unternehmenswebseiten, Unternehmensberichte und Pressemitteilungen ihren Weg

---

424 Information auf der Veidekke-Unternehmenwebsite, abrufbar unter http://en.veidekke.com/corporate-social-responsibility/governing-documents/article66675.ece, zuletzt abgerufen: 11.7.2013.

425 Information auf der EADS-Unternehmenwebsite, abrufbar unter http://www.eads.com/eads/int/en/our-responsibility/developing-our-people/arichsocialdialogue.html, zuletzt abgerufen: 11.7.2013.

426 Information auf der H&M-Unternehmenwebsite, abrufbar unter http://about.hm.com/AboutSection/en/About/Sustainability/Commitments/Be-Ethical/Fair-Partner/Employee-Relations.html, zuletzt abgerufen: 11.7.2013.

in die externe Unternehmenskommunikation, ob sie damit aber hinreichend in den Geschäftsverkehr eingebracht sind, muss anhand der verschiedenen verkehrs- und vertrauensschützenden Anspruchsgrundlagen bestimmt werden.

Mit Blick auf die relativ junge Geschichte des Instruments muss dabei auch in Betracht gezogen werden, dass die Unternehmen, eventuell auch die Gewerkschaften, Mittel entwickeln werden, die IFA verstärkt in das Blickfeld der Marktteilnehmer zu führen. Für die Unternehmen würde sich der werbliche Nutzen ihrer Verpflichtung verstärken. Die Gewerkschaften könnten die Aufmerksamkeit für und die Bedeutung des Instruments der IFA steigern. Zugleich gewinnen sie den Markt als wirksames Druckmittel, um Implementierung und Compliance zu sichern.

§ 6 Ansprüche von Konsumenten

Eine große Zahl der IFA wird von Unternehmen unterzeichnet, die Dienstleistungen oder Waren für Endverbraucher produzieren und teilweise auch direkt vertreiben. Hierzu gehören die stark vertretenen Telekommunikationsunternehmen und Automobilhersteller, genauso wie marktbekannte Unternehmen wie Chiquita, Danone, H&M oder IKEA. Unter den deutschen Unternehmen mit IFA sind etwa Siemens, Daimler, Volkswagen, FaberCastell oder auch SchwanSTABILO zu nennen. Konsumenten der Unternehmensprodukte sind weder Vertragspartner noch Drittbegünstigte der ohnehin nicht justiziablen Klauseln. Die IFA werden auch nicht Vertragsbestandteil im Fall des Kaufs. Eine Praxis, wonach die Unternehmen in den AGB auf ihr IFA als maßgebliche Leitlinie für die Produktionsbedingungen und sonstige Geschäftstätigkeit verweisen, besteht nicht. Es bleibt die Einbeziehung über das Vertrauen der Konsumenten.

I. Anspruch aus Sachmängelgewährleistungsrecht, § 433 Abs 2 BGB

Im Rahmen der Sachmängelgewährleistung bietet § 434 Abs 1 S 3 BGB über die Beschaffenheit einer Sache einen Aufhänger, die IFA in die Vertragsabsprachen zu integrieren.[427] Danach kann sich die dem Vertrag zugrunde gelegte Beschaffenheit auch aus außervertraglichen öffentlichen Äußerungen des Verkäufers, des Herstellers oder seines Gehilfen, insbesondere im Rahmen von Werbung oder der Kennzeichnung über bestimmte Eigenschaften der Sache ergeben, – sofern der Käufer bei seiner Kaufentscheidung darauf vertraut hat, § 434 S 3 letzter HS BGB. Vor der bereits aufgeworfenen Frage, inwiefern die IFA Teil der öffentlichen Selbstdarstellung sind und damit auch an Konsumenten kommuniziert werden, steht die Frage, ob die Rahmenvereinbarungen Äußerungen zur Beschaffenheit einer Sache darstellen können. IFA treffen keine Produktaussagen, allenfalls Produktionsaussagen. So etwa die Zusage, ohne Rückgriff auf Kinder-, Zwangs- und Pflichtarbeit zu fertigen.

427 so auch Kocher IJCLLIR 3/2002, 265, 268ff.; kritisch Krause 33. CCL&P 4/2012, 749, 769f.

1. Sachmangel

a. Begriff vor der Schuldrechtsreform

Der Sachmangelbegriff und seine Auslegung haben sich mit der Schuldrechtsreform gewandelt. Grob gefasst wird mit dem Erfordernis einer Abweichung von vereinbarter und tatsächlicher Beschaffenheit ein Zusammenhang zwischen mangelbegründendem Umstand und der Sache selbst gefordert. Nach § 459 aF BGB war vor der Schuldrechtsreform ein solcher Zusammenhang gegeben, wenn der Fehler in der Beschaffenheit der Sache oder einer zugesicherten Eigenschaft lag. Dazu zählten neben physischen Eigenschaften auch tatsächliche Umweltbeziehungen, wie etwa Alter und Herkunft der Sache. Beides musste der Sache gegenwärtig und auf gewisse Dauer anhaften. Für die Einordnung als Eigenschaft einer Sache genügte in Abgrenzung zu deren Beschaffenheit eine lockerere Verbindung zu der Sache. Eine belastbare Abgrenzungsregel ist das nicht, sodass auch die Rechtsprechung kein klareres Bild der beiden Begriffe zeichnen konnte.[428]

b. Begriff nach der Schuldrechtsreform

Die zahlreichen richterlichen Versuche, den Begriffen näher zu kommen, sollen laut Begründung des Regierungsentwurfs für den Beschaffenheitsbegriff nach neuer Fassung seit 2002 keine Gültigkeit mehr haben.[429] Nach überwiegender Ansicht sind die Begebenheiten, die sich aus den Umweltbeziehungen ergeben, nun mit den physischen Merkmalen einer Sache gleichgestellt; ein dauerhaftes Anhaften ist nicht mehr nötig.[430] Insofern hat der nach neuer Rechtslage verstärkt subjektiv geprägte Begriff der Beschaffenheit, den Begriff der zugesicherten Eigenschaft absorbiert,- so führt es der BGH in einer Entscheidung aus 2011 aus und verweist gleichwohl auf seine Rechtsprechung nach altem Schuldrecht, die unter dieser Prämisse weiter Gültigkeit habe.[431]

Mit Blick auf Art 2 Abs 1 der EG-Verbraucherrechterichtlinie[432] wäre eine Beschränkung des Sachmängelgewährleistungsanspruchs über den Begriff der

428 ganzer Absatz nach Faust in Bamberger/Roth (2012) § 434 BGB, Rn 13ff.

429 RegE eines Gesetzes zur Modernisierung des Schuldrechts vom 14.5.2001, BT-Drucks 14/6040, 213.

430 Westermann in MünchKomm § 434, Rn 9; so auch Faust in Bamberger/Roth (2012) § 434 BGB, Rn 20 ff mwN.

431 BGH Urteil vom 05.11.2010 - V ZR 228/09, NJW 2011, 1217, 1218.

432 Richtlinie 1999/44/EG zu bestimmten Aspekten des Verbrauchsgüterkaufs und der Garantien für Verbrauchsgüter (ABlEG Nr L 171, 12).

Beschaffenheit auch europarechtlich bedenklich. Nach der Richtlinie ist der Verkäufer verpflichtet, dem Verbraucher dem Kaufvertrag gemäße Güter zu liefern. Abreden im Kaufvertrag können jedoch gerade auch nicht-physische Merkmale der Sache erfassen. So gilt die Vermutung, dass eine Sache vertragsgemäß ist, wenn sie mit der vom Verkäufer gegebenen Beschreibung übereinstimmt oder sich für den vom Verbraucher angestrebten Zweck eignet, Art 2 Abs 2 lit a) RL 1999/44/EG. Beschreibung und Zweck sind nicht näher gefasst. Die Beschreibung des Verkäufers könnte Produktaussagen erfassen, der Zweck des Käufers könnte ein ideeller sein. Dass überhaupt ein Zusammenhang zwischen der Abrede und der Kaufsache bestehen muss, ergibt sich allein daraus, dass das Kaufgut vertragsgemäß sein muss.[433]

c. Produktionsaussagen und Beschaffenheitsbegriff

Mit wachsendem Wohlstand der Gesellschaften steigt das Bewusstsein für ökologische und soziale Belange. Konsumverhalten orientiert sich zunehmend auch an der Frage, wo und unter welchen Bedingungen Güter produziert werden.[434] Die steigende Zahl an Labels und Zertifizierungen für Konsumgüter ist hierfür ein Anhaltspunkt. Dabei nehmen Verbraucher nicht nur höhere Preise für fairgehandelte oder biologisch nachhaltig produzierte Waren in Kauf, sie akzeptieren teilweise auch vermeintliche Qualitätseinbußen, was etwa das Beispiel von Bio-Obst und -Gemüse zeigt. Dies ist in der Regel kürzer haltbar und erscheint weniger makellos. Den Wandel des Verbraucherbewusstseins hat auch die EU erkannt und versucht, diese Entwicklung durch Transparenzinitiativen zu unterstützen und mit Maßnahmen zur Sensibilisierung der Verbraucher noch auszuweiten. Die EU hofft, neue Marktinstrumente zu entwickeln, um eine ökologisch und sozial nachhaltigere Wertschöpfung zu erreichen.[435] So wie der gesellschaftliche Wandel in ersten Initiativen der EU aufgegriffen wird, muss er zunehmend auch Eingang in das Recht finden. Mit der Weitung des Beschaffenheitsbegriffs hat die EU einen Schritt in diese Richtung getan. Die Auslegung des Begriffs sollte vor diesem Hintergrund erfolgen.

---

433 ganzer Absatz nach Glinski/Rott EuZW 2003 649, 651ff.

434 so auch Dzida NZA-Editorial 5/2012.

435 Mitteilung der Kommission über den Aktionsplan für Nachhaltigkeit in Produktion und Verbrauch und für eine nachhaltige Industriepolitik, KOM(2008) 397 endgültig, insbesondere 10f.; siehe auch Deckmann in Corporate Social Responsibility und Corporate Citizenship, 73, 83ff., der die Konsumenten als Dreh – und Angelpunkt in dem Vorhaben, Industrie und Handel zu wandeln, betrachtet.

Ähnlich der Frage nach den biologischen Standards der Produktion, beeinflusst auch der ‚soziale Fußabdruck' eines Produkts, die sozialen Umständen, unter denen es produziert wird, die Kaufentscheidung der Verbraucher. Wenn nicht über das Label ‚Fairtrade', orientieren sich Kunden an Angaben über Herkunfts- beziehungsweise Produktionsland. Daran koppeln sich Vermutungen über die Produktionsumstände des Gutes. Soziale Belange wissen die Verbraucher etwa besonders in den EU-Staaten gesichert, weniger in den Drittwelt- und Schwellenländern.

Gerichtlich ist die Maßgeblichkeit solcher Angaben vor allem im Wettbewerbsrecht anerkannt.[436] Im Rahmen des Sachmängelgewährleistungsrechts haben die Gerichte Beschaffenheitsvereinbarungen über die Herkunft von Gütern teils angenommen, teils abgelehnt.[437] Eine differenzierte Betrachtung der Urteile zeigt jedoch, dass die Herkunft nur dann nicht Gegenstand einer Beschaffenheitsvereinbarung sein kann, wenn sich dahinter lediglich Mutmaßungen über die Produktionsbedingungen verstecken. So sieht das OLG Hamm durch die Importeigenschaft eines verkauften Kraftfahrzeugs nicht dessen Substanzwert, sondern nur den Wiederverkaufswert gemindert.[438] In der Folge lehnt es eine Beschaffenheitsvereinbarung ab, gibt dem Kläger aber zu, dass die Herkunftsangabe wertbildend sein könne.[439] Das Gericht trägt dabei der Tatsache Rechnung, dass die Marktteilnehmer bestimmte Herkunftsländer positiv beziehungsweise negativ assoziieren. Eine Tatsache, die auch die Erfassung von Herkunftsangaben durch das UWG rechtfertigt.

---

436 vor allem im Bereich des UWG wird die Werbung mit irreführenden Herkunftsangaben geahndet, siehe etwa OLG Naumburg Urteil vom 28.02.1995 - 7 U 145/94, NJWE-WettbR 1996, 121, 122 mit Verweis auf die EG-Verordnung (EWG) Nr. 2081/92 des Rates vom 14.7.1992 zum Schutz von geographischen Angaben und Ursprungsbezeichnungen für Agrarerzeugnisse und Lebensmittel, ABlEG 1992 Nr. L 208, 1, welche auf Grund eines gestiegenes Verbraucherbewusstsein hinsichtlich der Herkunft und damit verbundenen Qualitätsvorstellungen erlassen wurde; auch die Nachfolgeverordnung (EG) Nr. 510/2006, ABlEU 2006 L 93, 12–25, ist mit diesem Verweis erlassen.

437 dafür BGH Urteil vom 04.12.1968 - VIII ZR 208/66, NJW 1969, 787, 788; OLG Koblenz Beschluss vom 05.03.2012 - 5 U 1499/11, BeckRS 2012, 06811; LG Ellwangen Urteil vom 13.12.2002 - 3 O 219/02, NJW 2003, 517,518; dagegen: OLG Thüringen vom 23. Oktober 2008, Az 1 U 118/08; OLG Naumburg Urteil vom 07.12.2005 - 6 U 24/05, ZGS 2006, 238; OLG Hamm Urteil vom 13.05.2003 - 28 U 150/02, NJW-RR 2003, 1360f., LG Berlin Urteil vom 09. Mai 2011, AZ 28 O 41/11.

438 OLG Hamm Urteil vom 13.05.2003 - 28 U 150/02, NJW-RR 2003, 1360, 1361.

439 die Herkunft eines Kfz ist ausschlaggebend für seinen Wert: OLG Hamm Urteil vom 13.05.2003 - 28 U 150/02, NJW-RR 2003, 1360, 1361.

Lassen sich aus der Herkunft aber zwingend Produktions- oder Qualitätsaussagen ableiten, muss eine Beschaffenheitsvereinbarung möglich sein. Unter dieser Prämisse hat der BGH die Herkunftsangabe bereits nach alter Rechtslage als Beschaffenheit anerkannt.[440] Das OLG Koblenz urteilt in einer neueren Entscheidung, dies müsse umso mehr unter dem reformierten Beschaffenheitsbegriff gelten.[441] Wenn eine Herkunftsangabe unter dieser Bedingung Gegenstand einer Beschaffenheitsvereinbarung sein kann, muss das erst recht für eine unmittelbare Angabe über die Produktionsbedingungen, wie sie die IFA machen, gelten.

Auch die Parallele zur biozertifizierten Produktion weist darauf hin. Biozertifizierungen sind gerichtlich als Beschaffenheit anerkannt.[442] Gleich wie bei sozial gerechten Arbeitsbedingungen führt die biologische Produktion zwar zu einer Kostensteigerung, haftet dem Produkt aber nicht in jedem Fall an. Nach dem neuen, verstärkt subjektiv geprägten Beschaffenheitsbegriff muss eine ausreichende Verknüpfung von Umständen der Herstellung und Kaufsache dann vorliegen, wenn die Vereinbarung darüber in die Überlegungen der Verbraucher zum Kauf spielt. Dies ist unzweifelhaft dort der Fall, wo Verbraucher bereit sind, für alternative Produktionsbedingungen mehr zu zahlen, beziehungsweise ein gleich teures, biologisch oder sozial nachhaltig produziertes oder fair-gehandeltes Gut einem konventionellem Gut vorzuziehen. Der Produktionsweg ist hier nicht mehr unbeachtliches Motiv, sondern wertbildend. Dass dies nicht für alle Konsumenten gilt, ist dabei unbeachtlich.[443] Entscheidend ist, dass die Deklarierung oder öffentliche Äußerung ihre Adressaten anspricht und in der intendierten Weise zu beeinflussen vermag.[444] Zudem wird die Vertragsmäßigkeit im Kaufrecht gerade individuell bestimmt.[445] Als wertbildender Faktor stehen Produktionsaussagen in hinreichender Verbindung zur Kaufsache und können Beschaffenheit einer Sache sein.[446]

---

440 BGH Urteil vom 04.12.1968 - VIII ZR 208/66, NJW 1969, 787, 788.

441 OLG Koblenz Beschluss vom 05.03.2012 - 5 U 1499/11, BeckRS 2012, 06811.

442 OLG Celle, Urteil vom 13.08.2009 - 8 U 9/09, NJW-RR 2010, 122.

443 Glinski/Rott EuZW 2003 649, 653; siehe zur fehlenden Konsumethik Trayser in Zur Verantwortung von Unternehmen und Konsumenten, 59ff.

444 Glinski/Rott EuZW 2003 649, 653 unter Veweis auf das EuGH Urteil vom 25.10.2001 - C-112/99, Toshiba Europe GmbH/Katun Germany GmbH, EuZW 2002, 280 (LS).

445 Glinski/Rott EuZW 2003 649, 653.

446 so auch Kocher in IJCLLIR 3/2002, 265, 268ff.; ablehnend Krause in 33. CCL&P 4/2012, 749, 769f.

2. Öffentliche Äußerung, insbesondere Werbung

Äußerungen zur Beschaffenheit einer Sache sind dann öffentlich, wenn sie an einen unbestimmten Personenkreis gerichtet werden. Die Hervorhebung „insbesondere in der Werbung“ zeigt, dass auch andere öffentliche Kommunikation, etwa Testberichte, Sachangaben oder Gutachten den Begriff der öffentlichen Äußerung nach § 434 Abs 1 S 3 BGB ausfüllen können. Entscheidend ist, dass sie in Zusammenhang mit Eigenschaften der Sache gemacht werden, dass heißt, einen Sachbezug haben, der sie überprüfbar und justiziabel macht.[447] Neben die Mangelfreiheit treten eine Reihe von Voraussetzungen: der Käufer muss die werblich zugesagte Eigenschaft erwarten können dürfen. Auch dann liegt jedoch kein Sachmangel vor, wenn der Verkäufer die Äußerung nicht kannte und auch nicht kennen musste, sie im Zeitpunkt des Vertragsschlusses in gleichwertiger Weise berichtigt war oder wenn sie die Kaufentscheidung nicht beeinflussen konnte. Diese Voraussetzungen werfen in gleicher Weise wie die Grundvoraussetzung einer öffentlichen Äußerung die Frage nach der öffentlichen Kommunikation der IFA auf. Die verschiedenen Wege, über die die IFA kommuniziert werden, sind bereits dargestellt worden.[448]

Die Veröffentlichungen der Texte auf unternehmensfremden Seiten sind weder Herstellern noch Verkäufern zurechenbar. Die verschiedenen Verweise auf den Abschluss eines IFA auf unternehmenseigenen Internetseiten sind jedoch grundsätzlich für eine Beschaffenheitsvereinbarung durch öffentliche Äußerung geeignet.[449] Die IFA und der Hinweis auf diese sind zudem mehr sachlich als werbend, sodass Eigenschaften beziehungsweise Zusagen, auf die vertraut werden kann und gegen die ein Verstoß markierbar ist, bestimmbar wären.[450] Die Unverbindlichkeit der Klauseln kann beim Verbraucher nicht verfangen. Anders als etwa im Fall von beschönigenden Werbeaussagen müssen potentielle Vertragspartner im Fall der IFA nicht den Euphemismus, sondern die Unverbindlichkeit der Klausel erkennen.[451] Was Werbeaussagen betrifft, gelten Verbraucher bereits als geschult und ‚abgehärtet‘, – ihnen wird auf Grund der täglichen Konfrontation mit Werbung zugetraut, zwischen Anpreisung und Zusicherung zu

---

447 alle vorstehenden Angaben des Absatzes: Westermann in MünchKomm § 434, Rn 28f.

448 siehe § 5.

449 OLG Koblenz Hinweisbeschluss vom 25.01.2011 - 2 U 590/10, NJOZ 2012, 343; Faust in Bamberger/Roth (2012) § 434 BGB, Rn 80.

450 zur inhaltlichen Vagheit von Werbeaussagen als Sanktionsproblem: Köndgen, 301.

451 zum euphemistischen Vokabular in Werbeaussagen: Köndgen, 302.

unterscheiden.[452] Für die Feinheiten der juristischen Vertragssprache kann das sicherlich nicht gelten. Im Gegenteil gilt hier zusätzlich, dass schriftliche Vereinbarungen gemeinhin als verbindliche Rechtsform wahrgenommen werden. Genau diese Erwartungen möchten die Unternehmen für ihr CSR-Engagement auch suggerieren. Der ausdrückliche Hinweis auf die Unverbindlichkeit gegenüber dem Kunden wäre der Imagemaßnahme abträglich. Zudem hat die Untersuchung der Rechtsnatur ergeben, dass die Unternehmen die IFA-Standards durchaus als für sich verbindlich betrachten. Nur justiziabel sollen sie nicht sein. Von Kundenseite müssen die Unternehmen die positive Durchsetzung ohnehin nicht fürchten.[453] In erster Linie richtet sich das Unverbindlichkeitsvokabular damit an den direkten Vertragspartner.

Obwohl die Rahmenverträge Aussagen zu Produktionsbedingungen treffen, werden die IFA jedoch allenfalls werbend in Bezug auf das Unternehmen, nicht auf seine Produkte eingesetzt. Hinweise auf den Unternehmenswebseiten finden sich nicht im Bereich der Produktvorstellung, sondern im Bereich der Unternehmensdarstellung, dort insbesondere der Corporate Social Responsibility. Die Verknüpfung zum Produkt fehlt, soweit ersichtlich, in allen Fällen, sodass keine öffentliche Äußerung zur Beschaffenheit des Kaufguts vorliegt. Wenn auch einzelne Kunden die Brücke des sozial vorbildlich handelnden Unternehmens zum sozial nachhaltig produzierten Gut schlagen mögen, kann dies dem Unternehmen nicht angelastet werden und ist auch nicht von § 434 Abs 1 S 3 BGB erfasst. Nach § 434 Abs 1 S 3 BGB ist nicht auf individuelle Erwartungen, sondern objektiviert auf die durchschnittliche Erwartungsbildung als Spiegel der unternehmerischen Intention abzustellen.[454]

Hiervon kann selbst in der Gruppe der Adressaten solcher imagegerierender Informationen nicht ausgegangen werden. Hinzu kommt, dass die Informationen zwar öffentlich sind, von Verbrauchern aber durch eigeninitiative, interessengeleitete Recherche gefunden und abgerufen werden müssen. Zusammen mit dem nur mittelbaren Produktbezug, kann nicht mehr davon ausgegangen werden, dass ein Verkäufer die Aussagen kennt oder hätte kennen müssen. Derart weit kann die Haftungsausweitung für öffentliche Äußerungen von Hersteller, Verkäufer oder Gehilfen im Rahmen eines verschuldensunabhängigen Anspruchs nicht gehen.

---

452 Köndgen, 303 und 341.

453 Köndgen zeigt auf, dass das Interesse des Verbrauchers bei beschönigenden, dann enttäuschten werblichen Zusagen regelmäßig auf dem Vertragsausstieg, nicht der positiven Durchsetzung liegt, 302.

454 Westermann in MünchKomm § 434, Rn 29; Bernreuther MDR 2003, 63, 66; OLG München Urteil vom 15.09.2004 - 18 U 2176/04, NJW-RR 2005, 494.

3. Fazit

Ein Sachmängelgewährleistungsanspruch aus außervertraglicher Beschaffenheitsvereinbarung durch öffentliche Äußerung trifft auf verschiedene Schwierigkeiten. Dabei haben die Ausführungen zum Beschaffenheitsbegriff durchaus Einfallstore für die Einordung von Produktionsaussagen als Beschaffenheit gezeigt. Mit Öffnung der Beschaffenheitsvereinbarung über die Vertragsbeziehung hinaus, durch Einbeziehung öffentlicher Äußerungen Dritter im Rahmen der Schuldrechtsreform, die insofern auch der verstärkt globalisierten, arbeitsteiligen Organisation von Herstellung und Verkauf Rechnung trägt, ist eine Grundlage zur Einbeziehung der IFA in Verbraucherverträge geschaffen worden. Die Einordung von Nachhaltigkeitsstandards als Beschaffenheit einer Sache hängt an der Frage, ob ein ausreichender Bezug zur Sache gegeben ist. Aus Rechtsprechung und Literatur lässt sich hierzu noch kein klares Bild zeichnen. Als wertbildender Faktor und vor dem Hintergrund der weiteren Fassung des dem § 434 BGB zugrundeliegenden Art 2 Abs 1 der Richtlinie 1999/44/EG ist die Subsumtion unter § 434 Abs 1 BGB denkbar. Auslegungsbedürfnis und -notwendigkeit öffnen den Begriff für eine Anerkennung der zunehmenden Bedeutung von Produktionsaussagen für Kundenentscheidungen.

Die EU sieht Ko- und Selbstregulierung als ausbaufähiges Regulierungsinstrument.[455] In dem Grünbuch zum Verbraucherschutz wird konkret überlegt, Selbstbindungen im Verbraucherrecht über rechtliche Sanktionen zu einem wirksameren Regulierungsinstrument zu entwickeln.[456] Die Überlegungen konzentrieren sich vor allem auf das Recht des unlauteren Wettbewerbs. Das Grünbuch stellt bestehende Schwierigkeiten heraus, Selbstbindungen unter das Lauterkeitsrechts zu subsumieren und regt die Lösung über eine Weitung des Lauterkeitsrechts an.[457] Die EU-Richtlinie 2005/29/EG über unlautere Geschäftspraktiken hat die im Grünbuch vorgeschlagene Generalklausel nicht durchgesetzt, – mit der Richtlinie ging jedoch eine Weitung des Begriffs der Wettbewerbshandlung einher.[458] Es ist darüber hinaus zu erwarten, dass Auslegung und Rechtssetzung der EU in Zukunft verstärkt darauf zielen werden, unternehmerische Selbstregulierung gesetzlich zu rahmen, sodass sie an Verbindlichkeit und Wirkung gewinnt.

---

455 Weißbuch der Kommission ‚Europäisches Regieren' KOM(2001) 428 endg, 27ff.

456 Grünbuch zum Verbraucherschutz, KOM (2002) 531 endg,16f.; Kocher GRUR 2005, 647.

457 Grünbuch zum Verbraucherschutz, KOM (2002) 531 endg,16f.

458 Kocher GRUR 2005, 647; Keller in Harte-Bavendamm/Henning-Bodewig (2009) § 2, Rn 10.

Letztlich fehlt es im Fall der IFA aber schon an einer öffentlichen Äußerung der Unternehmen, die den Kunden eine bestimmte Eigenschaft der Kaufsache erwarten lassen kann. Die IFA werden weder über Labels, noch über Kampagnen und auch nicht über die Unternehmenswebseiten werbend zur Steigerung des Absatzes der Unternehmensprodukte eingesetzt. Der Volltext eignet sich schon aufgrund von Länge und Verständlichkeit nicht für den Einsatz in der Werbung. Die Hinweise auf den Internetseiten dienen allein der Untermauerung des Unternehmensimages. Sie ermöglichen den Unternehmen, sich als sozialverantwortliche Akteure zu präsentieren. Sie sind nicht produktbezogen. Dies mag vor allem daran liegen, dass die IFA für Verbraucher ein weitgehend unbekanntes Instrument sind. Solange das Schlagwort ‚IFA' allein nicht assoziativ besetzt ist, ist eine produktbezogene Werbung auch schwer vorstellbar. Eine dahingehende Entwicklung ist auch in Zukunft unwahrscheinlich. Anders als bei Zertifizierungen, Sozial- und Umweltlogos oder auch dem Global Compact, verbürgt ein IFA keine einheitlichen Mindeststandards. Die IFA unterscheiden sich in Inhalten und Ausführung. So ist auch bei steigender Verbreitung und Bekanntheit des Instruments unwahrscheinlich, dass ein mögliches Label ‚IFA' die gleich assoziative Kraft wie andere Labels entfalten können wird.

II. Anspruch aus cic, § 311 Abs 2 BGB

Seit der Schuldrechtsmodernisierung ist die Vertrauenshaftung in § 311 Abs 2 BGB kodifiziert. Im Gegensatz zur Sachmängelgewährleistung ist der Pflichtenbereich bei der vorvertraglichen Haftung nicht auf die Einhaltung der Beschaffenheitsvereinbarung begrenzt. Dafür muss der geschäftliche oder geschäftsähnliche Kontakt mit dem Pflichtenverletzer zustande kommen. Herstellerzusagen und deren Nichteinhaltung haben keinen Einfluss auf die Vertragsbeziehung zwischen Käufer und Verkäufer, wenn sie diesem nicht im Wege der allgemeinen bürgerrechtlichen Vorschriften zuzurechnen sind. Da der Hersteller nicht Erfüllungsgehilfe des Verkäufers ist, wird das in der Regel nicht der Fall sein. Desweiteren haftet nur derjenige, den ein Verschulden trifft.

1. Geschäftlicher oder geschäftsähnlicher Kontakt

Unproblematisch ist die Annahme einer Kontaktsituation, die die Entstehung rechtserheblichen Vertrauens nach § 311 Abs 2 BGB möglich macht. § 311 Abs 2 BGB fasst diese über die drei Alternativen Vertragsverhandlung, Vertragsanbahnung und geschäftsähnliche Kontakte nicht nur weit. In der gedachten Konstellation, dem Fall der IFA, liegt zumindest auch eine unterzeichnete Vereinbarung vor.

2. Pflichtverletzung

In Verbindung mit § 241 Abs 2 BGB treffen den Vertragspartner bereits im vorvertraglichen Bereich nichtleistungsbezogene Schutzpflichten, wie etwa den Schutz der Rechtsgüter, des Vermögens und der Entscheidungsfreiheit der anderen Partei.[459] Aufklärungspflichten hinsichtlich der Vertragsmodalitäten und des Vertragsgegenstands bilden eine der Kernpflichten des vorvertraglichen Pflichtenprogramms.[460] Art und Umfang der Pflichten bedürfen der Auslegung im Einzelfall.[461] Mit Blick auf die Frage der rechtlichen Relevanz der IFA wird hier bedeutend, dass Verkäufer und IFA-Unternehmen regelmäßig nicht identisch sind. So produzieren etwa Faber Castell, SchwanSTABILO und Staedtler zwar für den Verbrauchermarkt, der Vertrieb ist jedoch ausgelagert. Es ist weder davon auszugehen, dass Verkäufer sich konkret zu IFA im Beratungsgespräch äußern – der positiv Handelnde ist dann für die Redlichkeit der Äußerungen haftbar–[462] noch, dass den Verkäufer eine unselbständige Beratungspflicht oder eine Aufklärungspflicht in diesem Zusammenhang trifft: eine unselbständige Beratungspflicht wird ohnehin zurückhaltend und dann nur bei besonders komplexen Verträgen und Kaufgütern oder solchen Gütern, die mit einer größeren Investition verbunden sind, angenommen.[463] Eben dort, wo der Kunde die Beratung üblicherweise auch erwarten wird. Auch eine generelle Aufklärungspflicht besteht nach deutschem Recht nicht, sodass sich zunächst jeder Marktteilnehmer selbst zu den interessierenden Gütern oder Verträgen informieren muss.[464] Eine Pflicht des Verkäufers entsteht nur dort, wo der Verkäufer Sonderwissen hat, von dem er weiß, dass es für den Käufer entscheidungsrelevant ist.[465] Wie oben festgestellt wurde, kann nicht davon ausgegangen werden, dass der Verkäufer um ein IFA und dessen Umstände weiß. Zudem sind solche Informationen, wenn überhaupt, Verkäufern und Käufern gleichermaßen zugänglich. Ein Informationsgefälle besteht hier nicht.

Tatsächlich finden sich unter den deutschen IFA jedoch auch Unternehmen, die nicht nur Verbraucherendprodukte herstellen, sondern diese auch verkaufen.

---

459 Weiler § 5, Rn 10ff.

460 Emmerich in MünchKomm § 311, Rn 68.

461 Emmerich in MünchKomm § 311, Rn 68ff.

462 Emmerich in MünchKomm § 311, Rn 70.

463 Emmerich in MünchKomm § 311, Rn 103ff.

464 Emmerich in MünchKomm § 311, Rn 72.

465 BGH Urteil vom 06.02.2002 - VIII ZR 185/00, NZG 2002, 644, 645 mwN unter III 2b; BGH Urteil vom 04.04.2001 - VIII ZR 32/00, NJW 2001, 2163, 2164; Emmerich in MünchKomm § 311, Rn 72.

So etwa die Automobilhersteller Daimler und Volkswagen, die den Vertrieb teilweise selbst organisieren. Die Annahme einer Pflicht zur Aufklärung über mögliche Verstöße gegen das unternehmenseigene IFA ist jedoch auch hier zweifelhaft. Dass die Informationen zu Abschluss und Durchsetzungserfolg der IFA den Verkäufern in der Regel nicht vorliegen dürften, ist allein noch kein Hindernis, – insofern sind die Regeln über die Wissenszurechnung in großen Organisationen zu berücksichtigen.[466] Im Fall von Daimler und Volkswagen, die beide regelmäßige Reports und Audits zu ihren IFA vorsehen, kann davon ausgegangen werden, dass Informationen zur Durchsetzung und Einhaltung des IFA im Unternehmen präsent sind. Hier nun besteht auch ein Informationsgefälle: Informationen zu Compliancefällen dürften regelmäßig nicht öffentlich zugänglich sein.

Tatsächlich fehlt es aber an einem ausreichenden Sachzusammenhang. Der Verkäufer muss über die für den anderen Teil und dessen Vertragsentschluss wesentlichen Punkte aufklären.[467] Das IFA und die Einhaltung der dort gemachten Zusagen sind nicht wesentlich, wenn der Kunde nicht im Einzelverkaufsgespräch auf die Bedeutung des sozial-ökologischen Profils des Unternehmens für seine Kaufentscheidung hinweist. Hiervon ist mangels Verkehrsbekanntheit der IFA nicht auszugehen. Daneben sind Fragen allgemein als wesentlich anerkannt, die die Durchführbarkeit des Vertrags oder besondere Vertragsrisiken betreffen.[468] Die IFA als Produktionsaussagen können in bestimmten Kundenkreisen zwar ein wertbildender Faktor sein, damit sind sie jedoch nicht ohne Weiteres und allgemein so wesentlich, dass sie in dieser Reihe gleichbedeutend stehen können. Anders ist es, wenn das Unternehmen den Kreis bewusst konsumierender Kunden vorher gezielt angesprochen hat. So kann sich eine Aufklärungspflicht aus Ingerenz ergeben: Hat ein Unternehmen gerade die Werthaltigkeit seiner Produkte unter Verweis auf ein IFA angepriesen, müsste es bei Verfehlungen, deren Relevanz für den Kunden annehmen und wäre zur Aufklärung über die Nichteinhaltung verpflichtet.[469] Wie gezeigt, nutzen die Unternehmen die IFA jedoch bislang nicht als produktbezogenes Werbemittel.

---

466 Emmerich in MünchKomm § 311, Rn 76.

467 Emmerich in MünchKomm § 311, Rn 75.

468 Emmerich in MünchKomm § 311, Rn 75.

469 so entsteht eine Aufklärungspflicht aus Ingerenz für Anlagevermittler bei fehlerhaften Prospektangaben, BGH Urteil vom 12.6.1997 - III ZR 278/95, NJW 1998, 448; ebenso für den Makler BGH Urteil vom 28.9.2000 - III ZR 43/99, NJW 2000, 3642.

3. Fazit

Ein Anspruch aus Verletzung einer nichtleistungsbezogenen Schutzpflicht nach §§ 311 Abs 2, 241 Abs 2 BGB bei nicht offengelegtem Verstoß gegen ein IFA scheitert. Selbst im Fall von Unternehmensstrukturen, bei denen der Verkauf nicht ausgegliedert ist, lassen Praxis und Kommunikation der IFA nicht zu, eine nichtselbständige Beratungs- oder eine besondere Aufklärungspflicht anzunehmen. Zunächst können die IFA nicht als so wesentlich für die Konsumentenentscheidung eingeordnet werden, dass hierzu allgemein eine Erklärung im Rahmen des Verkaufsgesprächs erfolgen müsste. Eine solche Pflicht ergibt sich auch nicht im Einzelnen aus Vorverhalten der Unternehmen: über Art und Umfang der Kommunikation der IFA wird kein engerer Bezug zum Unternehmensprodukt hergestellt, sodass ein dann fehlender Hinweis im Verkaufsgespräch nicht als pflichtwidriges Aufklärungsunterlassen qualifiziert werden kann.

III. Anfechtung

1. Arglistige Täuschung, § 123 BGB

Ein bloßer Motivirrtum wäre zumindest nach §§ 119, 123 BGB anfechtbar, wenn der Kunde dem Verkäufer eine arglistige Täuschung nachweisen könnte. Eine Anfechtung wegen arglistiger Täuschung setzt die vorsätzliche Erregung oder Aufrechterhaltung eines Irrtums mit dem Ziel voraus, den Vertragspartner irrtumsbedingt zur Abgabe einer Willenserklärung zu bestimmen.[470] Auch hier ist nach unternehmensfremden und unternehmenseigenen Verkäufern zu entscheiden. Da eine Täuschung durch Tuen vor dem Hintergrund ausscheidet, dass IFA nach derzeitigem Bekannt- und Verbreitungsgrad nicht Gegenstand eines Verkaufsgesprächs sein dürften, käme hier erneut nur eine Täuschung durch Unterlassen in Frage. Entsprechend den Ausführungen zu §§ 311 Abs, 241 Abs 2 BGB fehlt es hier jedoch an einer Aufklärungspflicht. Dies gilt für den unternehmensfremden wie den unternehmenszugehörigen Verkäufer. Auch hier besteht keine allgemeine Offenbarungspflicht.[471] Im Einzelfall kann sich eine Pflicht nach den Grundsätzen von Treu und Glauben ergeben.[472] Gleich den Fallgruppen im Rahmen der culpa in contrahendo, muss es sich jedoch um Informationen im Rang

470 Singer/Finckenstein in Staudinger § 123, Rn 5.

471 OLG Karlsruhe Urteil vom 06.12.2005 - 17 U 169/05, BeckRS 2005, 14538; Armbrüster in MünchKomm § 123, Rn 31.

472 Armbrüster in MünchKomm § 123, Rn 32.

solcher Tatsachen handeln, die geeignet sind, den Vertragszweck oder die Vertragsdurchführung zu gefährden oder sonst als wesentlich einzustufen sind.[473]

Mit Blick auf den fehlenden produktbezogenen Werbeeinsatz der IFA liegt unabhängig von der schwierigen Beweissituation für den Kunden, der in dieser Hinsicht beweisbelastet ist, auch die Überlegung fern, dass bereits in dem Abschluss des IFA eine Täuschung gegenüber dem Endverbraucher liegen könnte. Dazu müsste den Unternehmen mit IFA anfängliche Absicht unterstellt werden, dort gemachte Zusagen nicht einhalten zu wollen.

2. Irrtumsanfechtung, § 119 BGB

Der ausnahmsweise beachtliche Motivirrtum hängt hingegen nicht von dem Geschäftsverhalten der Gegenseite ab. Entscheidend ist hier allein die Fehlvorstellung des Käufers, unabhängig davon, worauf diese zurückzuführen ist. Der Tatbestand ist gegenüber dem Gewährleistungsrecht und seinen Voraussetzungen in den §§ 434 ff BGB noch weiter. So werden in § 119 BGB nicht nur sachbezogene, sondern auch personenbezogene Irrtümer aufgegriffen, also Irrtümer die gegnerische Geschäftspartei betreffend.[474] Da sich der Anfechtungsgrund ohne Zutuen des Vertragspartners bestimmt, hält § 119 BGB zum Schutz des vertrauenden Vertragspartners aber wiederum eine erhöhte Schranke hinsichtlich der Beachtlichkeit des Motivirrtums bereit.[475] Danach berechtigt ein Motivirrtum nur dann zur Anfechtung, wenn der Erklärende sich hinsichtlich einer Eigenschaft der Person oder Sache irrt, die als verkehrswesentlich einzuordnen ist.

Der Eigenschaftsbegriff erfasst alle natürlichen Merkmale sowie rechtliche oder tatsächliche Beziehungen zur Umwelt, soweit sie nach ihrer Beschaffenheit und Dauer nach der Verkehrsanschauung für die Wertschätzung oder Verwendbarkeit von Bedeutung sind.[476] Anders als bei dem Beschaffenheitsbegriff nach § 434 BGB ist hier bestimmt, dass zu Eigenschaften nur solche Merkmale zählen, die der Sache oder der Person unmittelbar und auf Dauer anhaften.[477] Anders

473 Armbrüster in MünchKomm § 123, Rn 32ff., 38.

474 Ellenberger in Palandt § 119, Rn 26.

475 Singer/Finckenstein in Staudinger § 119, Rn 1.

476 BGH Urteil vom 22.09.1983 - VII ZR 43/83, NJW 1984, 230, 231; BGH Urteil vom 14.12.1960 - V ZR 40/60, NJW 1961, 772, 775; BGH Urteil vom 18.12.1954 - II ZR 296/53, NJW 1955, 340; Dörner in Schulze u.a. § 119, Rn 16.

477 BGH Urteil vom 03.07.1992 - V ZR 97/91, NJW 1992, 2565, 2566, BGH Urteil vom 18.11.1977 - V ZR 172/76, NJW 1978, 370, BGH Urteil vom 18.12.1954 - II ZR 296/53, NJW 1955, 340; Ellenberger in Palandt § 434, Rn 9; Wendtland in Bamberger/Roth (2012) § 119, Rn 41ff.

als der Beschaffenheitsbegriff nach § 434 BGB muss der Eigenschaftsbegriff auch nicht im Sinne der EG-Verbraucherrechterichtlinie 1999/44/EG ausgelegt werden, solange deren Zweck nicht vereitelt wird. Dies ist aufgrund der kollisionsrechtlichen Subsidiarität des Anfechtungsrechts gegenüber dem Gewährleistungsregeln nicht der Fall.

Das Unmittelbarkeitskriterium erfüllen die IFA-Zusagen beziehungsweise ein möglicher Verstoß jedoch nicht. Während bestimmte ökologische Produktionsbedingungen sich auch in dem Produktionsgut selbst niederschlagen können (etwa die Behandlung mit Keim- und Schädlingsbekämpfenden Chemikalien bei Lebensmitteln), gilt dies nicht für die arbeitsrechtlichen und sozialen Standards der Produktion. Auch ist die Einhaltung beziehungsweise Nichteinhaltung der IFA nicht unmittelbare Eigenschaft der gegnerischen Partei, hier der Unternehmen als juristische Personen. Als solche Eigenschaften gelten gemeinhin das Alter, das Geschlecht oder der Gesundheitszustand der Person[478] oder auch die berufsrechtliche Qualifikation und die Zahlungs- und Kreditwürdigkeit[479]. Ein Fehlverhalten, wie etwa der Verstoß gegen das selbstgegebene IFA, ist kein in der Person liegendes unabänderliches und damit dauerhaftes Merkmal.[480] Zu den Merkmalen der zweitgenannten Gruppe besteht auch keine Vergleichbarkeit. Gleichrangig könnte ein Verstoß auch nur behandelt werden, wenn er nach Qualität oder durch fortgesetzte Verfehlung Rückschluss auf ein dauerhaftes persönliches Defizit zulässt.[481]

Jedoch auch dann wird das tatbestandsverengende Kriterium der Verkehrswesentlichkeit nicht getroffen werden. Eine „verkehrswesentliche Eigenschaft" liegt nach Rechtsprechung des BGH vor, wenn die Eigenschaft von dem Erklärenden ausdrücklich oder konkludent, jedoch für den Erklärungsempfänger erkennbar, dem Vertrag zugrunde gelegt worden ist.[482] Auch die Literatur erkennt eine Eigenschaft als verkehrswesentlich immer dann an, wenn die Parteien im Sinne der Parteienautonomie sich hierüber einig geworden sind.[483] Sind sie das nicht, soll die Verkehrswesentlichkeit konkret-objektiv bestimmt werden.[484] Unter

478 Wendtland in Bamberger/Roth (2012) § 119, Rn 42.

479 Armbrüster in MünchKomm § 119, Rn 127f.

480 zur Notwendigkeit des dauerhaften Anhaftens der Eigenschaft: Wendtland in Bamberger/Roth (2012) § 119, Rn 41.

481 Siehe Fn 505.

482 BGH Urteil vom 22.09.1983 - VII ZR 43/83, NJW 1984, 230, 231; BGH Urteil vom 18.12.1954 - II ZR 296/53, NJW 1955, 340, Dörner in Schulze u.a. § 119, Rn 17.

483 Armbrüster in MünchKomm § 119, Rn 105 mwN.

484 Armbrüster in MünchKomm § 119, Rn 105.

konkret-objektiven Gesichtspunkten sind solche Eigenschaften als verkehrswesentlich einzuordnen, auf die im Rechtsverkehr bei Geschäften der jeweiligen Art unter den konkreten Umständen typischerweise entscheidender Wert gelegt wird, – die Bestimmung erfolgt für jedes Rechtsgeschäft selbständig.[485]

Stets denkbar ist danach, dass die Verkehrswesentlichkeit eines IFA und seiner Einhaltung zwischen Kunden und Verkäufer verabredet wird.[486] Daneben können die IFA im Rahmen der Anfechtung nur dann rechtliches Gewicht entfalten, wenn die IFA und deren Einhaltung ein gängiges und entscheidendes Kriterium im Rahmen von Konsumentenentscheidungen zu Person oder Sache wären.[487] Das muss entsprechend den Ausführungen zur Wesentlichkeit mit Blick auf die Kaufsache derzeit wohl verneint werden. Auch in Ansehung der Person, hier des Unternehmens, gilt, dass Fehlverhalten in Zusammenhang mit IFA nicht als verkehrswesentlich für Verträge zum Güteraustausch gelten kann. Wenn sich hieraus nach Schwere und Dauer überhaupt eine in der Persönlichkeit begründetet Vertrauensunwürdigkeit ableiten lässt, kann diese nur in Vertragsverhältnissen als verkehrswesentlich betrachtet werden, bei denen die Person des Leistenden von Bedeutung ist und die von gewisser Dauer sind.[488]

3. Fazit

Die Anfechtung wegen arglistiger Täuschung bietet dem Konsumenten, der sich irrtümlich zum Kauf bereit erklärt hat, auch dann ein Gestaltungsrecht, wenn der Irrtum nicht mit der Kaufsache zusammenhängt. Die Einbindung der IFA in den Erklärungsgehalt von, je nach Sichtweise, Verkäufer oder Käufer, gelingt aufgrund der derzeitigen IFA-Praxis und -Kommunikation jedoch nicht.

Die Irrtumsanfechtung aus § 119 BGB bietet die Möglichkeit zur Vertragslösung im Wege der Anfechtung, ohne dass es auf einen Fehler aus der Sphäre Verkäufer oder Hersteller ankäme. Zugleich müsste ein Irrtum des Käufers sich auch nicht zwingend auf das Produkt beziehen, sondern könnte auch die Person des Vertragspartners betreffen. Auch hier vermögen die IFA jedoch den Tatbestand nicht zu erfüllen und dem Käufer ein Gestaltungsrecht aus falscher Angabe über

485 Armbrüster in MünchKomm § 119, Rn 105.

486 Dörner in Schulze u.a. § 119, Rn 17; eine vertragliche Absprache würde iSd Privatautonomie regelmäßig, so auch nach Gewährleistungsrecht, zu Rechtswirkungen führen und bleibt deshalb in der Betrachtung außen vor.

487 Dörner in Schulze u.a. § 119, Rn 17.

488 Armbrüster in MünchKomm § 119, Rn 127; Wendtland in Bamberger/Roth § 119, Rn 42.

die Einhaltung der IFA-Zusagen zu geben. Möglich erscheint, dass der Begriff der Verkehrswesentlichkeit das noch neue Rechtsinstrument der IFA mit zunehmender Verbreitung und Bedeutung als wesentliches Merkmal einer Kaufsache erfasst. Das Unmittelbarkeitskriterium des engen Eigenschaftsbegriffs kann durch die IFA hinsichtlich der Kaufsache dagegen nicht erfüllt werden.

Mit Blick auf den Eigenschaftsirrtum bezogen auf den Vertragspartner erscheint es umgekehrt. Hier kann die fortgesetzte Vertragsbrüchigkeit hinsichtlich der IFA-Zusagen zu einem Irrtum über ein Persönlichkeitsmerkmal des Vertragspartners führen. Dies wird im Rahmen von Güteraustauschverträgen jedoch regelmäßig nicht verkehrswesentlich sein.

IV. Ansprüche aus Delikt

1. Anspruch aus § 823 Abs 1 BGB

Für den Konsumenten eines Produktes, das ein Unternehmen mit IFA unter Missachtung der dort gegebenen Zusagen produziert, ist schon die Verletzung eines absoluten Rechts – und nur solche schützt § 823 Abs 1 BGB –[489] nicht gegeben. § 823 Abs 1 BGB schützt weder das Vertrauen, noch das Vermögen des Einzelnen, sodass etwa auch Sachmängel nicht unter § 823 Abs 1 BGB fallen; der Sachmangel berührt das Äquivalenz- nicht das Integritätsinteresse des Käufers.[490] Das Eigentum, wenn auch an einer mangelbehafteten Sache, wird dem Käufer unbedingt eingeräumt. Nur im Ausnahmefall der weiterfressenden Schäden wird eine nach § 823 Abs 1 BGB relevante Eigentumsbeeinträchtigung bejaht.[491] Ähnlich liegt der Fall der IFA, wobei hier bereits fragwürdig ist, ob die Nichteinhaltung zugesagter Produktionsbedingungen und humanitärer und sozialer Standards als Vermögenschaden messbar ist. Jedenfalls liegt ein Mangel, wenn überhaupt, nicht in der Substanz und kann somit auch nicht auf das geschützte Eigentum übergreifen.

Möglich ist aber, dass die Verletzung einer IFA-Zusage den Tatbestand des § 823 Abs 1 BGB tatsächlich erfüllt. Etwa durch die unterlassene Einrichtung eines sicheren, die Gesundheit nicht gefährdenden Arbeitsplatzes. Auch die Vereinigungs- und Koalitionsfreiheit, sowohl des Einzelnen als auch der Koalitionen,

---

489 Teichmann in Jauernig § 823, Rn 1; Spindler in Bamberger/Roth (2012) § 823, Rn 72; Wagner in MünchKomm § 823, Rn 184.

490 allein der Sachmangelfolgeschaden kann als Schädigung des Eigentums über § 823 Abs 1 BGB zum Schadensausgleich führen: Teichmann in Jauernig § 823, Rn 6; Staudinger in Schulze ua § 823, Rn 17.

491 Wagner in MünchKomm § 823, Rn 126ff.

sind als sonstige Rechte vom Deliktstatbestand erfasst.[492] Anspruchsberechtigt wäre dann jedoch der Geschädigte, regelmäßig also der Arbeitnehmer selbst oder auch Gewerkschafter. Auch ergäbe sich der Anspruch nicht aus Verletzung der IFA-Klauseln, sondern unabhängig davon allein aus dem § 823 Abs 1 BGB. Durch einen IFA-Verstoß allein ist ein Anspruch nach § 823 Abs 1 BGB tatbestandlich nicht zu begründen.

2. Anspruch aus § 823 Abs 2 BGB

Anders als Absatz 1 schützt Absatz 2 des § 823 BGB nicht bestimmte Rechtsgüter beziehungsweise absolute Rechte, sondern sanktioniert bestimmte Verhaltensweisen.[493] Damit kann der Anspruch nach § 823 Abs 2 BGB Schäden an einem weiteren Kreis von Rechtsgütern kompensieren als die Aufzählung in Absatz 1 es zulässt.[494] Voraussetzung ist, dass der Gesetzgeber die Rechtsgüter an anderer Stelle unter den Schutz des Gesetzes gestellt hat, – es bedarf einer individualschützenden Norm.[495]

Der Normbegriff richtet sich nach Art 2 EGBGB und erfasst danach nicht nur formelle Gesetze; unter den Begriff fallen auch Verordnungen, Ortssatzungen sowie Gewohnheitsrecht.[496] Nicht erfasst sind die Verhaltensregeln der Berufsgenossenschaften oder auch Normen aus privater Rechtssetzung, so etwa die Normen des Deutschen Instituts für Normung (DIN) sowie des Verbands der Elektrotechnik und Elektronik (VDE).[497] Deren Einordnung als Rechtsnorm im Sinne des Art 2 EGBGB beziehungsweise § 823 Abs 2 BGB ist jedoch nicht ausgeschlossen, – Voraussetzung ist eine staatliche Autonomieermächtigung.[498] Eine solche liegt etwa im Tarifvertragsrecht vor. Nach §§ 4 Abs 1, 1 Abs 1 TVG kommt den durch die Tarifparteien geschlossenen Tarifverträgen für die Klauseln, die den Inhalt, den Abschluss und die Beendigung von Arbeitsverhältnissen sowie betriebliche und betriebsverfassungsrechtliche Fragen regeln, nicht nur Normativkraft zu.[499] Sie sind nach § 1 Abs 1 TVG Rechtsnormen gleichgestellt

492 Spindler in Bamberger/Roth (2012) § 823, Rn 95.

493 Teichmann in Jauernig § 823, Rn 1.

494 Staudinger in Schulze ua, § 823, Rn 141.

495 Staudinger in Schulze ua, § 823, Rn 141.

496 Wagner in MünchKomm § 823, Rn 332.

497 Teichmann in Jauernig § 823, Rn 43; Spindler in Bamberger/Roth (2012) § 823, Rn 150 bzw 152; Staudinger in Schulze ua, § 823, Rn 141.

498 Staudinger in Schulze ua, § 823, Rn 144.

499 Rieble/Klumpp in in MünchHB ArbR Bd 2 § 163, Rn 4.

und fallen unter den Normbegriff des § 823 Abs 2 BGB.[500] Sie erfüllen das Tatbestandserfordernis eines Schutzgesetzes.[501]

Die Nähe zwischen Tarifvertrag und IFA ist bereits aufgegriffen worden.[502] Zweck und Inhalte beider Vertragstypen gleichen sich, und auch die Verhandlungspartner sind, wenn auch auf Arbeitnehmerseite erweitert, gleich vertreten. Die IFA stützen sich jedoch nicht auf das TVG. Ihre Grundlage liegt im allgemeinen Vertragsrecht, ihr Geltungsgrund in der Privatautonomie. Den Regelungsinhalten der IFA kommt weder nach Willen der Parteien, noch nach Gesetz Normativkraft zu. Damit fehlt es an einem abstrakt-generellen Geltungsanspruch beziehungsweise solcher Wirkung, die für Rechtsnormen eigen und prägend ist.[503] Die Parallelen zum Tarifvertrag sind nicht ausreichend, um die IFA als individualschützende Normen nach § 823 Abs 2 BGB einzuordnen. Zugleich gehören die Konsumenten, obwohl die Unternehmen mit dem Abschluss eines IFA mittelbar auf einen Imagegewinn am Markt zielen, auch nicht zu dem Personenkreis, den die IFA schützen wollen.

Ein Schutzgesetz, das den Konsumenten vor dem Vertragsschluss mit einem Unternehmen schützt, das die Zusagen seines IFA nicht einhält, könnte in den Vorschriften gegen den unlauteren Wettbewerb gesehen werden. Hier speziell die §§ 3 und 4 UWG, die auch den Verbraucher vor unlauteren geschäftlichen Handlungen schützen. Nach herrschender Meinung geht das Lauterkeitsrecht des UWG als spezialgesetzliche Regelung dem Deliktsrecht jedoch vor.[504] Hierdurch soll verhindert werden, dass die nach § 11 UWG kürzere Verjährung unterlaufen wird.[505] Im Übrigen sehen Rechtsprechung und Literatur in §§ 3 und 4 UWG, anders als in den strafbewehrten, hier jedoch nicht in Frage kommenden §§ 16 ff UWG, keine Schutzgesetze.[506]

---

500 Rieble/Klumpp in in MünchHB ArbR Bd 2 § 163, Rn 6.

501 Rieble/Klumpp in in MünchHB ArbR Bd 2 § 163, Rn 6.

502 siehe unter § 4 I.2.c.bb.

503 Merten in Staudinger/EGBGB Art 2, Rn 7ff.

504 BGH Urteil vom 14.05.1974 - VI ZR 48/73, GRUR 1975, 150; RG Urteil vom 17.2.1940 ‚Naturessig', GRUR 1940, 375, 378; Fritzsche im MünchKomm Lauterkeitsrecht § 11 UWG, Rn 70; offengelassen bei Schulz in Harte-Bavendamm/Henning-Bodewig (2009) § 11, Rn 44.

505 Schulz in Harte-Bavendamm/Henning-Bodewig (2009) § 11, Rn 44; nach Fritzsche ist das UWG vorrangig, zum Schutz der Verjährungsvorgaben könne aber auch § 11 UWG analog auf einen Anspruch aus § 823 Abs 2 BGB iVm einem Schutzgesetz aus dem UWG angewandt werden, MünchKomm Lauterkeitsrecht § 11 UWG, Rn 70.

506 BGH Urteil vom 14.05.1974 - VI ZR 48/73, GRUR 1975, 150; BGH Urteil vom 14.05.1974 - VI ZR 48/73, NJW 1974, 1503, 1505; OLG München Urteil vom

Daneben könnte ein einschlägiges Schutzgesetz allenfalls in § 263 StGB gesehen werden. Dieser wird in den sachnahen Fällen herangezogen, in denen Verträge nach § 433 BGB auf Grund von Täuschung über die Kaufsache zum Abschluss gelangen.[507] Da insofern jedoch bereits die arglistige Täuschung verneint wurde, ist auch die Annahme eines den Betrugstatbestand erfüllenden Verhaltens der Unternehmen in Zusammenhang mit ihrer IFA-Praxis abwegig.

Möglich ist erneut, dass ein Verstoß gegen ein IFA zugleich einen Verstoß gegen ein Schutzgesetz, etwa gegen einen parallel existierenden Tarifvertrag oder das Arbeitsschutzgesetz, darstellt und ein hieraus entstehender Schaden für den Geschädigten nach § 823 Abs 2 BGB ausgleichsfähig ist. Das IFA hat für die Zusprechung des Ausgleichsanspruchs jedoch keine ausschlaggebende Bedeutung.

3. Fazit

Sinn und Zweck des Deliktsrechts ist der Schadensausgleich im sozialen Gelegenheitskontakt. Konsequenterweise bieten sich im Deliktsrecht kaum ‚Aufhänger', um schuldrechtlichen Verträgen rechtliche Wirkungen zu entlocken. So fallen unter die Rechtsgüter-Aufzählung nach § 823 Abs 1 BGB weder Vertrauen noch Vermögen, die klassischen Schutzziele des allgemeinen Schuldrechts. Der Haftungstatbestand nach § 823 Abs 2 BGB gleicht Schäden aus schutzgesetzwidrigen Verhaltensweisen unabhängig von den betroffenen Rechtsgütern aus. Ein Anspruch, der entscheidend auf das IFA zurückzuführen ist, scheitert aber an der fehlenden Schutzgesetzqualität des IFA. Schutzgesetze, die dem Schutz von Vertrauen und Vermögen im Geschäftsverkehr dienen, setzen regelmäßig ein Verhalten an und über der Grenze zur Strafbarkeit voraus. Auch hierin spiegelt sich wider, dass das Deliktsrecht kein zweiter Weg zum Ausgleich von Parteiinteressen im Geschäftsverkehr ist.

01.10.2002 - 30 U 855/01, NJW 2003, 144, 147; OLG Düsseldorf Beschluss vom 14.01.1997 - 22 W 77/96, NJW 1997, 2122, 2123 (Rechtsprechung noch zu §§ 1, 3 UWG aF); Köhler in Köhler/Bornkamm Einl, Rn 7.5; wohl auch Schulz in Harte-Bavendamm/Henning-Bodewig (2009) § 11, Rn 44; aA BGH Urteil vom 15.01.1975 - VIII ZR 80/73, GRUR 1975, 612; Schricker GRUR 1975, 111, 112; Fritzsche in MünchKomm Lauterkeitsrecht § 11 UWG, Rn 70.

507 siehe etwa OLG Koblenz Urteil vom 24.4.2003 - 5 U 1566/00, NJW-RR 2003, 1424.

§ 7 Ansprüche von Mitbewerbern

I. Lauterkeitsrecht – Verbot unlauterer geschäftlicher Handlungen, § 3 UWG

Mitbewerber eines nach § 3 UWG unlauter handelnden Unternehmens können nach den §§ 8 ff UWG Anspruch auf Unterlassen der unlauteren geschäftlichen Handlung (§ 8 UWG), auf Ersatz des Schadens, der aus der unlauteren Handlung entstanden ist (§ 9 UWG) oder auf Abschöpfung des Gewinns haben, den der unlauter handelnde Unternehmer aus seinem Vorgehen ziehen konnte (§ 10 UWG). Voraussetzung ist das Vorliegen einer unlauteren geschäftlichen Handlung nach den §§ 3 oder 7 UWG.

Grundtatbestand und Kernnorm des UWG ist der § 3 Abs 1 UWG, wonach unlautere geschäftliche Handlungen verboten sind, die geeignet sind, die Interessen von Mitbewerbern, Verbrauchern oder sonstigen Marktteilnehmern spürbar zu beeinträchtigen. Welche Handlungen unlauter sind, wird in den §§ 4 ff UWG, insbesondere § 4 UWG konkretisiert. Die Beispiele unlauterer Handlungen in § 4 UWG sind jedoch nicht abschließend. Zugleich stehen neben dem ersten Absatz des § 3 UWG ergänzend ein weiterer Auffangtatbestand in Absatz 2 und eine Liste von Handlungen, die ohne Wertungsvorbehalt unlauter sind. Beide Absätze greifen speziell Handlungen gegenüber Verbrauchern auf.

1. Geschäftliche Handlung

Noch vor der zentralen Frage der Unlauterkeit geschäftlichen Gebarens, muss festgestellt werden, ob eine Handlung als geschäftlich einzuordnen ist. Nur dann ist sie an § 3 UWG zu messen. Abweichend zum früheren Begriff der Wettbewerbshandlung[508] ist die geschäftliche Handlung in § 2 Abs 1 Nr 2 UWG nunmehr als Verhalten einer Person zugunsten des eigenen oder eines fremden Unternehmens vor, bei oder nach einem Geschäftsabschluss definiert, das mit der Förderung des Absatzes oder des Bezugs von Waren oder Dienstleistungen oder mit dem Abschluss oder der Durchführung eines Vertrags über Waren oder Dienstleistungen objektiv zusammenhängt.

---

508 siehe hierzu noch Veil in MünchKomm Lauterkeitsrecht § 2, Rn 33.

Der erstmals im Zuge der UWG-Reform 2004[509] legaldefinierte Begriff der Wettbewerbshandlung ist durch die UWG-Reform 2008[510] auf Grundlage der EU-Richtlinie 2005/29/EG über unlautere Geschäftspraktiken[511] zur ‚geschäftlichen Handlung' umbenannt und deutlich geweitet worden.[512] Grundsätzlich soll das Merkmal des ‚Verhaltens im geschäftlichen Verkehr' wettbewerbsrelevantes Handeln von privatem oder betriebsinternem Tätigwerden abgrenzen.[513] Dabei wird aufgrund der allgemeinen Lebenserfahrung vermutet, dass unternehmerisches Handeln im Geschäftsbetrieb stets in Wettbewerbsabsicht und damit als Verhalten im geschäftlichen Verkehr einzuordnen ist,[514] – wobei nach neuem Recht anstatt der Wettbewerbsabsicht auch die Tatsache genügt, dass die Handlung mit der Absatzförderung objektiv zusammenhängt.[515]

Im Fall der IFA erscheint jedoch fraglich, ob ihr Abschluss als zum Geschäftsbetrieb und nicht als lediglich betriebsinterne Handlung einzuordnen ist. Dann fände die Vermutung keine Anwendung. Dies wäre der Fall, wenn sie zwar der eigenen oder einer fremden erwerbswirtschaftlichen oder sonstigen beruflichen Tätigkeit dienen und im geschäftlichen Verkehr erfolgen, jedoch nicht marktbezogen sind.[516] Nicht marktbezogenes Verhalten wirkt nicht nach außen und ist auch nicht zu solcher Wirkung bestimmt.[517] Tatsächlich regeln die IFA das gegenseitige Verhältnis von Unternehmen und Gewerkschaften und verpflichten das Unternehmen hinsichtlich Arbeits- und Produktionsbedingungen. Verallgemeinernd regeln die Unternehmen ihr Verhältnis zu ihren Stakeholdern.[518] Das IFA wirkt primär nur betriebs- beziehungsweise konzernintern. Die Wechselbeziehungen zu den Gewerkschaften und den Zulieferern, die ebenfalls geregelt

509 Gesetz gegen den unlauteren Wettbewerb (UWG) vom 3. Juli 2004 (BGBl. I/2004, 1414).

510 Erstes Gesetz zur Änderung des Gesetzes gegen den unlauteren Wettbewerb vom 22.12.2008 (BGBl I/2008, 2949) m.W.v. 30.12.2008.

511 Richtlinie über unlautere Geschäftspraktiken 2005/29/EG vom 11. Mai 2005 (ABlEU Nr L 149, 22).

512 Sosnitza in Piper/Ohly/Sosnitza § 2, Rn 4ff.

513 Sosnitza in Piper/Ohly/Sosnitza § 2, Rn 7ff., insbesondere 13.

514 BGH Urteil vom 12.10.1956 - I ZR 34/56, GRUR 1957, 93, 94; BGH Urteil vom 26.10.1951 - I ZR 8/51, NJW 1952, 660, 660f.; Sosnitza in Piper/Ohly/Sosnitza § 2, Rn 20.

515 Keller in Harte-Bavendamm/Henning-Bodewig (2009) § 2, Rn 10.

516 Keller in Harte-Bavendamm/Henning-Bodewig (2009) § 2, Rn 42.

517 Sosnitza in Piper/Ohly/Sosnitza § 2, Rn 16.

518 Kocher GRUR 2005, 647.

werden, sind, wenn nicht als rein betriebsintern, dann doch nicht marktbezogen zu werten.[519]

Neben dem unmittelbaren Regelungsbereich und -zweck der IFA steht jedoch ihre mittelbare Wirkung, die insofern auch Motivation der Unternehmen zu IFA-Verhandlungen ist: die positive Außenwirkung eines IFA.[520] Die Veröffentlichung der IFA erfolgt zwar nicht produkt-, jedoch unternehmensbezogen. Als Teil des Unternehmensprofils tragen die Rahmenvereinbarung zu einer verbesserten Wahrnehmung des Unternehmens am Markt bei. Das Unternehmen gewinnt an Vertrauen und Ansehen. Beides wirkt sich steigernd auf den Absatz aus. Für etablierte Formen der Selbstbindung, wie Privacy Policies und Verhaltenskodizes, ist in der Literatur anerkannt, dass diese gezielt als Marktinstrument eingesetzt werden.[521] Die IFA machen hiervon keine Ausnahme. Vielmehr bergen sie durch das Verhandlungsmoment und die Gewerkschaftsbeteiligung ein noch größeres Potenzial, im Markt Vertrauen zu erwecken. Insofern kann die besondere Konstellation die gleiche Wirkung wie eine hoheitliche Anerkennung beziehungsweise Zertifizierung in diesen Zusammenhang entfalten.[522] Danach könnten IFA, sobald das Institut bekannter und positiv assoziiert wird, in der Unternehmenskommunikation noch präsenter als die bisher dominierenden Verhaltenskodizes werden.

Auch die EU hat die Wettbewerbsrelevanz und das damit verbundene Potenzial der Selbstregulierung erkannt. Im Vorlauf zur Richtlinie 2005/29/EG über unlautere Geschäftspraktiken hat die EU in dem Grünbuch zum Verbraucherschutz bereits angedacht, Selbstbindungen im Verbraucherrecht über rechtliche Sanktionen zu einem wirksameren Regulierungsinstrument zu entwickeln.[523] Die

---

519 zu Weisungen an Handelsvertreter: BGH Urteil vom 25.09.1970 - I ZR 47/69, NJW 1970, 2294; zur Abgrenzung betriebsinternen und marktbezogenen Verhaltens: Keller in Harte-Bavendamm/Henning-Bodewig (2009) § 2, Rn 42.

520 siehe zu Unternehmensinteressen bereits § 2 I 4.a.; siehe insbesondere auch die IFA Hochtief und BallastNedam, die sich unmittelbar im Rahmen des IFA von ihren Vertragspartnern versprechen lassen, dass ihnen nach außen eine besonders positive Rolle als gutes Beispiel verantwortungsbewusster Unternehmensführung attestiert wird.

521 siehe Zscherpe K&R 2005, 264, 267, Schröder 135f.; Eckhardt ITRB 2005, 46; Buxel DuD 2002, 401; Glinski in Umweltverantwortung multinationaler Unternehmen, 187f.; Kocher GRUR 2005, 647, 648.

522 zur erhöhten Wirkung anerkannter und/oder zertifizierter freiwilliger Unternehmensmaßnahmen siehe Glinski in Umweltverantwortung multinationaler Unternehmen, 187, 196; Schröder, 136; Dieckmann/Eitschberger/Eul ua DuD 2011, 549f.

523 Grünbuch zum Verbraucherschutz, KOM (2001) 531 endg, 16f.; Kocher GRUR 2005, 647.

Überlegungen konzentrieren sich vor allem auf das Recht gegen den unlauteren Wettbewerb. Das Grünbuch stellt bestehende Schwierigkeiten heraus, Selbstbindungen unter das Lauterkeitsrechts zu subsumieren und regt die Lösung über eine Weitung des Lauterkeitsrecht an.[524] Die EU-Richtlinie 2005/29/EG über unlautere Geschäftspraktiken enthält zwar keine Generalklausel, wie im Grünbuch vorgeschlagen. Aufschlussreich ist aber der Anhang I zu Art 5 Abs 5 der RL 2005/29/EG, der als Anhang zu § 3 Abs 3 UWG umgesetzt wurde.

In Nr 1 und Nr 3 der Liste der stets unlauteren geschäftlichen Handlungen werden die unrichtige Angabe genannt, zu den Unterzeichnern eines Verhaltenskodex zu gehören, und die unrichtige Angabe, ein Verhaltenskodex sei von einer öffentlichen oder anderen Stelle gebilligt. Die Verortung als geschäftliche Handlung ist den Fällen der sogenannten ‚schwarzen Liste' implizit, § 3 Abs 3 UWG. Der Begriff des Verhaltenskodexes ist unter § 2 Abs 1 Nr 5 UWG als Vereinbarung oder Vorschrift über das Verhalten von Unternehmern definiert, zu welchem diese sich in Bezug auf Wirtschaftszweige oder einzelne geschäftliche Handlungen verpflichtet haben, ohne dass sich solche Verpflichtungen aus Gesetzes- oder Verwaltungsvorschriften ergeben. Das Arbeitspapier der Kommissionsdienststellen, das unter anderem Umweltschutzverpflichtung von Unternehmern als Beispiel nennt, legt eine weite Auslegung des Begriffs nahe.[525]

Ein einschränkendes ungeschriebenes Tatbestandsmerkmal ergibt sich dabei aus Erwägungsgrund 20 der RL 2005/29/EG, die die ausdrückliche Normierung unlauteren Verhaltens in Zusammenhang mit Verhaltenskodizes und den Begriff als solchen in das Lauterkeitsrechts eingeführt hat.[526] Danach müssen die selbstverpflichtenden Vorgaben das lautere Verhalten der Unternehmen im Wettbewerb definieren.[527] Nicht notwendig ist dagegen, dass der Kodex für eine Vielzahl Unternehmen gestaltet ist, – erfasst werden auch individuelle Vereinbarungen einzelner Unternehmen: die Richtlinie spricht von einzelnen Gewerbetreibenden als Urhebern eines Verhaltenskodex, Art 2 lit g) RL 2005/29/EG.[528] Wenn auf der anderen Seite Art 2 lit f) der Richtlinie von ‚den Gewerbetreibenden', deren Verhalten durch einen Kodex harmonisiert werden soll, im Plural spricht,

---

524 Grünbuch zum Verbraucherschutz, KOM (2002) 531 endg,16f.

525 Arbeitspapier der Kommissionsdienststellen: Leitlinien zur Umsetzung/Anwendung der Richtlinie 2005/29/EG über unlautere Geschäftspraktiken, SEK (2009) 1666 vom 3.12.2009, 51f.; Alexander GRUR-Int 2012, 965, 966.

526 Dreyer in Harte-Bavendamm/Henning-Bodewig (2009) § 5 Abs 1 S 2 Nr 6, Rn 3.

527 Dreyer in Harte-Bavendamm/Henning-Bodewig (2009) § 5 Abs 1 S 2 Nr 6, Rn 3.

528 Hoeren BB 2009, 1182, 1185; Nordemann in Götting/Nordemann § 5, Rn 6.1; Erdmann in Gloy/Loschelder/Erdmann § 37, Rn 5; aA Birk GRUR 2011, 196, 199.

schließt das die Unterzeichnung durch nur ein Unternehmen nicht aus. Richtigerweise geschieht die Abgrenzung zu lauterkeitsrechtlich irrelevanten Verträgen, die allein ein Unternehmen betreffen und keinen Verallgemeinerungswert haben, über die Einschränkung aus Erwägungsgrund 20.[529]

Die IFA erfüllen diese Definition. Die Festlegung von Mindeststandards hinsichtlich sozialer Absicherung der Arbeitnehmer oder der Arbeitsbedingungen spiegelt allgemeine Lauterkeitsmaßstäbe wider, sodass die IFA das ungeschriebene Merkmal aus Erwägungsgrund 20 der RL 2005/29/EG erfüllen.[530] Hier kann den auf Formularvereinbarungen beruhenden IFA besondere Bedeutung zukommen. Sie weisen nicht nur inhaltliche Deckungsgleichheit hinsichtlich der Kernnormen auf. Die Verträge sind auch ihren Formulierungen nach gleich. Die Urheberschaft durch branchenspezifisch arbeitende globale Gewerkschaften führt zur Entstehung beziehungsweise Verbreitung eines branchenweiten einheitlichen Standards. Die Tendenz, die IFA nach Inhalten und Standard zu vereinheitlichen, nimmt dabei mit wachsender Erfahrung der verhandelnden Gewerkschaften noch zu. Hierin kann die Professionalisierung der Verhandlungen gesehen werden. Im Ergebnis wird auch eine Festigung des Instruments erreicht. Für die Unternehmen bietet die Vereinheitlichung die Sicherheit, den Branchenstandard, jedoch auch nicht mehr als diesen zuzusagen.

Anders als Tarifverträge, Betriebsvereinbarungen oder Individualverträge im Vertikalverhältnis, die nicht unter den Begriff fallen sollen,[531] werden in den individuell verhandelten IFA auch keine innerbetrieblichen Lösungen entwickelt, sondern Unternehmen auf allgemein anerkannte arbeits-, sozial und damit auch lauterkeitsrechtliche Standards verpflichtet. Auch hier nimmt die Vereinheitlichung zu: anfängliche Experimente, wie die Vielzahl an IFA zu ganz unterschiedlichen Themen des Danone-Konzerns, kommen heute nicht mehr vor. Die IFA weisen ein nur leicht variiertes Repertoire an Inhalten auf.[532]

Insbesondere kann mit Blick auf den transnationalen Anwendungsbereich der IFA auch das Erfordernis einer Verpflichtung über die gesetzlichen Vorgaben hinaus bejaht werden. Dass die Definition des § 2 Abs 1 Nr 5 UWG auch solche Vereinbarungen erfasst, die weniger zwingende Verpflichtung als Absichtserklärung sind, ergibt sich im Umkehrschluss aus Art 6 Abs 2 lit b) RL 2005/29/EG, der – ausführlicher als die Umsetzung in § 5 Abs 2 UWG – Absichtserklärungen

---

529 Erdmann in Gloy/Loschelder/Erdmann § 37, Rn 5.

530 Dreyer WRP 2007, 1294, 1295f.

531 Alexander GRUR-Int 2012, 965, 968 und 970f.; insbesondere zu Individualverträgen im Vertriebskanal: Schmidhuber WRP 2010, 593, 596ff.

532 siehe hierzu § 2 I.5.

aus seinem Anwendungsbereich herausnimmt.[533] Im Übrigen soll Verbindlichkeit gerade im Zusammenwirken aus Lauterkeitsrecht und Selbstbindung erzielt werden.[534]

Sofern der Vertragsschluss durch das Unternehmen selbst oder im Einvernehmen mit diesem in der Öffentlichkeit, wie es regelmäßig über die Unternehmenswebsite und Pressemeldungen geschieht, kommuniziert wird,[535] ist die IFA-Praxis als geschäftliche Handlung zu qualifizieren und der Anwendungsbereich des Lauterkeitsrechts eröffnet.

2. Unlautere Handlung

a. *Unlauterkeit nach § 3 Abs 3 UWG iVm Anhang Nr 1 und 3 – die ‚schwarze Liste'*

Die Liste im Anhang zu § 3 Abs 3 UWG legt unlauteres Verhalten ohne Wertungsvorbehalt gegenüber Verbrauchern fest. Für die IFA-Verwendung liegt allenfalls die Annahme der bereits angesprochenen Situationen aus Nr 1 und 3 nahe. Eine unternehmerische Praxis dahingehend, ein IFA zu behaupten, wo es weder zu Verhandlungen noch Abschluss gekommen ist (Nr 1), oder eine Anerkennung (Nr 3) genannt, besteht nicht und liegt fern. Hierfür sorgt im Fall der IFA schon die Besonderheit, dass es sich um zweiseitige Verträge handelt. Wo an anderer Stelle mangels Aufsicht eine dahingehende Behauptung länger unbemerkt bleiben kann, sind im Fall der IFA stets auch die Gewerkschaften angesprochen und zur Aufsicht bereit.

Fraglich erscheint aber, ob die Konstellation nach Nr 1 allein formal zu verstehen ist. Nach Nr 1 zu § 3 Abs 3 UWG ist die unwahre Angabe, zu den Unterzeichnern eines Verhaltenskodex zu gehören, unlauter. Trotz des eindeutigen Wortlauts kann argumentiert werden, dass die Verbraucher, deren Schutz die Vorschrift dient, nicht die formale Bindung an einen Kodex, sondern vor allem die inhaltliche Zusage und damit Einhaltung interessiert.[536] Dann könnte der

---

533 Dreyer WRP 2007, 1294, 1298f.

534 im Ergebnis wohl auch Kopp/Klostermann CCZ 2009, 155, 157, die ohne weitere Problematisierung das IFA Volkswagen als Beispiel für einen Kodex anführen.

535 um die im Grünbuch angelegte Strategie, einen lauteren Wettbewerb im Zusammenwirken von Selbstregulierung und Lauterkeitsrecht zu fördern, zu unterstützen, sollen die Mitgliedstaaten nach Art 17 der Richtlinie 2005/29/EG zukünftig die öffentliche Kommunikation selbstgegebener Verhaltenskodizes bei den Unternehmen anregen.

536 Dreyer WRP 2007, 1294, 1297f.

Unlauterkeitstatbestand die IFA-Praxis eventuell doch erfassen. Grundsätzlich ist die Liste jedoch abschließend.[537] Da die Listenfälle ohne Abwägung im Einzelfall, insbesondere ohne Relevanzerfordernis und Erheblichkeitsschwelle, zur Einordnung als unlauter führen, verbietet sich auch eine weite Auslegung.[538] Im Übrigen richtet sich der Schutzzweck des UWG nicht darauf, die Praxis unternehmerischer Selbstverpflichtungen im Einzelnen zu überwachen und zu sanktionieren. Dies obliegt den Partnern eines Kodex selbst. Erst in der Eindeutigkeit des in Nr 1 zu § 3 Abs 3 UWG formulierten Verhaltens, liegt ein auch wettbewerbsrelevantes und nach Lauterkeitsrecht bedingungslos zu sanktionierendes Verhalten.

b. Unlauterkeit nach § 4 Nr 11 UWG – Rechtsbruch

Die Verneinung einer unlauteren Praxis nach § 3 Abs 3 UWG schließt eine Bewertung als unlauter nach den Generalklauseln aus § 3 UWG weder aus, noch ist sie Indiz für ein nach dem UWG nicht zu beanstandendes Geschäftsgebaren.[539] Möglich bleibt deshalb, dass sich die Unlauterkeit aus den §§ 4–6 iVm § 3 Abs 1 beziehungsweise Abs 2 UWG ergibt. Zuletzt kann sie auch auf die Generalklauseln allein gestützt werden.

§ 4 UWG präsentiert einen Beispielkatalog unlauterer geschäftlicher Handlungen. Als relevante geschäftliche Handlung kommt mit Blick auf die nur eingeschränkte öffentliche Kommunikation der IFA allein das Fallbeispiel des Rechtsbruchs in Frage. Über § 4 Nr 11 UWG können außerwettbewerbliche Normen lauterkeitsrechtliche Wirkung entfalten; insofern handelt es sich, ähnlich wie im Fall des § 823 Abs 2 BGB um eine Transformationsnorm.[540]

aa. Die IFA als gesetzliche Vorschrift im Sinne des § 4 Nr 11 UWG

Auch hier ist es möglich, dass ein IFA-Verstoß zugleich eine Schutznorm, etwa aus dem Arbeitsrecht, verletzt, was wiederum §§ 4 Nr 11, 3 UWG erfüllen kann.[541] Dies wird immer dann der Fall sein, wenn IFA und Schutzgesetz sich in ihrem Regelungsgehalt decken. Hier sollen jedoch nur die Ansprüche, die allein durch das IFA bedingt sind, untersucht werden. Im Rahmen des § 823 Abs 2 BGB ist

537 RegE eines Ersten Gesetzes zur Änderung des Gesetzes gegen den unlauteren Wettbewerb vom 20.8.2008, BT-Drucks 16/10145, 29.

538 so auch Dreyer WRP 2007, 1294, 1300; unentschieden: Sosnitza in Piper/Ohly/Sosnitza Anhang zu § 3 Abs 3, Rn 4.

539 Sosnitza in Piper/Ohly/Sosnitza Anhang zu § 3 Abs 3, Rn 4.

540 Ohly in Piper/Ohly/Sosnitza § 4, Rn 11.1.

541 siehe dazu Kocher GRUR 2005, 647, 648.

bereits festgestellt worden, dass die IFA keine Normkraft besitzen und eine Subsumtion unter den Begriff des Schutzgesetzes scheitern muss. Gleiches muss hier für das Tatbestandsmerkmal der gesetzlichen Vorschrift gelten.[542]

bb. Rechtsbruch bei Verletzung einer ILO-Kernarbeitsnorm iVm einem IFA

Wenn auch nicht aus Verletzung des IFA allein, könnte sich gleichwohl ein Anspruch genuin aus dem IFA ergeben: dazu müssten die ILO-Kernarbeitsnormen erstens gesetzliche Vorschrift im Sinne des § 4 Nr 1 UWG sein. Zweitens müssten die acht ILO-Normen für die IFA-Unternehmen verbindlich sein. Grundsätzlich binden die ILO-Kernarbeitsnormen nur die akzeptierenden Staaten. Der Verweis auf die Normen, der sich in nahezu allen IFA findet, könnte die Bindung jedoch auf die IFA-Unternehmen ausweiten. Drittens müsste die vertragliche Bindung der unmittelbar gesetzlichen gleichgesetzt werden können.

(1) ILO-Kernarbeitsnormen als gesetzliche Vorschrift im Sinne des § 4 Nr 11 UWG

Rechtsnormen im Sinne des Rechtsbruchtatbestandes sind, ebenfalls orientiert an Art 2 EGBGB, alle in Deutschland geltenden Normen, die zumindest auch dazu bestimmt sind, im Interesse der Marktteilnehmer das Marktverhalten zu regeln.[543] Der Erlass durch den deutschen Gesetzgeber ist dabei nicht zwingend, sodass auch europarechtliche Vorschriften hierunter fallen.[544]

(a) Inländische Vorschrift

Die ILO-Kernarbeitsnormen sind in Deutschland ratifiziert. Als völkerrechtliche Normen können sie über Art 25 GG auch innerstaatliche Bedeutung und damit Außenwirkung erlangen.[545] Klassischerweise sind Völkerrechtsnormen, so auch die ILO-Normen, ihrem Tatbestand nach jedoch staatsgerichtet.[546] Ohne Transformationsgesetze vermögen sie nicht, den Einzelnen zu binden.[547] Deswegen wird überwiegend abgelehnt, im Fall bloß ratifizierten, nicht in innerstaatliches Recht umgesetzten Völkerrechts von einer Rechtsnorm im Sinne

542 ebenso Schmidhuber WRP 2010, 593, 595.

543 BGH Urteil vom 21.07.2005 - I ZR 170/02, GRUR 2005 960, 961; Köhler in Köhler/Bornkamm (2012) § 4, Rn 11.24.

544 Ohly in Piper/Ohly/Sosnitza § 4, Rn 11.12.

545 von Walter, 68.

546 von Walter, 68.

547 Kohte in MünchHB ArbR Bd 2 § 288 Einf, Rn 44; von Walter, 68.

des Rechtsbruchtatbestands zu sprechen.[548] Wo die Verpflichtung fehlt, kann der Verstoß nicht sanktioniert werden. Auch im Wege der Umsetzung könnten die supranationalen Kernarbeitsnormen allein durch eine Verweisung Gesetzescharakter erlangen. Eine Umsetzung im Einzelnen würde zwar ihren Inhalten zu Gesetzeskraft verhelfen, das Institut selber aber nicht in den Stand einer Rechtsnorm heben. Eine Umsetzung ist gleichwohl auch nicht erfolgt, was sich mit Blick auf den ohnehin hohen sozial- und arbeitsrechtlichen Standard in der Bundesrepublik erklärt.

(b) Ausländische Vorschrift

Die Subsumtion von ausländischen Vorschriften unter den Rechtsnormbegriff des § 4 Nr 11 UWG wird teilweise dann bejaht, wenn nach internationalprivatrechtlichen Gesichtspunkten deutsches Lauterkeitsrecht, im Übrigen jedoch das Herkunftslandprinzip gilt.[549] Das Herkunftslandprinzip bestimmt im Wesentlichen, dass die in einem Mitgliedsstaat der EU nach dort geltenden Gesetzen hergestellten Waren in der EU frei vertrieben werden dürfen.[550] Dieser auch unter dem Begriff Binnenmarktprinzip bekannte Grundsatz gilt jedoch nur dort, wo dies ausdrücklich bestimmt ist.[551] Wichtige Sekundärrechtsakte mit Binnenmarktklausel sind die Richtlinie über audiovisuelle Mediendienste, dort Art 2f. und die E-Commerce-Richtlinie 2000/31/EG, dort Art 3.[552] Die Richtlinie 2005/29/EG über unlautere Geschäftspraktiken enthält in Art 4 nur eine abgeschwächte Version des Herkunftslandprinzips, wonach eine Beschränkung des freien Warenverkehrs aus EU-Drittstaaten aus Lauterkeitsgründen unzulässig ist.[553]

Die ILO-Kernarbeitsnormen sind originär jedoch kein ausländisches Recht, vor allem nicht Recht eines anderen Mitgliedsstaates. Sie sind Völkerrecht, von einer

---

548 Löwisch/Rieble in Löwisch/Rieble, Rn 316; von Walter, 68; Weber/Weber GRUR Int 2008, 899, 900f.; Birk GRUR 2011, 196, 198; Ohly in Piper/Ohly/Sosnitza § 4, Rn 11.12.

549 Kocher GRUR 2005, 647, 649; Köhler GRUR 2004, 381, 383; Lettl WRP 2004, 1079, 1110; aA Sack WRP 2004, 1307, 1310.

550 Ohly in Piper/Ohly/Sosnitza Einf/Wettbewerbsrecht und Europäisches Gemeinschaftsrecht, Rn 65.

551 Ohly in Piper/Ohly/Sosnitza Einf/Wettbewerbsrecht und Europäisches Gemeinschaftsrecht, Rn 65f.

552 Ohly in Piper/Ohly/Sosnitza Einf/Wettbewerbsrecht und Europäisches Gemeinschaftsrecht, Rn 66.

553 Ohly in Piper/Ohly/Sosnitza Einf/Wettbewerbsrecht und Europäisches Gemeinschaftsrecht, Rn 66.

überstaatlichen Organisation erlassen. Jenseits der Frage, ob die ILO-Normen von einer der bestehenden Binnenmarktklauseln erfasst würden, kommt ihnen auch in anderen EU-Mitgliedsstaaten kein Rechtsnormcharakter zu. Es fehlt auch hier an einfachgesetzlichen Verweisungsnormen. Überhaupt wird eine Umsetzung aufgrund des sozial- und arbeitsrechtlichen Standards der EU-Mitgliedstaaten, ähnlich wie im deutschen Fall, überwiegend nicht notwendig sein.

(2) Vertragliche statt gesetzlicher Bindung

Wird jedoch der Rechtsnormcharakter der Kernarbeitsnormen nicht grundsätzlich abgelehnt,[554] könnte die vertragliche Zusage der ILO-Kernarbeitsnormen die fehlende gesetzliche Bindung ersetzen. Unzweifelhaft sind Verträge keine gesetzlichen Vorschriften. Hier übernähmen sie jedoch die Aufgabe einer Verweisungsnorm. Tatsächlich löst sich durch die Bindung aus Vertrag jedoch nicht das Problem, dass die Normen der ILO Staaten adressieren und sich aus ihnen nicht ohne Weiteres ein Gebot oder Verbot gegenüber einem Unternehmen herauslesen lässt.

Noch entscheidender als die tatsächliche Hürde, den Regelungsgehalt zu bestimmen, ist der Blick auf den Schutzzweck: § 4 Nr 11 UWG soll nicht ermöglichen, jedwedes gesetzeswidrigen Verhalten auch lauterkeitsrechtlich zu sanktionieren.[555] Der Rechtsbruchtatbestand soll allein einen unverfälschten Wettbewerb garantieren, wie ihn die Marktverhaltensregeln vorsehen, § 1 UWG.[556] Der gesetzliche Rahmen verbürgt die Chancengleichheit aller Marktteilnehmer.

Dass die inhaltlichen Vorgaben der IFA aus Rechtsnormen im weiteren Sinne stammen, kann nicht darüber hinwegtäuschen, dass über das vertragliche Moment eine nur individuelle Verbindlichkeit entsteht. Mitbewerber trifft die Verpflichtung nicht. Damit würde § 4 Nr 11 UWG, angewendet auf Verletzungen einer ILO-Norm in Verbindung mit einem IFA, nicht mehr die Chancengleichheit sichern, sondern individuelle Vertragsbrüchigkeit sanktionieren. Solange der Unternehmer aus der Vertragsbrüchigkeit keinen marktrelevanten Vorteil zieht, wie es etwa im Rahmen von Austauschverträgen oder auch in Verbindung mit auf den vertraglichen Zusagen basierender Werbung vorstellbar ist, ist eine lauterkeitsrechtliche Sanktion solchen Verhaltens grundsätzlich nicht und im Besonderen nicht über § 4 Nr 11 UWG geboten.

---

554 von Walter, 68; wohl auch Kocher GRUR 2005, 647, 649; aA Birk GRUR 2011, 196, 198.

555 Köhler in Köhler/Bornkamm (2012) § 4, Rn 11.6.

556 Köhler in Köhler/Bornkamm (2012) § 4, Rn 11.6.

(3) Marktrelevante Verhaltensregel

Gleiches würde sich bei weiterer Prüfung auch aus dem Kriterium der marktrelevanten gesetzlichen Vorschrift ergeben. Danach ist nur der Verstoß gegen solche gesetzlichen Vorschriften nach § 4 Nr 11 unlauter, die Marktverhalten regeln. Insofern spiegelt sich in dem Tatbestandserfordernis der Schutzgedanke der Norm wider. Marktverhalten ist dabei jede Tätigkeit, durch die ein Unternehmer auf Mitbewerber, Verbraucher oder sonstige Marktteilnehmer einwirkt.[557] Regeln, die allein die Produktion und den Arbeitnehmerschutz betreffen, fallen nicht darunter.[558] Da die Kernarbeitsnormen jedoch Staaten, nicht Unternehmen ansprechen, regeln sie bereits formal nicht das Marktverhalten. Damit könnten die ILO-Normen ihrem Regelungsbereich nach als marktbezogene Verhaltensregeln interpretiert werden,[559] mangels allgemeiner Verbindlichkeit im Markt, sind sie gleichwohl nicht marktrelevant.

c. Unlauterkeit nach § 5 Abs 1 UWG – Irreführende Geschäftshandlung

Auch das Verbot irreführender geschäftlicher Handlung aus § 5 UWG konkretisiert über den Katalog der Norm unter Abs 1 S 2 das Kriterium der Unlauterkeit nach § 3 UWG. Die Bezugspunkte irreführender Angaben sind vielfältig. Für die Praxis der IFA können die Tatbestände zu irreführenden Angaben über wesentliche Merkmale einer Ware oder Dienstleistung (Nr 1), über den Unternehmer, seine Person, Eigenschaften oder Rechte (Nr 3) oder über die Einhaltung eines Verhaltenskodex (Nr 6) einschlägig sein. Ob der Katalog im Übrigen abschließend ist, ist streitig.[560]

Bis zur UWG-Reform 2004 wurde Fehlverhalten in Zusammenhang mit Kodizes als Unterfall des Verbots der Irreführung mit unternehmensbezogenen Angaben berücksichtigt.[561] Dabei sollten Verhaltenskodizes grundsätzlich nur indizielle Bedeutung für die Bewertung der Unlauterkeit haben, da ihr Inhalt keine allgemeine Verbindlichkeit hat und nicht zur Norm erhoben werden

---

557 Köhler in Köhler/Bornkamm (2012) § 4, Rn 11.34.

558 Kocher GRUR 2005, 647, 649; Köhler GRUR 2004, 381, 384.

559 Ansätze dazu bei Kocher GRUR 2005, 647, 649; verneinend: Löwisch/Rieble in Löwisch/Rieble, Rn 316.

560 gegen eine abschließende Regelung: Bornkamm in Köhler/Bornkamm (2012) § 5, Rn 1.25b; Sosnitza in Piper/Ohly/Sosnitza § 5, Rn 230; dafür: Dreyer WRP 2007, 1294, 1300; Nordemann in Götting/Nordemann § 5, Rn 0.21, 0.8, 1.1.

561 Nordemann in Götting/Nordemann § 5, Rn 6.6.

darf.[562] Auf Grundlage europäischen Sekundärrechts, konkret dem Art 6 Abs 2 lit b) RL 2005/29/EG, wurde irreführendes Verhalten in Zusammenhang mit Selbstverpflichtungen schließlich ausdrücklich geregelt, wobei die Voraussetzungen strenger als bisher formuliert wurden: Der Kodex muss verbindlich und seine Einhaltung behauptet worden sein.[563] Für Fehlvorstellungen über die Einhaltung eines Verhaltenskodexes ist Nr 6 mithin speziell.[564] Aus der Gesetzgebungshistorie zeigt sich jedoch, dass diese Kodifizierung nur ein erster Schritt der lauterkeitsrechtlichen Sanktionierung von Selbstverpflichtungen darstellt; andere im Rahmen des Gesetzgebungsverfahrens angedachte Regelungen wurden zurückgestellt.[565] Mithin handelt es sich bei Nr 6 nicht um eine abschließende Regelung: berührt die Täuschung zugleich andere Regeltatbestände des § 5 Abs 1 S 2 UWG, ist eine Subsumtion hierunter zulässig.[566]

aa. Irreführende geschäftliche Angabe

Bereits in der Vergangenheit war der Tatbestand irreführender Werbung nach § 5 aF UWG gängiges Mittel, um Selbstbindungen und Gütesiegel im Sozial- und Umweltbereich rechtlich zu erfassen.[567] Bislang setzte die Norm jedoch eine irreführende Werbung voraus.[568] Mit Umsetzung der Richtlinie 2005/29/EG wurde diese enge Begrifflichkeit aufgegeben und der Irreführungstatbestand deutlich geweitet.[569] Neuer Anknüpfungspunkt ist jetzt die irreführende geschäftliche Handlung.[570] Hiernach ist Raum, die bislang nicht direkt zu Absatzförderungszwecken, sondern allenfalls zur Unternehmensimagepflege werbend

---

562 BGH Urteil vom 09.09.2010 - I ZR 157/08, GRUR 2011, 431, 432; BGH Urteil vom 07.02.2006 - KZR 33/04, GRUR 2006, 773, Rz 19 mwN zu Wettbewerbsregeln; Nordemann in Götting/Nordemann § 5, Rn 6.6; Dreyer in Harte-Bavendamm/Henning-Bodewig (2009) § 5 Abs 1 S 2 Nr 6, Rn 1.

563 Nordemann in Götting/Nordemann § 5, Rn 6.1.

564 Dreyer WRP 2007, 1294, 1302.

565 Dreyer WRP 2007, 1294, 1302.

566 Dreyer WRP 2007, 1294, 1302; Helm in Gloy/Loschelder/Erdmann § 59, Rn 480.

567 siehe hierzu Glinski in Umweltverantwortung multinationaler Unternehmen, 187, 200; Kocher GRUR 2005, 647, 651f.

568 Dreyer in Harte-Bavendamm/Henning-Bodewig (2009) § 5/Grundlagen, Rn 4.

569 Dreyer in Harte-Bavendamm/Henning-Bodewig (2009) § 5/Grundlagen, Rn 4; zu den Punkten, die zur einer Weitung geführt haben: Bornkamm in Köhler/Bornkamm (2012) § 5, Rn 2.25.

570 Dreyer in Harte-Bavendamm/Henning-Bodewig (2009) § 5/Grundlagen, Rn 4.

eingesetzten IFA zu erfassen.[571] Ausreichend für eine Erfassung durch das Verbot irreführender geschäftlicher Angaben ist nicht mehr nur die breitangelegte Kommunikation in der Öffentlichkeit zu Absatzzwecken, sondern auch die irreführende Angabe gegenüber einem Einzelnen.[572] Angaben im Rahmen des Internetsauftritts gehören wie auch Pressemitteilungen dazu.[573] Dabei muss nicht zwingend ein Zusammenhang zu dem Geschäft beziehungsweise den Produkten des Unternehmens hergestellt worden sein; es genügt, dass der angesprochene Verkehrskreis aus den Angaben solche Schlüsse zieht.[574] Entscheidend ist mithin, dass die irreführende Angabe Marktteilnehmer zu geschäftlichen Handlungen veranlasst, die sie in Kenntnis der tatsächlichen Verhältnisse nicht getroffen hätten.[575] Aus dem Tatbestand Nr 6 des § 5 Abs 1 S 2 UWG ergibt sich, dass Angaben zu Selbstverpflichtungen grundsätzlich als entscheidungsrelevante Information für die Marktgegenseite zu werten sind.[576]

bb. Unwahre Angabe über die Einhaltung eines Verhaltenskodexes

(1) IFA – Absichtserklärung oder Verhaltenskodex

Anders als nach der allgemeinen Definition nach § 2 Abs 1 Nr 5 UWG, schließt die Formulierung aus Nr 6 des Irreführungskatalogs Absichtserklärungen nicht ein. Insofern führt die Richtlinie über unlautere Geschäftspraktiken in Art 6 Abs 2 lit b) aus, dass nur solche Verpflichtungen relevant sind, bei denen es sich nicht um eine Absichtserklärung, sondern um eine eindeutige Verpflichtung handelt, deren Einhaltung nachprüfbar ist.

Dreyer stellt beide Instrumente gegeneinander: Während ein Kodex zu genau umschriebenen, einklagbaren und sanktionsbewährten Verhalten verpflichte, umreiße eine Absichtserklärung ein Verhalten lediglich allgemein sanktionslos.[577] Die Unterzeichner bekräftigten mit ihrer Unterschrift nur eine „Bereitschaft", sich bemühen zu wollen.[578] Die Praxis der Selbstverpflichtungen zeigt sich jedoch wesentlich vielfältiger, als das Bild, das Dreyer entwirft. So lassen sich die IFA

---

571 zum Begriff der Werbung in § 5 aF UWG und den umfassten Spielarten: Schröder, 138.

572 Bornkamm in Köhler/Bornkamm (2012) § 5, Rn 2.16.

573 Nordemann in Götting/Nordemann § 5, Rn 0.41f.

574 OLG Hamburg Urteil vom 19.07.2006 - 5 U 10/06, GRUR-RR 2006, 377, 378; Nordemann in Götting/Nordemann § 5, Rn 0.46.

575 Nordemann in Götting/Nordemann § 5, Rn 0.47ff.

576 im Ergebnis auch: Nordemann in Götting/Nordemann § 5, Rn 6.8.

577 Dreyer WRP 2007, 1294, 1296.

578 Dreyer WRP 2007, 1294, 1296.

nicht eindeutig zuordnen; sie bewegen sich zwischen beiden Instrumente. Sie sind stellenweise konkret formuliert und sanktionsbewährt,[579] sicher aber nicht justiziabel.

Aufschlussreich ist hier jedoch der Wortlaut der Richtlinie im Zusammenspiel mit der Tatsache, dass der Begriff des Verhaltenskodexes im Rahmen der Schwarzen Liste, dort Nr 1 und 3, auch Absichtserklärungen erhält. Die Richtlinie definiert die Absichtserklärung negativ, indem der Begriff der Absichtserklärung der Formulierung „sondern um eine eindeutige Verpflichtung handelt, deren Einhaltung nachprüfbar ist" gegenübergestellt wird. Die Qualität der Verpflichtung wird in Abhängigkeit zu ihrer Praktikabilität bestimmt. Dazu kommt, dass Absichtserklärungen nicht ausnahmsweise von Nr 1 und Nr 3 des Anhangs zu § 3 Abs 3 UWG erfasst sind. Sie fallen unter die Definition des § 2 Abs 1 S 2 Nr 5 UWG und sind andersherum nur im Rahmen des § 5 Abs 1 S 2 Nr 6 UWG ausnahmsweise herausgenommen. Aus der Tatsache, dass unverbindliche Absichtserklärungen im Grundsatz lauterkeitsrechtlich erfasst werden, ergibt sich, dass deren Wirkung im Markt nicht weniger stark als die des verbindlich-justiziablen Kodex bewertet wird. Die fehlende sanktionsbewährte Verbindlichkeit allein macht sie lauterkeitsrechtlich nicht weniger relevant. Dies deckt sich auch mit der Tatsache, dass zumindest Konsumenten die Sachkenntnis fehlen dürfte, die einzelnen Institute und ihre rechtliche Verbindlichkeit und Justiziabilität auseinanderhalten zu können.

Die Ausgrenzung aus dem Tatbestand des § 5 Abs 1 S 2 Nr 6 UWG, der an eine inhaltliche Verfehlung anknüpft, spricht ebenso wie die Negativdefinition der Richtlinie dafür, dass der Grund der Ausnahme die gerichtliche Handhabbarkeit der Norm ist. Ein Normverstoß kann nur da vorliegen und festgestellt werden, wo eine Pflicht eindeutig benannt ist.[580] Der Verstoß gegen eine Verpflichtung ist Tatbestandsmerkmal des § 5 Abs 1 S 2 Nr 6 UWG und damit von dem erkennenden Gericht festzustellen. Diese Aufgabe wird durch

---

579 die Sanktionierung kann den Parteien des Kodex selbst obliegen; falsch ist die Annahme Birks (GRUR 2011, 196, 200) für Sanktionen bedürfe es einer übergeordneten Institution; insofern legt schon die Richtlinie fest, dass die Überwachung der Einhaltung eines Kodex durch den Autor des Kodex, was wiederum auch ein Gewerbetreibender sein kann, selbst geschehen kann, siehe Art 2 lit g) RL 2005/29/EG.

580 Birk sieht die Subsumierbarkeit der Klauseln als formale Voraussetzung eines Verhaltenskodex und stützt seine Argumentation zur Einordnung des UN Global Compact als Verhaltenskodex iSd UWG auf dessen Subsumierbarkeit, GRUR 2011, 196, 200.

die tatbestandliche Einschränkung auf Kodizes, die Pflichtinhalt und -umfang benennen, erst ermöglicht.[581]

Entscheidend für die Erfassung von § 5 Abs 1 S 2 Nr 6 UWG ist mithin die Erkennbarkeit von Inhalt und Umfang der Pflicht. Solange sich die Unverbindlichkeit einer Selbstverpflichtung nicht in den Klauseln selber niederschlägt, kann sie eine Herausnahme aus dem Tatbestand nicht begründen. Im Fall der IFA zeigt sich die fehlende Justiziabilität nur teilweise an unverbindlichen Formulierungen der Klauseln. Schließlich finden sich in verschiedenen Rahmenvereinbarungen auch deutlich formulierte Pflichten. Die Unvollkommenheit der Verbindlichkeit ergibt sich dann aus den Umständen oder gesonderten Ausschlussklauseln. Weder liegt damit nach Dreyers Charakterisierung eine vage umrissene Bereitschaftsbekundung vor, noch treffen die IFA das Abgrenzungskriterium der Richtlinie, wonach es Absichtserklärungen an nachprüfbaren Inhalten fehlt. Dass diese Qualität nicht bei allen IFA gegeben ist, somit die Subsumtion nicht für das Rechtsinstitut im Ganzen bejaht werden kann, ist unschädlich. Die rechtliche Qualität der Kodizes muss vor Gericht stets einzelfallbezogen festgestellt werden.

(2) Irreführende Angabe

Fraglich ist, ob – vorausgesetzt das IFA wird nicht eingehalten – die Unternehmensangaben in Zusammenhang mit den IFA unwahr oder sonst zur Täuschung geeignet sind. Nach § 5 Abs 1 S 2 Nr 6 UWG muss das Unternehmen auf seine Bindung durch den Verhaltenskodex hingewiesen haben. Die Unternehmen kommunizieren den Vertragsschluss als solchen. Damit ist nicht zwingend die uneingeschränkte Einhaltung der Zusagen behauptet, sodass von einer unwahren Angabe ausgegangen werden kann. Aus dem Zusammenspiel der beiden Alternativen ergibt sich jedoch, dass unter das Merkmal ‚oder sonst zur Täuschung geeignet' auch wahre Angaben fallen können.[582] Entscheidend ist, dass die Angaben bei den Adressaten eine Erwartung wecken, die sich mit den Verhältnissen in der Wirklichkeit nicht deckt.[583] Maßgebend für die Eignung, Fehlvorstellungen hervorzurufen, ist das Verkehrsverständnis des Adressatenkreises.[584] Für Konsumenten sind die

581 Dreyer weist bereits im Zusammenhang mit den Katalognummern 1 und 3 aus dem Anhang zu § 3 Abs 3 UWG auf die Herausforderung hin, die eine inhaltliche Prüfung eines Kodex, für die Gerichte bedeutet würde, WRP 2007, 1297, 1299.

582 Nordemann in Götting/Nordemann § 5, Rn 0.47.

583 BGH Urteil vom 2.10.2003 - I ZR 252/01, GRUR 2004, 162, 163; Nordemann in Götting/Nordemann § 5, Rn 0.47; Bornkamm in Köhler/Bornkamm (2012) § 5, Rn 2.66.

584 Nordemann in Götting/Nordemann § 5, Rn 0.84.

juristischen Feinheiten verschiedener Rechtsinstitute, insbesondere die einer unvollkommenen Verbindlichkeit, nicht offenbar und nachvollziehbar. Im Gegenteil vermittelt gerade eine zweiseitige Vereinbarung Verbindlichkeit. Eine gegenteilige Rechtskenntnis wird man selbst bei der überwiegenden Zahl der übrigen Marktteilnehmer nicht annehmen können. Die Vorstellung, dass die Verpflichtung im Rahmen des IFA auch die Einhaltung der dort gemachten Zusagen enthält, liegt nahe und dürfte auch die vom Unternehmen intendierte Assoziation sein. Will man hiernach keine Täuschung über die Einhaltung der gemachten Zusagen annehmen, so kann man zumindest davon ausgehen, dass eine Täuschung über die Durchsetzung der Zusagen vorliegt, solange der Unternehmer nicht transparent auf die fehlende Justiziabilität, mithin sein bloßes Bemühen ohne Verpflichtung hinweist.[585]

Fraglich ist, in welchem Fall die suggerierte Wirklichkeit sich mit den tatsächlichen Verhältnissen nicht mehr deckt. Wollte man eine Täuschung in Bezug auf die Durchsetzungsbestimmungen sehen, liegt ein anhaltendes Auseinanderfallen vor. Im anderen Fall stellt sich die Frage, ob schon ein einmaliger Verstoß oder erst strukturelles Zuwiderhandeln gegen den Kodex dazu führen, dass die Einhaltung des Kodex nicht mehr gegeben ist. Tatsächlich ist dies jedoch eine Frage der Haftung, beziehungsweise Haftungszurechnung im Rahmen der Rechtsfolgen.[586]

cc. Unwahre Angabe nach § 5 Abs 1 S 2 Nr 1 oder § 3 UWG

Eine Irreführung bezüglich der Merkmale der Ware oder Dienstleistung, § 5 Abs 1 S 2 Nr 1 UWG erscheint möglich. Die Vielzahl genannter Merkmale erfasst nicht nur die Beschaffenheit einer Ware,[587] sondern geht weit darüber hinaus. Genannt sind etwa die Verfügbarkeit, Verfahren oder Zeitpunkt der Herstellung, Verwendungsmöglichkeit, Kundendienst und Beschwerdeverfahren oder von der Verwendung zu erwartende Ergebnisse. Die Einleitung der Aufzählung mit ‚wie' zeigt zudem, dass die Aufzählung nicht abschließend ist. Gleichwohl ergibt sich in der Zusammenschau mit der Bezugsvariante Nr 3, der Irreführung über unternehmensbezogene Merkmale, dass Nr 1 nicht einschlägig ist. Die

585 so Kocher GRUR 2005, 647, 652.

586 siehe außerdem zur hier ebenfalls nicht vertieften Haftungsfrage im Konzern, speziell zur Möglichkeit einer Haftungszurechnung von Tochtergesellschaften und Zulieferern zu Konzernobergesellschaften: Glinski in Umweltverantwortung multinationaler Unternehmen, 231, 235ff.

587 auch ist der Beschaffenheitsbegriff nach dem UWG weiter als nach § 434 BGB: erfasst werden alle Umstände, die nach der Verkehrsauffassung die Wertschätzung einer Sache beeinflussen, Sosnitza in Piper/Ohly/Sosnitza § 5, Rn 248.

Kommunikation der IFA als Angabe über die Corporate Social Responsibility des Unternehmens ist nicht produkt-, sondern unternehmensbezogen. Solche allgemeinen, vom Produkt und dessen Absatz losgelösten Aussagen über das unternehmenseigene Engagement fallen unter Nr 3 des § 5 Abs 1 S 2 UWG.[588]

Die mehr informatorische als werbende Kommunikation der IFA bietet jedoch keine über die Täuschung bezüglich der Einhaltung der IFA hinausgehenden Anhaltspunkte, die die Heranziehung einer weiteren Katalognummer neben der Nr 6 des § 5 Abs 1 S 2 UWG rechtfertigen würden. Auch wenn man die IFA, entgegen der hier vertretenen Auffassung nicht mehr unter den eingeschränkten Verhaltenskodexbegriff des Bezugspunktes aus § 5 Abs 1 S 2 Nr 6 UWG fassen möchte, muss dieser doch als speziell hinsichtlich der Verletzung freiwilliger Selbstverpflichtung trotz zugesagter Einhaltung gelten. Die Verletzung eines Verhaltenskodexes, auf dessen Einhaltung der Unternehmer hinweist, der jedoch die Einschränkung aus Art 2 lit g) RL 2005/9/EG nicht erfüllt, soll dann von dem lauterkeitsrechtlichen Irreführungsgebot auch nicht erfasst werden. Für diese Fallvariante, muss Nr 6 als abschließend gelten.[589]

d. Unlauterkeit nach § 3 Abs 2 UWG

Die Heranziehung der Generalklauseln aus § 3 Abs 1 und 2 UWG ist nur subsidiär denkbar, da es sich insofern um Auffangtatbestände handelt.[590] Möglich wäre die Feststellung der Unlauterkeit nach § 3 Abs 1, 2 UWG demnach allein, wenn die Erfassung der IFA unter den eingeschränkten Begriff der Verhaltenskodizes nach § 5 Abs 1 S 2 Nr 6 UWG, beziehungsweise Art 2 lit g) RL 2005/29/EG abgelehnt würde. Dabei wird vertreten, dass § 3 Abs 1, 2 UWG nur zum Zuge kommt, wenn ein Extrem- oder Evidenzfall vorliege.[591] Auch nach gemäßigter Sicht ist dort kein Raum für eine Anwendung des § 3 Abs 1, 2 UWG, wo geschäftliche Handlungen in den Anwendungsbereich der aggressiven oder irreführenden Geschäftspraktiken fallen.[592] Konsens ist, dass die Anwendung der Auffangklauseln nicht dazu führen darf, dass die in den speziellen

588 so Bornkamm in Köhler/Bornkamm (2012) § 5, Rn 4.175f. für Angaben zum Umweltengagement der Unternehmen.

589 So wohl auch Dreyer WRP 2007, 1297, 1301ff.

590 Sosnitza in Piper/Ohly/Sosnitza § 3, Rn 7; Ohly GRUR 204, 889, 897; Schünemann WRP 2004, 925, 926f.; Münker/Kaestner BB 2004, 1689, 1691.

591 Schünemann WRP 2004, 925, 927f.

592 Köhler in Köhler/Bornkamm § 3, Rn 8.

Lauterkeitstatbeständen zum Ausdruck gebrachte gesetzgeberische Wertung ausgehebelt wird.[593]

Danach ist fraglich, ob sich ein lauterkeitsrelevanter Unrechtsgehalt aus der öffentlichen Kommunikation, trotz Nichteinhaltung eines IFA, über die normierten Fälle aus Nr 1 und 3 der ‚schwarzen Liste' und dem Bezugspunkt Nr 6 des Irreführungstatbestand aus § 5 UWG hinaus ergeben kann. Anders als im Rahmen des Irreführungstatbestands, ist die Normierung lauterkeitsrechtlichen Unrechts in Zusammenhang mit Selbstverpflichtungen allgemein nicht als abgeschlossen zu betrachten.[594]

Neben der Irreführung bleibt in Ansehung der IFA-Praxis und Kommunikation jedoch nur, die Verfehlung der Selbstverpflichtung selbst lauterkeitsrechtlich zu ‚verarbeiten'. Nach Ansicht des BGH kommt Selbstverpflichtungen jedoch nur eine untergeordnete, indizielle Aussagekraft über die Lauterkeit geschäftlichen Verhaltens zu.[595] Die Bewertung als unlauter allein aus Verstoß gegen eine Selbstverpflichtung lehnt der BGH ab.[596] Normqualität kommt den IFA indes, wie festgestellt, nicht zu, und überdies wird die Subsumtion des Rechtsbruchs unter § 3, dort eine der Generalklauseln, ebenfalls mit Hinweis auf die Wahrung der Wertung aus § 4 Nr 11 abgelehnt.[597] Auch mit Blick auf das Gemeinschaftsrecht ergibt sich hier keine andere Bewertung. Grundsätzlich weisen das Grünbuch[598] zum Verbraucherschutz und die Mitteilung der Kommission über die

---

593 Sosnitza in Piper/Ohly/Sosnitza § 3, Rn 7; Ohly GRUR 2004, 889, 899; Schünemann WRP 2004, 925, 927f.; Münker/Kaestner BB 2004, 1689, 1691f.; Nemeczek Anmerkung zu BGH GRUR 2011, 431, 433.

594 Dreyer WRP 2007, 1294, 1302.

595 BGH Urteil vom 09.09.2010 - I ZR 157/08, GRUR 2011, 431, Rn 13; BGH Urteil vom 07.02.2006 - KZR 33/04, GRUR 2006, 773, Rn 19; BGH Urteil vom 13.7.2006 - I ZR 234/03, GRUR 2006, 953, Rn 17; Köhler in Köhler/Bornkamm § 5, Rn 5.164a.

596 BGH Urteil vom 09.09.2010 - I ZR 157/08, GRUR 2011, 431, Rn 15; BGH Urteil vom 07.02.2006 - KZR 33/04, GRUR 2006, 773, Rn 19; BGH Urteil vom 13.07.2006 - I ZR 234/03, GRUR 2006, 953, Rn 17; ebenso Köhler in Köhler/Bornkamm § 2, Rn 115; Keller in Harte-Bavendamm/Henning-Bodewig (2009) § 2, Rn 152; Kocher GRUR 2005, 647; Schmidhuber WRP 2010, 593, 596.

597 RegE eines Gesetzes gegen den unlauteren Wettbewerb (UWG) vom 22.8.2003, BT-Drucks 15/1487, 19; BGH Urteil vom 2.12.2009 - I ZR 152/07, GRUR 2010, 654, Rz 25 mwN; Ohly in Piper/Ohly/Sosnitza § 4, Rn 11.8; Köhler in Köhler/Bornkamm (2012) § 3, Rn 99; Gärtner/Heil WRP 2005, 20, 24; aA Sack WRP 2004, 1307, 1315f.; ders WRP 2005, 531, 539ff.; Glöckner GRUR 2008, 960, 965ff.

598 Grünbuch zum Verbraucherschutz, KOM(2001) 531 endg.

Folgemaßnahmen zum Grünbuch[599] darauf hin, dass die Einführung weiterer Konkretisierungen des Unlauterkeitsbegriffs in Zusammenhang mit Verhaltenskodizes möglich ist.[600] Die bloße Verletzung selbstgegebener Vorschriften soll aber ausdrücklich nur im Zusammenspiel mit einer Irreführung unlauter sein.[601] In ihrer Mitteilung zu Folgemaßnahmen zum Grünbuch kommt die Kommission aufgrund der Stellungnahmen aller betroffenen Kreise im Nachgang des Grünbuchs zu dem Schluss, dass die Einhaltung selbstgegebener Normen freiwillig bleiben müsse; Freiwilligkeit sei der wesentliche Charakter der Kodizes.[602]

Hiernach bieten die Generalklauseln des § 3 UWG, sofern sie nicht ohnehin hinter § 5 Abs 1 S 2 Nr 6 UWG zurücktreten, keinen Raum, die Nichteinhaltung eines IFA als unlauter zu qualifizieren.

3. Bagatell- und Spürbarkeitsklausel des § 3 UWG

Eine unlautere geschäftliche Handlung nach den speziellen Unlauterkeitstatbeständen §§ 4–6 UWG ist nur dann verboten, wenn sie die Bagatell- und Spürbarkeitsklausel der wettbewerbsrechtlichen Verbotsnorm § 3 UWG erfüllt.[603] Neben der allgemeinen Verbotsnorm aus § 3 Abs 1 UWG besteht mit Abs 2 eine Verbotsnorm speziell für geschäftliche Handlungen gegenüber Verbrauchern, die unabhängig von Abs 1 die Unzulässigkeit einer Handlung bestimmen kann.[604]

Teilweise wird speziell in Ansehung des Irreführungstatbestands vertreten, dass die Spürbarkeitsschwelle des § 3 UWG hier keine Wirkung entfalte.[605] Dies sei der Fall, da die Richtlinie über irreführende und vergleichende Werbung 2006/114/EG keine Spürbarkeitsschwelle kennt und nach der Richtlinie 2005/29/EG über unlautere Geschäftspraktiken die Irreführung allein geeignet sein muss, den Verbraucher zu einer geschäftlichen Entscheidung zu veranlassen, die er

599 Mitteilung der Kommission– Folgemaßnahmen zum Grünbuch über Verbraucherschutz in der EU KOM/2002/0289 endg.

600 Dreyer WRP 2007, 1294, 1302.

601 Mitteilung der Kommission– Folgemaßnahmen zum Grünbuch über Verbraucherschutz in der EU KOM/2002/0289 endg, Ziff III Nr 29; Keller in Harte-Bavendamm/Henning-Bodewig (2009) § 2, Rn 152; Köhler in Köhler/Bornkamm § 5, Rn 5.164; Dreyer WRP 2007, 1294, 1302.

602 Mitteilung der Kommission - Folgemaßnahmen zum Grünbuch über Verbraucherschutz in der EU KOM/2002/0289 endg, Ziff II Nr 14 ff und III Nr 28f.

603 Sosnitza in Piper/Ohly/Sosnitza § 4, Rn 6ff.

604 Sosnitza in Piper/Ohly/Sosnitza § 3, Rn 79.

605 Bornkamm in Köhler/Bornkamm § 5, Rn 2.20.

ansonsten nicht getroffen hätte, Artt 6 Abs 1 S 1, Abs 2 S 1 und 7 Abs 1, 2.[606] In der Konsequenz wird das Relevanzerfordernis aus der Unzulässigkeitsprüfung in die Unlauterkeitsprüfung gezogen und als ungeschriebenes Tatbestandsmerkmal in § 5 UWG gelesen.[607] Dabei wird jedoch übersehen, dass die Richtlinie 2005/29/EG über unlautere Geschäftspraktiken nur bei Täuschungen gegenüber Verbrauchern Wirkung entfaltet.[608] Die europarechtliche Vorgabe der Richtlinie 2005/29/EG kann deshalb zielgenauer im Wege richtlinienkonformer Auslegung des § 3 UWG berücksichtigt werden, indem irreführende Handlungen, die geeignet sind, die Marktentscheidungen des Verbrauchers zu beeinflussen, stets als spürbar gehandelt werden.[609] Hierfür spricht sich auch die Regierung in der Begründung zum Entwurf des Umsetzungsgesetzes aus.[610] Zugleich wird der Rückgriff auf die Hilfskonstruktion über ein ungeschriebenes Tatbestandsmerkmal überflüssig.

Die IFA-Kommunikation richtet sich nicht allein an Verbraucher. Dort, wo nicht für den Endverbraucher produziert wird, werden auch abnehmende Unternehmen angesprochen. Auch Unternehmen wie Faber Castell, SchwanSTABILO und Staedtler, deren Vertrieb ausgelagert ist, sprechen nicht nur Verbraucher, sondern auch Händler an. Ein Unternehmen wie etwa der Baukonzern Hochtief dürfte geschäftlichen Kontakt weit überwiegend allein mit Unternehmen und öffentlichen Auftraggebern haben. Entsprechend sollen hier § 3 Abs 1 und Abs 2 angesprochen werden.

a. Spürbarkeitsgrenze und Relevanzerfordernis nach § 3 Abs 1 UWG

aa. Relevanzerfordernis

Nach Abs 1 des § 3 UWG ist auch die irreführende Angabe über die Einhaltung eines Verhaltenskodex nur unzulässig, wenn sie geeignet ist, die Interessen von Mitbewerbern, Verbrauchern oder sonstigen Marktteilnehmern spürbar zu beeinträchtigen. Mit Blick auf den Gesetzeszweck, normiert in § 1 UWG, fallen hierunter jedoch nur marktbezogene Interessen, die auf einen funktionierenden Wettbewerb

606 Bornkamm in Köhler/Bornkamm § 5, Rn 2.21; aA wohl Wirtz in Götting/Nordemann (2013) § 3, 123ff.

607 Bornkamm in Köhler/Bornkamm § 5, Rn 2.169f.

608 Dreyer in Harte-Bavendamm/Henning-Bodewig (2009) § 5 Abs 1, Rn 158ff.

609 Dreyer in Harte-Bavendamm/Henning-Bodewig (2009) § 5 Abs 1, Rn 162; auch Sosnitza WRP 2008, 1014, 1028.

610 Begr RegE eines Ersten Gesetzes zur Änderung des Gesetzes gegen den unlauteren Wettbewerb vom 20.8.2008, BT-Drucks 16/10145, 23.

abzielen.[611] Hier ergeben sich Überschneidungen zur Prüfung des Unlauterkeitsbegriffs: auch an dieser Stelle ist die Wettbewerbsrelevanz des Geschäftsgebarens Voraussetzung.[612] Da es insofern auch keiner tatsächlichen Beeinträchtigung des funktionierenden Wettbewerbs bedarf, wird jede die Wettbewerbsfreiheit eines anderen einschränkende Handlung im Sinne des § 3 Abs 1 UWG relevant sein: da der Wettbewerb auf der Freiheit der Handelnden beruht, eignet sich eine solche Einschränkung auch immer zur Beeinträchtigung.[613] Schünemann spricht deshalb mit Blick auf die nach § 3 Abs 1 UWG relevante und die unlautere Handlung von einer tautologischen Umschreibung.[614]

Tatsächlich mag in der Generalklausel § 3 Abs 1 UWG unter dem Merkmal der Unzulässigkeit in Teilen die Definition unlauteren Verhaltens erfasst werden. Im Übrigen würde eine allgemeine Definition jenseits der Konkretisierung des Begriffs im Anhang des § 3 UWG und den unmittelbar folgenden Paragraphen fehlen. Jedenfalls sind die geschäftlichen Handlungen, die in den speziellen Unlauterkeitstatbestände aus §§ 4–6 UWG und der Blacklist erfasst sind, vertypte Formen unlauteren, wettbewerbsbeeinträchtigenden Verhaltens. Kann ein Verhalten unter die Umschreibungen subsumiert werden, – so der Fall der Nichteinhaltung eines IFA trotz dahingehender Angaben –, kann auch das Relevanzerfordernis bejaht werden.

bb. Spürbarkeitsklausel

Die lauterkeitsrechtlich relevante Handlung muss zu einer spürbaren Beeinträchtigung führen. Eine wettbewerbsrelevante Handlung ist dann nicht spürbar, wenn sie sich auf das Marktgeschehen praktisch nicht auswirkt. Andersherum ist ein unlauteres Vorgehen zur spürbaren Beeinträchtigung der Interessen sonstiger Marktteilnehmer und Verbraucher geeignet, wenn es diesen Personenkreis in seiner wettbewerblichen Entfaltungsfreiheit beeinträchtigt. Diese Wirkung darf keine rein theoretische sein. Sie muss mit einer gewissen Wahrscheinlichkeit tatsächlich eintreten können.[615] Die Feststellung der Spürbarkeit erfolgt unter Gesamtwürdigung der Umstände im Einzelfall.[616] Sie kann sich aus der Intensität der Beeinflussung, dem Unrechtsgehalt der Handlung, der Marktmacht

611 Schünemann in Harte-Bavendamm/Henning-Bodewig (2009) § 3, Rn 364.
612 Schünemann in Harte-Bavendamm/Henning-Bodewig (2009) § 3, Rn 366f.
613 Schünemann in Harte-Bavendamm/Henning-Bodewig (2009) § 3, Rn 368, 370.
614 Schünemann in Harte-Bavendamm/Henning-Bodewig (2009) § 3, Rn 367.
615 Alle vorstehenden Angaben des Absatzes nach Wirtz in Götting/Nordemann §3, Rn 107ff.
616 Wirtz in Götting/Nordemann §3, Rn 107.

des Unternehmens oder auch der Häufigkeit und Dauer des Eingriffs ergeben.[617] Keinen Einfluss hat hingegen, ob der Unternehmer den Verstoß verschulden muss.[618]

Die Eignung zur spürbaren Beeinträchtigung von Interessen der Mitbewerber ist ohne Weiteres zu bejahen, wenn die geschäftlichen Handlungen unmittelbar gegen diese gerichtet sind.[619] Die IFA-Kommunikation richtet sich nicht direkt gegen Mitbewerber (§ 2 Abs 1 Nr 3 UWG), diese werden allenfalls mittelbar betroffen. Dann ist die Eignung zur spürbaren Interessenbeeinträchtigung jedoch nur zu bejahen, wenn das unlautere Vorgehen Verbraucher oder sonstige Marktteilnehmer dazu veranlassen kann, Marktentscheidungen zu treffen, die sie ohne die unlautere Beeinflussung nicht getroffen hätten.[620] In diesem Fall ist die Handlung bereits allein aus dieser Voraussetzung unzulässig, – auf die Eignung zur spürbaren Beeinträchtigung der Interessen speziell der Mitbewerber kommt es dann nicht mehr an.[621]

Nachdem für Verbraucher im Rahmen der Richtlinie 2005/29/EG ein gesonderter Maßstab gilt, sind hier vor allem die sonstigen Marktteilnehmer, etwa Zwischenhändler und Vertriebsniederlassungen, zu beachten. Deren Verhalten im Markt dürfte sich ganz überwiegend an den ‚harten' Faktoren wie Einkaufspreis und Absatzmöglichkeiten orientieren. Unternehmerisches Sozialengagement dürfte für die Marktentscheidung von gewinnorientierten Unternehmungen nur insofern relevant sein, als diese für den Kunden relevant sind und damit mittelbar auf die Absatzmöglichkeiten wirken. Dass ein Händler seine Produktwahl und Kaufentscheidung auf Grund der Unternehmensdarstellung im Bereich CSR trifft und diese so nicht getroffen hätte, hätte er um einen Mangel an Compliance gewusst, erscheint unwahrscheinlich. Zumindest kann dann von einem Einzelfall gesprochen werden. Auch die mittelbare Beeinträchtigung bleibt theoretisch: Ein spürbarer Niederschlag in den Absatzzahlen wiederum, setzt einen breiten Einfluss in Verbraucherkreisen voraus, der den IFA auf Grund der geringen Verbreitung und Bekanntheit, vor allem aber des milieuabhängigen Einflussgrads nicht zukommt. Da mit der Spürbarkeit nicht zuletzt auch quantitative Auswirkungen auf den Wettbewerb gewichtet werden

617 Köhler in Köhler/Bornkamm § 3, Rn 123ff.
618 Köhler in Köhler/Bornkamm § 3, Rn 124.
619 Köhler in Köhler/Bornkamm § 3, Rn 119.
620 Köhler in Köhler/Bornkamm § 3, Rn 119.
621 Köhler in Köhler/Bornkamm § 3, Rn 119.

sollen,[622] muss eine Eignung zur spürbaren Interessensbeeinträchtigung hiernach verneint werden.

b. Relevanzerfordernis nach § 3 Abs 2 UWG

Die Auffangnorm hinsichtlich unlauteren Wettbewerbshandlungen gegenüber Verbrauchern aus Abs 2 in § 3 UWG setzt teils parallel zu Abs 1 eine unlautere Handlung (S 1 HS 1), die Erheblichkeit der Verfehlung (S 1 HS 2) und einen Kausalitätsbezug voraus (S 1 HS 3).[623] Im Rahmen der Richtlinie 2005/29/EG über unlautere Geschäftspraktiken entfällt das Erfordernis, wonach die unlautere Geschäftspraxis die Fähigkeit des Verbrauchers, eine informierte Entscheidung zu treffen, spürbar beeinträchtigen muss.[624] Nach dem für die richtlinienkonforme Auslegung maßgeblichen Art 6 Abs 2 RL 2005/29/EG ist eine Geschäftspraxis irreführend, „wenn sie im konkreten Fall unter Berücksichtigung aller tatsächlichen Umstände einen Durchschnittsverbraucher zu einer geschäftlichen Entscheidung veranlasst oder zu veranlassen geeignet ist, die er ansonsten nicht getroffen hätte (…)".

Bereits im Rahmen der Ausführungen zum Sachmängelgewährleistungsrecht[625] wurde auf die gewachsene Bedeutung sozial und ökologisch nachhaltiger Produktion für Kaufentscheidungen hingewiesen. Um ihr soziales Engagement greifbarer zu machen, erstellen Unternehmen eigene Kodizes oder schließen sich unternehmensübergreifenden Kodizes oder Initiativen an. Die Form gibt den Bemühungen einen offiziellen Anstrich. Kodex beziehungsweise Mitgliedschaft können in ihrer Symbolwirkung die Kommunikation der unternehmerischen Sozialverantwortung erleichtern. Auch die IFA sind ein Mittel, unternehmerische Sozialverantwortung festzuschreiben und abzubilden. Sie sind damit ein Instrument, sich als sozialer Akteur zu positionieren. Für die wachsende Gruppe an Verbrauchern, die das soziale Profil eines Unternehmens, beziehungsweise die soziale und ökologische Nachhaltigkeit der Produktion als ausschlaggebendes Qualitätskriterium erachten, können die IFA als Informationsquelle Grundlage der Kaufentscheidung

622 Sosnitza in Piper/Ohly/Sosnitza § 3, Rn 52 mit Verweis auf die Gesetzesbegründung (noch zur vorherigen Fassung „nicht nur unerheblich") zum RegE eines Gesetzes gegen den unlauteren Wettbewerb (UWG) vom 22.8.2003, BT-Drucks 15/1487, 17; ebenso Schünemann in Harte-Bavendamm/Henning-Bodewig (2009) § 3, Rn 403; Sosnitza in MünchKomm Lauterkeitsrecht § 3, Rn 114ff.; aA Köhler in Köhler/Bornkamm § 3, Rn 131; Köhler GRUR 2005, 1, 3f.

623 Schünemann in Harte-Bavendamm/Henning-Bodewig (2009) § 3, Rn 431ff.

624 siehe § 7 I.3.

625 siehe § 6 I.1.c.

werden. Der positive Einfluss des unternehmerischen Sozialengagements, verkörpert durch ein IFA, steht und fällt dabei mit der tatsächlichen Einhaltung der gemachten Zusagen.

Die gestiegene Bedeutung unternehmerischer Selbstregulation hat auch die EU erkannt und mit der Einführung des Begriffs des Verhaltenskodexes und der Erfassung verschiedener Formen unlauteren Verhaltens in Zusammenhang mit Verhaltenskodizes im Rahmen des Lauterkeitsrechts reagiert.[626] Auch hier gilt, dass die Normierung in speziellen konkretisierenden Tatbeständen für die Relevanz des Verhaltens für den Durchschnittsverbraucher spricht. Dagegen könnten im Rahmen der Gesamtwürdigung nur Umstände des Einzelfalls sprechen, die die Auswirkungen eines unlauteren Vorgehens nach § 5 Abs 1 S 2 Nr 6 UWG für den Verbraucher als unerheblich erscheinen lassen.

So etwa, wenn der gut informierte, angemessen aufmerksame und verständige Durchschnittsverbraucher in der Lage wäre,[627] die zur Täuschung geeigneten Angaben aus den Umständen zu durchschauen. Tatsächlich liegt hinsichtlich der Einhaltung der IFA jedoch ein deutliches und kaum auszugleichendes Informationsgefälle zu Lasten der Verbraucher vor. Informationen über die Einhaltung eines IFA beziehungsweise über Verstöße gegen die selbstgesetzten Regeln können nur die Unternehmen, in Ausnahmefällen die arbeitnehmerseitig verhandelnden Gewerkschaften erheben und preisgeben.[628] Eine Veröffentlichung solcher Evaluationen ist nur in wenigen Unternehmen im Rahmen des Jahresberichts vorgesehen. Nachforschungen sind dem Verbraucher in diesem Zusammenhang jedoch nicht zumutbar. Ist nicht aus den Umständen der zur Täuschung geeigneten Angabe selber zugleich der wahre Kern ersichtlich, bleibt die Angabe wettbewerbsrelevant. Es ist davon auszugehen, dass sie geeignet ist, den Durchschnittsverbraucher in ihrer Entscheidungsfreiheit zu beeinträchtigen.

4. Rechtsfolgen

Das Gesetz gegen den unlauteren Wettbewerb ermöglicht, mit Unterlassungs- und Beseitigungsanspruch (§ 8 UWG), Schadenersatzanspruch (§ 9 UWG) und Gewinnabschöpfungsanspruch (§ 10 UWG) gegen unzulässig unlauter handelnde Unternehmen vorzugehen.

---

626 durch die Richtlinie 2005/29/EG über unlautere Geschäftspraktiken.

627 lauterkeitsrechtliches Verbraucherleitbild des BGH und des EuGH: Bornkamm in Köhler/Bornkamm § 5, Rn 2.87.

628 siehe dazu § 2 I.6.b.aa., insbesondere (3).

a. Beseitigung und Unterlassung, § 8 UWG

Bei einer Zuwiderhandlung gegen § 3 UWG, deren Wiederholung droht, gewährt § 8 UWG einen Unterlassungsanspruch. Sofern die erstmalige Zuwiderhandlung droht, kann der Anspruch vorbeugend geltend gemacht werden. Der Anspruch ist verschuldensunabhängig; danach ist kein Vorsatzhandeln des Täters notwendig.[629] Tatsächlich wird aber zumindest bedingter Vorsatz für den Gehilfen oder Anstifter gefordert.[630] Die Zurechnung von Teilnehmerbeiträgen richtet sich nach § 830 BGB.[631] Fremdes Handeln wird im Rahmen des § 8 UWG über die Grundsätze der Organhaftung nach §§ 31, 89 BGB sowie des Organisationsverschuldens zugerechnet.[632] In Abs 2 findet sich eine § 831 BGB vergleichbare Regelung für die Zurechnung von Zuwiderhandlungen von Arbeitnehmern und Beauftragten – ohne Entlastungsmöglichkeit für den Unternehmer.[633]

aa. Haftung für die unlautere Wettbewerbshandlung

Bereits angedeutet wurde die Frage, wann ein Verstoß gegen ein IFA überhaupt in den Haftungsbereich des Unternehmens fällt. Muss ein strukturelles Konzernversagen vorliegen oder genügt das Zuwiderhandeln eines einzelnen Arbeitnehmers? Tatsächlich ist die unlautere Handlung im Sinne des § 5 Abs 1 S 2 Nr 6 UWG jedoch nur die irreführende Angabe in Bezug auf die Einhaltung eines Verhaltenskodex. Die Nichteinhaltung des Verhaltenskodexes ist lediglich Bezugspunkt der irreführenden Handlung. Mit Blick auf das Erfordernis zumindest bedingten Vorsatzes der Teilnehmer ist eine Teilnehmereigenschaft der handelnden Mitarbeiter im konkreten Fall der IFA ausgeschlossen: eine irreführende Angabe bedarf immer des zumindest bedingten Wissens um den unwahren Gehalt der Angaben. Diesen Überblick wird der einzelne Mitarbeiter der Presse- oder Marketingstelle, der die Angaben erstellt, regelmäßig nicht haben.

Danach wird dem Unternehmen das Handeln seiner Mitarbeiter als fremdes Handeln zugerechnet. Die Zurechnung organschaftlichen Mitarbeiterhandelns richtet sich dabei nach §§ 31, 89 BGB.[634] Das Handeln weisungsabhängiger Mitarbeiter wird über § 8 Abs 2 UWG zugerechnet.[635] Trifft den Mitarbeiter aus seinem

629 Bergmann in Harte-Bavendamm/Henning-Bodewig (2009) § 8, 62.
630 Bergmann in Harte-Bavendamm/Henning-Bodewig (2009) § 8, 62.
631 Schmitz-Fohrmann/Schwab in Götting/Nordemann (2013) § 8, Rn 54.
632 Schmitz-Fohrmann/Schwab in Götting/Nordemann (2013) § 8, Rn 61.
633 Schmitz-Fohrmann/Schwab in Götting/Nordemann (2013) § 8, Rn 83.
634 Schmitz-Fohrmann/Schwab in Götting/Nordemann (2013) § 8, Rn 61.
635 Schmitz-Fohrmann/Schwab in Götting/Nordemann (2013) § 8, Rn 82, 86.

Handeln allein kein eigener Abwehranspruch – das Erfordernis ergibt sich aus dem ‚auch' in Abs 2 – muss ergänzend § 831 BGB geltend.[636]

Auch selbständige Zulieferer und Subunternehmer fallen unter den Begriff des Beauftragten.[637] Entscheidend ist hier nicht die Eingliederung in den Betrieb oder eine Weisungsabhängigkeit, sondern die Möglichkeit des Unternehmers, Einfluss auf den Zulieferer und Subunternehmer zu nehmen, um Rechtsverstöße zu vermeiden.[638] Mit Blick auf die unlautere Handlung – die Irreführung – scheidet ein Handeln der Beauftragten jedoch aus. Die IFA-Kommunikation geht allein von den beauftragenden Unternehmen selbst aus.

Wird ein IFA allein durch die Gewerkschaft kommuniziert, stellt sich die Frage, ob dieses Vorgehen dem Unternehmen zugerechnet werden kann. Die Gewerkschaft ist weder Mitarbeiterin noch Beauftragte des Unternehmens. Möglich ist dann allenfalls eine Haftung des Unternehmens aus Verletzung einer Verkehrssicherungspflicht. Dafür müsste in der Veröffentlichung durch die Gewerkschaft eine geschäftliche Handlung liegen.[639] Die Veröffentlichung durch die Gewerkschaft dient aber nicht der Absatzförderung des Unternehmens, sodass eine Verkehrssicherungspflicht von vorneherein nicht in Frage kommt.

bb. Haftung für die Nichteinhaltung des Kodexes

Für die Frage der Nichteinhaltung des Verhaltenskodexes sind die allgemeinen Zurechnungsregeln anzuwenden. Die Einhaltung des Verhaltenskodexes ist lediglich Bezugspunkt der wettbewerbsrechtlichen Handlung und selber nicht Gegenstand lauterkeitsrechtlicher Bewertungsmaßstäbe. Die Zurechnung muss sich nach den allgemeinen Regeln richten. Ein Unterschied in der Zurechnung nach dem UWG ergibt sich hier insofern, als § 8 Abs 2 UWG nicht zur Anwendung kommt. Damit ist dem Unternehmer zum einen die Möglichkeit zur Exkulpation nach § 831 Abs 1 S 2 BGB gegeben, zum anderen ist der Kreis der Personen, deren Verhalten sich der Unternehmer zurechnen lassen muss, auf Verrichtungsgehilfen begrenzt.

Danach wird dem Unternehmen regelmäßig nur Organverschulden und Organisationsverschulden zugerechnet werden können. Der singuläre Verstoß eines einfachen Arbeitnehmers, etwa eines Aufsehers der gegenüber einem Arbeitnehmer zu Mitteln körperlicher Züchtigung greift, wird dem Unternehmen nicht zurechenbar sein. Es sei denn, das Unternehmen trifft ein Auswahlverschulden

636 Bergmann in Harte-Bavendamm/Henning-Bodewig (2009) § 8, Rn 240ff.
637 Bergmann in Harte-Bavendamm/Henning-Bodewig (2009) § 8, Rn 251.
638 Bergmann in Harte-Bavendamm/Henning-Bodewig (2009) § 8, Rn 250.
639 Schmitz-Fohrmann/Schwab in Götting/Nordemann (2013) § 8, Rn 74.

hinsichtlich des zuwiderhandelnden Mitarbeiters oder ein Organisationsverschulden hinsichtlich unternehmensinterner Strukturen, solches Fehlverhalten zu verhindern. Hier rückt auch die interne Kommunikation und Praxis der IFA ins Blickfeld. Mit der organisierten internen Verbreitung, Implementierung und Kontrolle des IFA erfüllt das Unternehmen seine Organisationsschuld.

Wie dargestellt,[640] wirken die IFA mit Blick auf die globale Aufspaltung der Produktionskette und die zunehmende Personalintensität insbesondere auf den niederen Produktionsstufen. Dies auch unter dem Gesichtspunkt, dass die Produktion weltweit überwiegend in Entwicklungs- und Schwellenländer ausgegliedert ist. Gerade hier sind gesetzlicher Arbeitnehmerschutz und soziale Mindeststandards nicht durchgehend gesichert.[641] Unter den Begriff des Verrichtungsgehilfen nach § 831 BGB lassen sich anders als unter den Begriff des Beauftragten in § 8 Abs 2 UWG jedoch keine selbständigen Zulieferbetriebe und Subunternehmer fassen. § 831 BGB setzt Abhängigkeit und Weisungsgebundenheit voraus; selbständige Unternehmen scheiden als Verrichtungsgehilfen aus.[642] Da sich insofern auch aus den Formulierungen der IFA keine Verantwortung der IFA-unterzeichnenden Unternehmen für ihre Zulieferer und Subunternehmer ergibt, wird ein bedeutendes Wirkungsfeld der IFA vom Lauterkeitsrecht nicht erfasst.

cc. Folge: Abwehranspruch aus § 8 UWG

Sofern Erstbegehungs- oder Wiederholungsgefahr bejaht werden können, ist ein Anspruch aus § 8 UWG auf Unterlassung und – solange der Zustand rechtswidriger Störung anhält – auch auf Beseitigung gegeben. Neben Mitbewerbern sind nach Abs 3 auch rechtsfähige Verbände zur Förderung gewerblicher Interessen, Einrichtungen zum Schutz von Verbraucherinteressen und die Industrie- und Handelskammern sowie die Handwerkskammern anspruchsberechtigt. Die Wiederholungsgefahr ist regelmäßig nur durch Abgabe einer strafbewehrten Unterlassungserklärung auszuräumen.[643] Unternehmenseigene Compliancemaßnahmen zur Sicherstellung der IFA-Zusagen sind in dieser Hinsicht wirkungslos, da das Versprechen künftigen Wohlverhaltens, die Beendigung der wettbewerbsbeeinträchtigenden Handlung, selbst die Aufgabe des Geschäfts, die Einstellung der Produktion, der Eintritt in die Liquidation oder die Entlassung des für den

640 siehe dazu § 2 I.6.a.bb.(2).

641 siehe ebenda.

642 Wagner in MünchKomm (2009) § 831, Rn 14ff.

643 Ohly in Piper/Ohly/Sosnitza § 8, Rn 19.

Wettbewerbsverstoß verantwortlichen Angestellten nicht ausreichend sein sollen, die Wiederholungsgefahr entfallen zu lassen.[644]

b. Schadenersatzanspruch aus § 9 UWG

Nach § 9 UWG können Mitbewerber auch einen ihnen entstandenen Schaden aus einer nach § 3 UWG unzulässig-unlauteren Wettbewerbshandlung ihres Mitbewerber geltend machen. Das Unternehmen muss sich Handlungen seiner Organe und Mitarbeiter zurechnen lassen, §§ 31, 89 und 831 BGB. Der Anspruch setzt über § 8 UWG hinaus Verschulden in Form von Vorsatz oder Fahrlässigkeit (§ 276 BGB) des unlauter handelnden Unternehmers voraus.

Wenn nicht schon die Unlauterkeit ein Verschulden indiziert,[645] muss im Fall der IFA zumindest von Fahrlässigkeit, wenn nicht von bedingtem Vorsatz ausgegangen werden. Ein Unternehmer, der Angaben über den Abschluss oder das Bestehen eines IFA veröffentlicht, ohne die Einhaltung der dort gemachten Zusagen garantieren zu können, wird zumindest die Möglichkeit der Unrichtigkeit und damit das Irreführungspotenzial der Angaben kennen. Das Wissen um die Einhaltung und mögliche Verfehlungen, auch Risiken der Nichteinhaltung ergibt sich zwangsläufig, wenn der Unternehmer seine Organisationverpflichtungen hinsichtlich der Einhaltung wahrnimmt. Unterlässt er jede Form aktiver Implementierung und Evaluation von Erfolg und Einhaltung seines IFA, handelt er zumindest fahrlässig, was die öffentliche Behauptung der Bindung an einen Kodex angeht. Rechtsirrtümer, die sich aus der noch unklaren Verortung der IFA im Lauterkeitsrecht, insbesondere der Subsumtion unter den Begriff des Verhaltenskodexes ergeben, gehen zu Lasten des Unternehmers: Bei Zweifeln an der Lauterkeit des eigenen Vorgehens kann von dem die im Verkehr erforderliche Sorgfalt wahrenden Unternehmer verlangt werden, die Handlung entweder zu unterlassen oder vorab eine rechtliche Klärung anzustreben.[646]

Nachdem die Rechtswidrigkeit entsprechend den unerlaubten Handlungen in §§ 823 ff BGB als indiziert gilt, erscheint vor allem die haftungsbegründende Kausalität und das Schadenserfordernis problematisch. Die Schadensberechnung richtet sich nach den allgemeinen Regelungen aus §§ 249 ff BGB.[647] Vorrangig wird Naturalrestitution, subsidiär Wertersatz geschuldet.[648] Schäden aus

644 Ohly in Piper/Ohly/Sosnitza § 8, Rn 19.
645 Schröder, 144.
646 Lehmler § 9, Rn 14.
647 Ohly in Piper/Ohly/Sosnitza § 8, Rn 9.
648 Ohly in Piper/Ohly/Sosnitza § 8, Rn 9.

der Irreführung eines IFA können alle klassischen Vermögensschäden sein: dazu gehören die Rechtsverfolgungskosten und Kosten durch Marktverwirrungsschäden, wie Marktentwirrungskosten und entgangener Gewinn, – die wohl häufigste Forderung eines Mitbewerbers in Zusammenhang mit Wettbewerbsverstößen.[649]

Erleichternd wirkt sich hinsichtlich des Kausalitätserfordernisses die Vermutung aus, wonach Umsatzrückgänge, die in einem sachlichen und zeitlichen Zusammenhang mit der Wettbewerbsverletzung stehen, als auf die Verletzungshandlung zurückführbar gelten.[650] Die Schadenshöhe kann geschätzt werden, § 247 ZPO.[651] Als Indiz kann hier der Gewinn des Verletzers als Spiegel des entgangenen Gewinns des Mitbewerbers gelten.[652] Daneben kann der Schaden auch über eine fiktive Lizenzgebühr berechnet werden.[653] Gleichwohl dürften sich gemessen an Verbreitung und Bekanntheit des Instituts kaum messbare Verschiebungen der Absatzströme von einem Unternehmen zum anderen ergeben. Auch eine Marktverwirrung, die die Geltendmachung von erhöhten Werbungskosten begründen könnte,[654] wird mit der derzeitigen Strahlkraft der IFA nicht auszulösen sein.

c. *Gewinnabschöpfung aus § 10 UWG*

Der Anspruch auf Gewinnabschöpfung steigert die Effektivität des UWG, die durch die Abwehransprüche aus § 8 UWG und den Schadenersatzanspruch aus § 9 UWG nicht vollumfänglich gewährleistet ist. Wettbewerbsverletzungen treffen in der Regel eine Vielzahl anderer Marktteilnehmer; der verursachte Schaden beim Einzelnen fällt jedoch nur gering aus. Für eine Rechtsverfolgung fehlt den Betroffenen mithin oftmals eine ausreichend empfindliche Belastung. Dem Phänomen der Streuschäden soll der Anspruch auf Gewinnabschöpfung aus § 10 UWG

---

649 Ohly in Piper/Ohly/Sosnitza § 8, Rn 11ff., - mit Kritik zu dem Begriff des Marktverwirrungsschaden.

650 BGH Urteil vom 17.06.1992 - I ZR 107/90, GRUR 1993, 55, 57; BGH Urteil vom 02.02.1995 - I ZR 16/93, GRUR 1995, 349, 351; Schröder, 145.

651 BGH Urteil vom 17 06.1992 - I ZR 107/90, GRUR 1993, 55, 59; Ohly in Piper/Ohly/Sosnitza § 8, Rn 9.

652 BGH Urteil vom 02.02.1995 - I ZR 16/93, GRUR 1995, 349, 351; BGH Urteil vom 17.06.1992 - I ZR 107/90, GRUR 1993, 55, 57; BGH Urteil vom 08.10.1971 - I ZR 12/70, GRUR 1972, 189, 190; siehe auch Hefermehl Anmerkung zu BGH GRUR 1972, 189, 191f.

653 Ohly in Piper/Ohly/Sosnitza § 8, Rn 14.

654 Köhler in Köhler/Bornkamm § 9, Rn 1.32.

entgegenwirken.[655] Anspruchsberechtigt sind die in § 8 Abs 2 Nr 2-4 UWG genannten Verbände und Kammern. Die Abschöpfung erfolgt zugunsten des Bundeshaushalts.

Der abzuschöpfende Gewinn muss dabei zu Lasten einer Vielzahl von Abnehmern erwirtschaftet worden sein. Wollte man das Merkmal wirtschaftlich verstehen, wäre ein vermögenswerter Schaden der Abnehmer durch die Kaufentscheidung infolge der Irreführung zu fordern.[656] Tatsächlich kann das soziale Profil eines Unternehmens, transportiert durch die Angabe über den Abschluss eines IFA, das als Symbol sozialgerechter und sicherer Arbeitsbedingungen steht, für den Abnehmer und seine Kaufentscheidung im Einzelfall ausschlaggebend sein. Dabei stellt die Eingehung des Vertrages allein jedoch noch keinen wirtschaftlichen Schaden dar. Ein an Nachhaltigkeitsthemen interessierter Abnehmer wird im Zweifel jedoch auch bereit sein, einen höheren Preis für die gerechteren Produktionsbedingungen zu zahlen. Es ist aber fraglich, ob die Unternehmen infolge des IFA einen höheren Preis für ihre Produkte verlangen, mithin, ob der Verbraucher für die Einhaltung des IFA bezahlt hat. So gilt die Vermutung, dass kein Schaden vorliegt, wenn der Abnehmer einen für die tatsächlich erbrachte Leistung angemessenen Preis zahlt.[657]

Sowohl die Einhaltung der IFA-Zusagen, als auch begleitende Marketingmaßnahmen sind wirtschaftliche Kostenfaktoren. Dies bedeutet jedoch nicht, dass diese umgehend auch in der Preisfindung berücksichtigt werden, – zumal wenn es sich um Unternehmen handelt, die das IFA gerade nicht einhalten. Die IFA sind zudem eines von vielen Instrumenten unternehmerischer Sozialverantwortung. Häufig haben Unternehmen zugleich einen internen Code of Conduct und sind Mitglied in CSR-Initiativen wie dem United Nations Global Compact. Auch wenn sich das soziale Engagement eines Unternehmens in der Preispolitik bemerkbar macht, wird es somit regelmäßig schwierig bis unmöglich sein, eine Kausalität zum Abschluss des IFA herzustellen. Die Frage, ob ein Vermögensschaden besteht, wird deshalb praxistauglich anhand der Tatsache entschieden, ob dem Abnehmer bürgerlich-rechtliche Ansprüche oder Gestaltungsrechte zustehen.[658] Solche bestehen im Fall der IFA nicht.

655 alle vorstehenden Angaben des Absatzes: Sosnitza GRUR 2003, 739, 745; Schröder, 146.

656 So Goldmann in in Harte-Bavendamm/Henning-Bodewig (2009) § 10, Rn 58.

657 Begr zum RegE eines Gesetzes gegen den unlauteren Wettbewerb (UWG) vom 22.8.2003, BT-Drucks 15/1487, 24; Goldmann in in Harte-Bavendamm/Henning-Bodewig (2009) § 10, Rn 59.

658 Köhler in Köhler/Bornkamm § 10, Rn 10; aA Ohly in Piper/Ohly/Sosnitza § 10, Rn 8.

Teilweise wird jedoch vertreten, die Voraussetzung eines Gewinns ‚zu Lasten einer Vielzahl von Abnehmern' müsse derart weit verstanden werden, dass jede lauterkeitsrechtliche Verletzung, unabhängig von einem messbaren Schaden der Abnehmer, ausreichend sei.[659] Tatsächlich hat der Gesetzgeber das Merkmal im Rahmen des Regierungsentwurfs aber ausdrücklich dahingehend konkretisiert, dass ein Gewinn ‚auf Kosten des Abnehmers' erzielt werden muss beziehungsweise noch konkreter „der Gewinnerzielung unmittelbar ein Vermögensnachteil der Abnehmer" gegenüberstehen muss.[660] Im Nachgang hat der Rechtsausschuss die Formulierung jedoch von „auf Kosten" zu „zu Lasten" geändert, – die Ermittlung einzelfallbezogener Nachteile soll danach nicht mehr erforderlich sein.[661] Gleichwohl betont aber auch der Rechtsauschuss die Notwendigkeit eines wirtschaftlichen Nachteils.[662] Damit liegt in der Klarstellung des Rechtsausschusses vielmehr eine Beweiserleichterung.[663]

Für ein weites Verständnis wird weiter darauf verwiesen, dass der Regierungsentwurf bei der Schadensberechnung nicht auf die Vermögenseinbuße der Abnehmer, sondern auf den Erlös, abzüglich der Herstellungskosten der erbrachten Leistungen sowie eventuell angefallener Betriebskosten, abstellt.[664] Hieraus kann aber nicht abgeleitet werden, dass auf den Vermögensschaden bei den Abnehmern verzichtet werden könnte.[665] Dieser mag nicht mehr Teil der Berechnungsgrundlage zur Abschöpfungssumme sein, er bleibt aber doch Voraussetzung des Anspruchs.[666] Im Gegenteil zeigt sich in der Schadensberechnung, wie bereits durch die Wahl des Zahlungsempfänger, dem Bundeshaushalt, dass es sich bei § 10 UWG um eine Norm mit punitivem Charakter handelt.[667] Ein Anspruch aus § 10 UWG kann deshalb nur in Fällen grober Unlauterkeit

---

659 Schröder, 147, Alexander WRP 2004, 407, 418; Micklitz in MünchKomm Lauterkeitsrecht § 10, §§ 127ff.; von Braunmühl in Fezer § 10, Rn 178f.

660 Begr zum RegE, eines Gesetzes gegen den unlauteren Wettbewerb (UWG) vom 22.8.2003, BT-Drucks 15/1487, 24; Sosnitza GRUR 2003, 739, 746.

661 Beschlussempfehlung und Bericht des Rechtsausschusses zu dem RegE BT- Drucks 15/1487 vom 26.3.2004, BT-Drucks 15/2795, 21.

662 Beschlussempfehlung und Bericht des Rechtsausschusses zu dem RegE BT-Drucks 15/1487 vom 26.3.2004, BT-Drucks 15/2795, 21.

663 Köhler in Köhler/Bornkamm § 10, Rn 10; aA von Braunmühl in Fezer § 10, Rn 190.

664 Schröder, 147.

665 Schröder, 147.

666 so auch von Braunmühl in Fezer § 10, Rn 201.

667 Schröder, 147.

eingreifen – was mit dem Kriterium des Vermögensschadens auf Abnehmerseite sichergestellt ist.[668]

Tatsächlich ist das Bestehen eines Gewinnabschöpfungsanspruchs gegen ein unlauter handelndes IFA-Unternehmen damit fraglich. Bestehen und Beweis eines Vermögensnachteils der Abnehmer scheint für den Fall der Irreführung im Zusammenhang mit einem IFA unwahrscheinlich. Gelingt der Nachweis eines Vermögensnachteils mit Blick auf die Beweiserleichterung infolge der Änderung des Gesetzentwurfs zu § 10 UWG durch den Rechtsausschuss, stellt sich ein weiteres tatsächliches Problem bei der Gewinnabschöpfung. Abgeschöpft werden darf nur der kausal auf der Zuwiderhandlung beruhende Gewinn.[669] Auch hier ergeben sich besondere Probleme aus der Tatsache, dass ein IFA regelmäßig nicht die einzige Kaufmotivation gewesen sein wird. Andere Faktoren, wie Preis und Qualität können hier dazu treten. Genauso können Angaben zu einem weiteren sozialen Engagement des Unternehmens kaufentscheidend gewesen sein.[670]

5. Fazit

Soweit die Unternehmen Text und Informationen über den IFA-Abschluss auf den unternehmenseigenen Internetseiten sowie im Weg von Pressemitteilungen veröffentlichen, stellt der Umgang mit den IFA eine geschäftliche Handlung dar. Der Anwendungsbereich des Gesetzes gegen den unlauteren Wettbewerb ist damit eröffnet.

Ein unlauteres Verhalten ohne Wertungsmöglichkeit nach der sogenannten Blacklist im Anhang zu § 3 Abs 3 UWG, dort insbesondere den Nr 1 und 3, liegt im Umgang mit den IFA jedoch nicht vor. Insofern kommen die dort umschriebenen und sanktionierten Verhaltensweisen im Zusammenhang mit den IFA rein tatsächlich bereits nicht vor. An dieser Stelle wird jedoch bereits die Frage relevant, ob die IFA unter den durch die UWG-Reform 2008 eingeführten Begriff des Verhaltenskodexes fallen. Das ist nicht ohne Weiteres der Fall. Insbesondere problematisch erscheint die Frage, ob den IFA ihren Inhalten nach eine über die individuellen Unternehmensbelange hinausgehende Bedeutung zukommt. Dazu müssen sie zumindest auch Verkörperung des allgemein lauteren Verhaltens von Unternehmen im Wettbewerb sein. Hier hinein spielt die Frage, ob ein Einzelunternehmen Urheber eines Verhaltenskodex im Sinne des UWG

---

668 zur Notwendigkeit der Begrenzung auf grobe Missbrauchsfälle: Sosnitza GRUR 2003, 739, 745f.

669 Ohly in Piper/Ohly/Sosnitza § 10, Rn 7.

670 zum Kausalitätsproblem bei mehreren Kaufmotiven: Ohly in Piper/Ohly/Sosnitza § 10, Rn 7.

sein kann. Die gebotene weite Auslegung des Richtlinienbegriffs auf der einen Seite und die jüngere sowie die sich abzeichnende zukünftige Entwicklung des Instruments der IFA auf der anderen Seite lassen eine Einordnung der IFA als Verhaltenskodex jedoch zu.

Auch der Rechtsbruchtatbestand in § 4 Nr 11 UWG muss im Fall der IFA verneint werden. Zum einen handelt es sich bei den IFA selber nicht um Normen. Zum anderen kann auch aus der Verbindung von IFA und ILO-Kernarbeitsnormen keine Rechtsnorm konstruiert werden: das Fehlen der gesetzlichen Verbindlichkeit der ILO-Normen für Privatrechtssubjekte kann durch die vertragliche Bindung über die IFA nicht ersetzt werden. Die individuelle Verbindlichkeit ersetzt nicht die notwendige allgemeine Marktrelevanz, die § 4 Nr 11 UWG voraussetzt. Die Durchsetzung vertraglicher individueller Verpflichtungen ist Gegenstand des Schuld-, nicht des Lauterkeitsrechts.

Für die Bejahung des Tatbestands der irreführenden geschäftlichen Handlung ist die Subsumtion der IFA unter den eingeschränkten Begriff des Verhaltenskodexes nach § 5 Abs 1 S 2 Nr 6 UWG entscheidend. Als Bezugspunkt einer irreführenden Handlung erfasst der Begriff des Verhaltenskodexes einschränkend keine Absichtserklärungen. Die Verneinung der Annahme einer bloßen Absichtserklärung im Fall der IFA bedarf einiger Argumentation, ist jedoch gut begründbar. Nachdem auch Relevanz und Spürbarkeit einer Irreführung durch täuschenden Hinweis auf die Bindung an ein IFA bejaht werden können, kann sich ein Unternehmen in Zusammenhang mit seinem IFA dem Vorwurf einer unzulässigen unlauteren Handlung aussetzen.

Ansprüche aus den Generalklauseln müssen dagegen ausscheiden.

Auf der Rechtsfolgenseite ist vor allem die Zurechnung fremden Verhaltens problematisch, etwa bei Veröffentlichung des IFA allein durch die Gewerkschaft oder bei Verfehlung des Unternehmenskodexes durch einen Zulieferer oder Subunternehmer. In beiden Fällen scheidet eine Zurechnung aus. Im Ergebnis kann aber ein Beseitigungs- oder Unterlassungsanspruch aus § 8 UWG gegeben sein. Ein Anspruch eines Mitbewerbers auf Schadenersatz nach § 9 UWG ist dem Grunde nach gegeben. Bei dem Erfordernis eines kausalen Schadens stellen sich aber Beweisprobleme hinsichtlich Kausalität und Höhe eines Schadens. Hierbei handelt es sich jedoch um klassische Probleme des Wettbewerbsrechts, zu denen teils gesetzlich, teils richterrechtlich Lösungen entwickelt wurden. Die Kausalitätsfeststellung wird durch eine Vermutung und die Schadenberechnung durch eine Vielzahl unterschiedlicher Berechnungsmodelle, etwa die Schadenschätzung, erleichtert.

Ein Anspruch auf Gewinnabschöpfung entscheidet sich an der Frage, ob ein Vermögensnachteil im engeren Sinne beim Abnehmer vorausgesetzt wird. Es ist fraglich ob ein solcher im Zusammenhang mit einer Marktentscheidung im Glauben an die Unternehmensbindung an ein IFA besteht. Jedenfalls ist er kaum nachweisbar. Wird entgegen der hier vertretenen Ansicht auf einen konkreten Vermögensschaden bei den Abnehmern verzichtet, bleibt die Schwierigkeit, den kausalen Gewinn auszumachen.

Damit kann über das Recht gegen den unlauteren Wettbewerb ein justiziabler Anspruch geltend gemacht werden, für den der Abschluss eines IFA Voraussetzung ist. Mit Blick auf die einleitend erwähnten Bemühungen der EU, Instrumente der Selbstregulierung zu fördern und diesen insbesondere über das Recht des unlauteren Wettbewerb zu mehr Verbindlichkeit und damit Bedeutung im Markt zu verhelfen, darf vermutet werden, dass die Möglichkeiten noch ausgebaut werden, einem IFA in Verbindung mit dem UWG Rechtswirkung zu entnehmen. Denkbar ist zum einen die Erfassung weiteren unlauteren Marktverhaltens in Zusammenhang mit Verhaltenskodizes. Ein Ansatz ist aber auch die genauere Ausrichtung der Tatbestände auf Instrumente wie die IFA. Hinzu kommt die Möglichkeit, dass die Gewerkschaften Entwurf und Verhandlung der IFA verstärkt auch der europäischen Gesetzgebung anpassen, um eine Subsumtion unter die ko-regulierenden Tatbestände des UWG und damit eine höhere Verbindlichkeit der Regelwerke zu sichern.

II. Ansprüche aus Delikt

Das Gesetz gegen den unlauteren Wettbewerb ist Sonderdeliktsrecht. Mit der Erweiterung des Schutzzwecks auf den Schutz der Verbraucher und der Allgemeinheit in § 1 UWG hat sich diese Einordnung nicht geändert. Dass mit dem UWG neben dem Individualschutz auch ein kollektivrechtlicher Schutz bezweckt wird, ändert die Qualifizierung als Deliktsrecht nicht. Als Spezialnormen gehen die lauterkeitsrechtlichen den bürgerlich-rechtlichen Deliktsnormen vor. Die Anwendung der §§ 823 ff BGB ist dort möglich, wo das Lauterkeitsrecht keine abschließenden Sonderregelungen trifft. Dies gilt für die Normen zur Zurechnungsfähigkeit, §§ 827 f BGB, Täterschaft, § 830 BGB, Haftung für Gehilfen, § 831 BGB, und Herausgabe einer ungerechtfertigten Bereicherung nach Eintritt der Verjährung, § 852 BGB.[671]

1. Anspruch aus § 823 Abs 1 BGB

Ein UWG-Verstoß kann zugleich eine Verletzung des § 823 Abs 1 BGB darstellen, sofern auch eine rechtswidrige Verletzung von Leben, Körper, Gesundheit,

671 ganzer Absatz nach Ohly in Piper/Ohly/Sosnitza Einf/Das UWG im deutschen Rechtssystem, Rn 56f.

Freiheit oder Eigentum vorliegt.[672] Dann ist § 823 Abs 1 BGB neben dem UWG anwendbar.[673] Wie schon im Bereich der Ansprüche von Konsumenten festgestellt,[674] ist durch die Praxis der IFA jedoch keines der in Abs 1 aufgezählten absoluten Rechtsgüter betroffen. Unter der Auffangalternative ‚oder ein sonstiges Recht' hat das Reichsgericht aber das Recht am eingerichteten und ausgeübten Betrieb entwickelt.[675] Die Konstruktion, die über eine noch fehlende Generalklausel im Lauterkeitsrecht hinweghelfen sollte, kann neben dem heute umfassenden Schutz aus UWG jedoch kaum noch eigene Bedeutung entwickeln.[676] Jedenfalls soll sie als lückenfüllender Auffangtatbestand herangezogen werden.[677]

Eine solche Lücke wird bei Schädigungshandlungen in Wettbewerbsabsicht überhaupt nur für unberechtigte Schutzrechtsverwarnungen angenommen.[678] Wird ein Anspruch nach dem UWG, wie hier nach § 5 Abs 1 S 2 Nr 6 UWG, angenommen, muss der Anspruch nach § 823 Abs 1 BGB folglich ausscheiden. Auch bei Ablehnung des Anspruchs wegen einer irreführenden geschäftlichen Handlung steht das Eingreifen des § 823 I BGB in Frage. In Ansehung der ausdrücklichen Regelungen verschiedenen Fehlverhaltens in Zusammenhang mit unternehmerischen Selbstverpflichtungen sowie des ergänzenden Schutzes aus den Generalklauseln des § 3 UWG, dort Abs 1 und 2, kann nicht von einer auffangbedürftigen Lücke des Wettbewerbsrechts ausgegangen werden.

Im Übrigen ist der Tatbestand des Anspruchs aus § 823 Abs 1 BGB in Verbindung mit dem Recht am Unternehmen auch nicht erfüllt. Mit Blick auf die Praxis und Kommunikation der IFA scheitert ein bürgerlich-rechtlicher Deliktsanspruch am zentralen Erfordernis der Unmittelbarkeit. Um eine uferlose Haftung nach § 823 Abs 1 UWG zu verhindern, schränkt das Unmittelbarkeitsmerkmal die tatbestandsmäßigen Eingriffe auf solche Handlungen ein, die unmittelbar in den gewerblichen Tätigkeitsbereich wirken.[679] Damit soll auch

672 Köhler in Köhler/Bornkamm Einl, Rn 7.4.
673 Köhler in Köhler/Bornkamm Einl, Rn 7.4.
674 siehe dazu § 6 IV.1.
675 Ohly in Piper/Ohly/Sosnitza Einf/Das UWG im deutschen Rechtssystem, Rn 59.
676 Ohly in Piper/Ohly/Sosnitza Einf/Das UWG im deutschen Rechtssystem, Rn 59.
677 Wagner in MünchKomm § 823, Rn 197; Ohly in Piper/Ohly/Sosnitza Einf/Das UWG im deutschen Rechtssystem, Rn 59.
678 Wagner in MünchKomm § 823, Rn 200.
679 BGH Urteil vom 15.10.1969 - I ZR 3/68, NJW 1970, 243, 244; BGH Urteil vom 28.11.1969 - I ZR 139/67, NJW 1970, 378, 381; BGH Urteil vom 4.2.1964 - VI ZR 25/63, NJW 1964, 720, 722; BGH Urteil vom 26.10.1951 - I ZR 8/51, NJW 1952, 660, 661; Köhler in Köhler/Bornkamm Einl, Rn 7.22 mwN.

der Ersatz reiner Vermögensschäden über das Recht am eingerichteten und ausgeübten Betrieb im Rahmen des auf absolute Rechtsgüter ausgerichteten § 823 Abs 1 BGB verhindert werden.[680]

Unmittelbarkeit setzt weder zwingend Kausalität voraus, noch ist das Fehlen sogenannter Zwischenursachen Voraussetzung.[681] Vielmehr muss die Verletzungshandlung gegen den Betrieb als solchen gerichtet sein.[682] Sie muss betriebsbezogen sein und nicht vom Gewerbebetrieb ohne Weiteres ablösbare Rechte oder Rechtsgüter betreffen.[683] Unmittelbarkeit kann bei direkter Herabsetzung eines Mitbewerbers oder auch vergleichender Werbung, beziehungsweise solcher Angaben gegenüber Dritten oder in der Öffentlichkeit, gegeben sein.[684] Werbung und andere Angaben, die allein das eigene Unternehmen betreffen, können mittelbar zu Umsatzeinbußen oder Wettbewerbsbenachteiligungen anderer Unternehmen führen. Sie zielen aber weder konkret auf die Schädigung eines Mitbewerbers, noch abstrakt auf die Schädigung aller Mitbewerber. Ein Anspruch nach § 823 Abs 1 BGB scheidet mithin aus.

2. Anspruch aus § 823 Abs 2 BGB

Ein Anspruch aus § 823 Abs 2 BGB in Verbindung mit einem Schutzgesetz greift neben wettbewerbsrechtlichen Ansprüchen nur dann ein, wenn das Schutzgesetz nicht lauterkeitsrechtlich ist.[685] So etwa, wenn die lauterkeitsrechtlich-relevante Handlung derart gravierend ist, dass eine strafrechtliche Erfassung – hier ist insbesondere an den Betrug nach § 263 StGB zu denken – möglich ist. Eine Heranziehung des hier bejahten § 5 Abs 1 S 2 Nr 6 UWG als Schutznorm ist auf Grund des Konkurrenzverhältnisses bürgerlich-rechtlicher und lauterkeitsrechtlicher Normen jedenfalls ausgeschlossen. Das Wettbewerbsrecht ist hier speziell.

Eine strafrechtliche Erfassung der IFA-Praxis liegt fern. Andere Schutzvorschriften, die durch die Praxis der IFA verletzt sein können und in Verbindung mit dem § 823 Abs 2 BGB zu Schadenersatzansprüchen führen können, sind nicht ersichtlich.

---

680 Staudinger in Schulze ua, § 823, Rn 122; Wagner in MünchKomm § 823, Rn 197.

681 BGH Urteil vom 9.12.1958 - VI ZR 199/57, NJW 1959, 479, 480 mwN.

682 Köhler in Köhler/Bornkamm Einl, Rn 7.22.

683 Köhler in Köhler/Bornkamm Einl, Rn 7.22.

684 zur Herabsetzung eines Mitbewerbers: Spindler in Bamberger/Roth § 823, Rn 129; im Übrigen Kloepfer/Michael GRUR 1991, 170; Ullmann GRUR 1996, 948, 957.

685 Köhler in Köhler/Bornkamm Einl, Rn 7.5; Ohly in Piper/Ohly/Sosnitza, Einf/Das UWG im deutschen Rechtssystem, Rn 62.

3. Fazit

Die bürgerlich-rechtlichen Deliktsnormen treten überwiegend hinter das Sonderdeliktsrecht des UWG zurück. Für einen parallelen Anspruch nach § 823 I BGB fehlt es an einem Handlungsunwert in Zusammenhang mit Praxis und Kommunikation der IFA, der über den lauterkeitsrechtlich erfassten Unrechtsgehalt hinausgeht. Im Rahmen des § 823 Abs 2 BGB ist wiederum die Heranziehung der UWG -Normen als Schutzgesetz konkurrenzrechtlich ausgeschlossen. Da andere eventuell verletzte Schutzgesetze nicht ersichtlich sind, scheidet ein Anspruch auch nach Abs 2 aus.

§ 8 Ansprüche der Parteien im Arbeitsrecht

I. Ansprüche von Arbeitnehmern

1. Vertragliche Ansprüche

a. Direkte Ansprüche

Die Arbeitnehmer sind selber nicht Partei der internationalen Rahmenvereinbarungen. Eine vertragsimmanente Vorgabe zur Umsetzung des IFA in interne Dokumente sieht allein das IFA Bosch vor, dass die Einfügung in sein „Management System Manual for Quality, Environment, Safety and Security in the Bosch Group" vorschreibt. Dies schafft jedoch keine Rechte, sondern Pflichten für die leitenden Angestellten. Die Einfügung in das Handbuch ist Teil der Bosch-Strategie zur Implementierung des IFA.

Mangels einer dem § 4 TVG entsprechenden gesetzlichen Vorschrift wirken die IFA auch nicht normativ auf die individualvertraglichen Beziehungen zwischen Arbeitgebern und Arbeitnehmern. Jenseits der normativen Wirkung durch gesetzliche Vorschrift ist jedoch eine mittelbare Wirkung der IFA auf die Individualvertragsbeziehungen zwischen einem Unternehmen und seinen Arbeitnehmern möglich. Voraussetzung ist eine dahingehende vertragliche Vereinbarung. Sofern nicht ausdrücklich niederlegt, kann sich diese in manchen Fällen auch aus ergänzender Vertragsauslegung ergeben.

b. Schuldrechtlich-mittelbare Begünstigung der Arbeitnehmer

aa. Koalitionenvertrag zu Gunsten Dritter, § 328 BGB

Der Koalitionenvertrag zugunsten Dritter[686] berechtigt den Dritten, in diesem Fall die Arbeitnehmer, das erworbene Recht selbst einzufordern.[687] In Abgrenzung zum unechten Vertrag zugunsten Dritter würde sich ein eigener Anspruch direkt aus dem IFA für die Arbeitnehmer ergeben.[688] Ausdrückliche Regelungen finden sich in den IFA nicht. Dagegen findet sich etwa in den IFA BMW, Leoni, Pfleiderer, RAG, Prym, Siemens und Volkswagen ein Ausschluss von Rechten Dritter

---

686 zur Terminologie siehe BAG Urteil vom 05.11.1997 - 4 AZR 872/95, NZA 1998, 654.

687 Rieble/Klumpp in MünchHB ArbR Bd 2 § 190, Rn 16.

688 zur Struktur des Koalitionenvertrag zugunsten Dritter: Rieble/Klumpp in MünchHB ArbR Bd 2 § 190, Rn 16.

aus der Rahmenvereinbarung. Das Fehlen eines Ausschlusses von Rechten Dritter macht jedoch noch keine Gewährung. Ob ein drittbegünstigender Anspruch gewährt werden soll, ist dann vielmehr Auslegungsfrage.[689] Eine Auslegungsregel findet sich in § 328 Abs 2 BGB. Danach ist den Umständen, insbesondere dem Zweck des Vertrags, zu entnehmen, ob Dritte durch den Vertrag begünstigt werden sollen. Im Übrigen gelten die allgemeinen Regeln zur Vertragsauslegung nach den §§ 133, 157 BGB.[690]

Die IFA widmen sich ihren Regelungsinhalten nach, ähnlich Tarifverträgen, den Rechten, den Arbeitsbedingungen und der sozialen Absicherung der Arbeitnehmer. Dabei ist die Leistung primär an den Dritten ein starkes Indiz für einen echten Vertrag zugunsten Dritter nach § 328 BGB.[691] So bedienen sich etwa auch Tarifparteien des Vertragskonstrukts nach § 328, wenn sie nicht auf Grundlage des TVG verhandeln und die Wirkung im Individualvertragsverhältnis nicht bereits über § 4 TVG sichergestellt ist.[692]

Im Grundsatz handelt es sich bei der Vertragskonstruktion nach § 328 BGB jedoch um eine atypische Vertragsgestaltung.[693] In Abgrenzung zu einem unechten Vertrag zugunsten Dritter bedarf die Annahme eines direkten eigenen Anspruchs besonderer Umstände, § 328 Abs 2 BGB. Dass im Schwerpunkt die Rechte Dritter geregelt werden, ist jedoch typisch für alle Koalitionenverträge. Die Tatsache, dass den IFA, anders als anderen Koalitionenverträgen keine Normativkraft zukommt, spricht allein auch nicht für den Rückgriff auf § 328 BGB. So besteht immer noch ein ‚milderes' Instrument, um den Arbeitnehmern einen Zugang zu den Vorteile des IFA zu verschaffen: der schuldrechtliche Normenvertrag.

Zudem haben die Umstände der Vertragsschließung bereits eine gegenüber dem Vertragspartner nur unvollkommene Verbindlichkeit ergeben. Ein Grund, weshalb den Arbeitnehmern als Dritten ein rechtsqualitativ stärkerer Anspruch aus dem IFA erwachsen sollte ist aus den Umständen nicht ersichtlich. Die Auslegung im Übrigen kann nichts anderes ergeben.[694]

bb. Schuldrechtlicher Normenvertrag

In Ermangelung der normativen Kraft qua Gesetz vereinbaren die Vertragspartner beim Koalitionsvertrag in Form des schuldrechtlichen Normenvertrags, durch die

---

689 Rieble/Klumpp in MünchHB ArbR Bd 2 § 190, Rn 17.

690 Janoschek in Bamberger/Roth § 328, Rn 23; Gottwald in MünchKomm § 328, Rn 33.

691 Gottwald in MünchKomm § 328, Rn 33.

692 Gottwald in MünchKomm § 328, Rn 44.

693 Gottwald in MünchKomm § 328, Rn 4.

694 im Ergebnis auch Dzida/Reinhard BB 2012, 2241, 2242f.

Verbandsmacht sicherzustellen, dass die Arbeitsvertragsparteien sich die verabredeten Klauseln ihrer Vertragsbeziehung zu eigen machen.[695] Zur Geltendmachung eines so verabredeten Anspruchs ist der Einzelne aber auf den Weg über den Verband verwiesen.[696] Damit stellt der schuldrechtliche Normenvertrag eine weniger weitgehende Alternative zum Koalitionenvertrag zugunsten Dritter dar. Die Verabredung muss, anders als dort, ausdrücklich getroffen sein.[697]

Eine solche Verabredung fehlt nicht nur in den IFA, sie wäre auch nicht praktizierbar: die Verbandsmacht wirkt nur gegenüber den Mitgliedern der Koalition.[698] Auf die Schwierigkeiten der Konzernbindung wurde bereits eingegangen. Aber auch die globalen Gewerkschaften sind gegenüber der von den IFA erfassten Arbeitnehmerschaft nicht in jedem Fall stellvertretungsbefugt. Die globalen Gewerkschaften sind Verbünde nationaler und transnationaler Gewerkschaften. Arbeitnehmer-Mitgliedschaften bestehen nicht. Eine mittelbare Mandatierung über die nationalen Gewerkschaften wird nicht in jedem Fall gegeben sein. Damit können die globalen Gewerkschaften ihre Verbandsmacht weder gegen noch für einzelne Arbeitnehmer einsetzen.

Die internationalen Rahmenvereinbarungen sind keine schuldrechtlichen Normenverträge.

c. *Arbeitsrechtliche Begünstigung von Arbeitnehmern*

Auch wenn die Arbeitnehmer nicht als Partei im Rahmen der IFA auftreten, können die IFA unter Annahme einer Gesamtzusage oder arbeitsrechtlichen Einheitslösung zum Inhalt einer individualvertraglichen Arbeitsbeziehung werden.

aa. Gesamtzusage

Die Gesamtzusage ist eine an alle oder einen bestimmbaren Kreis von Arbeitnehmern gerichtete ausdrückliche und mit Rechtsbindungswillen erklärte, gegebenenfalls bedingte Leistungszusage.[699] Der einzelne Arbeitnehmer muss das Verhalten des Arbeitgebers als Leistungsversprechen auffassen dürfen, – mithin ist der objektive Erklärungsinhalt aus der Sicht des Empfängers maßgeblich,

---

695 Rieble/Klumpp in MünchHB ArbR Bd 2 § 190, Rn 13; Löwisch/Rieble in Löwisch/Rieble § 1, Rn 1135.

696 Rieble/Klumpp in MünchHB ArbR Bd 2 § 190, Rn 14.

697 Rieble/Klumpp in MünchHB ArbR Bd 2 § 190, Rn 13.

698 Rieble/Klumpp in MünchHB ArbR Bd 2 § 190, Rn 15; Löwisch/Rieble in Löwisch/Rieble § 1, Rn 1136.

699 Koch in Schaub § 111, Rn 1.

§§ 133, 157 BGB.[700] Nimmt der einzelne Arbeitnehmer das Angebot an, das in der Gesamtzusage liegt, wird das Leistungsversprechen Inhalt des Arbeitsvertrags.[701]

Die Gesamtzusage ist ein Instrument, das regelmäßig zur Einführung von Versorgungsansprüchen wie Sozial- oder Geldleistungen eingesetzt wird.[702] Solche sind in den IFA nicht konkret gewährt. Möglich ist aber auch eine Gesamtzusage über andere Leistungen.

Die Annahme einer Gesamtzusage scheidet jedoch bereits der Form nach aus. Die Gesamtzusage ist ein individualrechtliches Instrument. Sie wird in Form einer einseitigen Willenserklärung gegeben, die im Normalfall für sich steht. In den IFA finden sich keine Klauseln, die ausdrücklich Dritte, konkret Arbeitnehmer, adressieren. Die Einbettung in einen Kollektivvertrag ist untypisch und ohne Sinn. Wollte der Arbeitgeber ein Angebot an die Belegschaft machen, kann er dies auf direkterem und für die Arbeitnehmer deutlicherem Weg tuen, – etwa durch Aushang im Betrieb. Soll ein solches Angebot mit der Gewerkschaft verhandeln werden, wäre der Koalitionenvertrag zugunsten Dritter das Mittel der Wahl.

Im Übrigen müssten sich bei der Auslegung der IFA hinsichtlich des Rechtsbindungswillens der erklärenden Unternehmen dieselben Bedenken ergeben, die auch im Rahmen des Koalitionenvertrags zugunsten Dritter angesprochen sind.

bb. Arbeitsvertragliche Einheitsregelung

Bei der arbeitsvertraglichen Einheitsregelung handelt es sich um durch den Arbeitgeber vorformulierte Arbeitsbedingungen, die durch Bezugnahme in den Einzelarbeitsverträgen in die individuellen Arbeitnehmer-Arbeitgeber-Beziehungen einbezogen werden.[703] Auch die arbeitsvertragliche Einheitsregelung basiert damit auf Rechtsgeschäft, nicht auf Vertrauen.[704] Der Unterschied zur Gesamtzusage findet sich allein in der Begründung des Anspruches: Während bei der arbeitsvertraglichen oder auch betrieblichen Einheitsregelung stets übereinstimmende

---

700 BAG Urteil vom 22.12.2009 - 3 AZR 136/08, NZA-RR 2010, 541; BAG Urteil vom 16.10.2007 - 9 AZR 170/07, NZA 2008, 1012, 1013; Koch in Schaub § 111, Rn 1, 3; Preis in ErfK § 611, Rn 218.

701 BAG Urteil vom 05.12.1995 - 3 AZR 941/94, NZA 1996, 666; Koch in Schaub § 111, Rn 1, 2.

702 Preis in ErfK § 611, Rn 218.

703 Richardi in MünchHB ArbR Bd 1 § 7, Rn 47.

704 Richardi in MünchHB ArbR Bd 1 § 7, Rn 49.

Willenserklärungen von Arbeitgeber und Arbeitnehmer vorliegen, kann die arbeitnehmerseitige Annahmeerklärung auch konkludent erfolgen.[705]

Wie bei der Gesamtzusage liegt es auch hier fern, die internationalen Rahmenvereinbarungen beziehungsweise Abschnitte der Verträge als arbeitsvertragliche Einheitslösung aufzufassen. Unter Form-Gesichtspunkten muss festgestellt werden, dass eine Einfügung in einen Rahmenvertrag dem Instrument nicht zuträglich und fremd ist. Mit Blick auf den Inhalt fehlt es – erst recht gegenüber den Arbeitnehmern als Vertragsdritten – am Rechtsbindungswillen.

cc. Ansprüche aus betrieblicher Übung

Das Arbeitsrecht ist vor dem Hintergrund des ungleichen Kräfteverhältnisses im Über-Unterordnungsverhältnis zwischen Arbeitgeber und Arbeitnehmer besonders offen für Vertrauenstatbestände.[706] Verhandlungspartner der IFA-Unternehmen sind aber die Gewerkschaften. Bei den Arbeitnehmern wirbt das Unternehmen im Zuge des Vertragsschlusses kein Vertrauen ein. Die Bekanntgabe im Betrieb durch Aushang oder die Unterrichtung der Arbeitnehmer kann auch für Arbeitnehmer mit laienhafter Rechtsauffassung kein Vertrauen auf ein verbindliches Leistungsversprechen begründen.

Eine vertragliche Verpflichtung kann im Arbeitsrecht jedoch auch durch die tatsächliche Leistung des Arbeitnehmers entstehen. Das Institut der betrieblichen Übung folgert eine vertragliche Bindung, wenn der Arbeitnehmer nur in schützenswerter Weise auf die Fortsetzung einer bestimmten Übung im Betrieb vertrauen durfte.[707]

Nach der herrschenden Meinung in Literatur und Rechtsprechung, die nunmehr die Vertrags- nicht mehr die Vertrauenstheorie vertritt,[708] liegt in der regelmäßigen, gleichförmigen und vorbehaltlosen Vorteilsgewährung eines Arbeitgebers der konkludente Antrag, einen entsprechenden Leistungsanspruch

---

705 BAG Beschluß vom 16.09.1986 - GS 1/82, NZA 1987, 168, 171; Richardi in MünchHB ArbR Bd 1 § 7, Rn 47.

706 Kettler NZA 2001, 928, 931.

707 BAG Urteil vom 04.05.1999 - 10 AZR 290/98, AP § 242 BGB Betriebliche Übung Nr. 55.

708 BAG Urteil vom 04.05.1999 - 10 AZR 290/98, JuS 2000, 307, 308; BAG Urteil vom 26.03.1997 - 10 AZR 612/96, AP § 242 BGB Betriebliche Übung Nr. 50; BAG Urteil vom 12.01.1994 - 5 AZR 41/93, AP § 242 BGB Nr. 43; Andresen/Cisch in MünchHB ArbR Bd 1 § 144, Rn 28; siehe ausführlich zu Vertrauens- und Vertragstheorie Bepler RdA 2004, 226.

zu verabreden.[709] Der Arbeitgeber muss lediglich willentlich hinsichtlich der tatsächlichen Gewährung handeln.[710] Die eintretende rechtliche Bindung muss nicht gewollt sein.[711] Die Gleichförmigkeit des Arbeitgeberhandelns, die den Tatbestand begründet, auf den der Arbeitnehmer vertraut, wird nach dem Empfängerhorizont beurteilt.[712]

Ein Eingreifen des Instituts der Betriebsübung kommt dann in Frage, wenn die betriebsübliche Leistung nicht bereits in Gesetz, Tarifvertrag, Betriebsvereinbarung oder Einzelarbeitsvertrag vorgesehen ist. Unschädlich ist, dass eine solche Verpflichtung dem Anschein nach besteht, sie jedoch nicht wirksam ist – unabhängig davon, ob der Arbeitgeber in dem Wissen der Unwirksamkeit freiwillig oder im Glauben auf eine Verpflichtung gehandelt hat. Liegen die Voraussetzungen der betrieblichen Übung vor, ersetzt das Institut die fehlende Verpflichtung aus ausdrücklichem Vertrag oder Gesetz.[713]

(1) Das IFA als Rechtsscheinträger

Die betriebliche Übung ist jedoch kein Auffangmittel für Verträge, die als Anspruchsgrundlage mangels Wirksamkeit ausscheiden. So kann eine bestehende, aber unwirksame oder unverbindliche Norm oder Vereinbarung nicht den Rechtsschein transportieren, der zu einem Anspruch aus Betriebsübung führt. Nach der Vertragstheorie wird durch die betriebliche Übung selbst ein vertraglicher Anspruch gestaltet. Dazu bedarf es keiner Norm oder Vereinbarung, auf die Arbeitgeber und Arbeitnehmer vertraut haben, sondern allein der tatsächlichen Gewährung eines Vorteils.

Bei Vorliegen einer unwirksamen Betriebsvereinbarung etwa, wird nicht ohne Weiteres eine betriebliche Übung angenommen und so ein ersatzweiser Arbeitnehmeranspruch konstituiert.[714] Vielmehr wird die Unwirksamkeit im Wege der Umdeutung, § 140 BGB, aufgefangen, – statt der Betriebsvereinbarung wird dann eine vertragliche Einheitslösung (Gesamtzusage oder gebündelte Vertragsangebote) angenommen.[715] Voraussetzung und Rechtfertigung für die Umdeutung ist

709 BAG Urteil vom 14.08.1996 - 10 AZR 69/96, AP § 242 BGB Betriebliche Übung Nr. 47; BAG Urteil vom 17.09.1970 - 5 AZR 539/69, AP BGB § 242 Betriebliche Übung Nr. 9; Rolfs in Blomeyer/Rolfs/Otto Anhang zu § 1, Rn 19.

710 Andresen/Cisch in MünchHB ArbR Bd 1 § 144, Rn 28.

711 Andresen/Cisch in MünchHB ArbR Bd 1 § 144, Rn 28.

712 Andresen/Cisch in MünchHB ArbR Bd 1 § 144, Rn 29.

713 ganzer Absatz nach Richardi in MünchHB ArbR Bd 1 § 8, Rn 20.

714 Richardi in MünchHB ArbR Bd 1 § 8, Rn 33ff.

715 BAG Urteil vom 19.6.2012 - 1 AZR 137/11, NJOZ 2012, 2179, Rn 21; BAG Urteil vom 30.05.2006 - 1 AZR 111/05, NZA 2006, 1170, Rn 34 mwN.

der eindeutig feststellbare Wille des Arbeitgebers, sich unabhängig von der Form binden zu wollen.[716] Eine Umdeutung in einen Anspruch aus betrieblicher Übung ist indes nicht denkbar; der Vertrag nach betrieblicher Übung knüpft rechtstatsächlich an und kann damit allenfalls unabhängig von der unwirksamen Betriebsvereinbarung bestehen.[717]

Dies muss umso mehr bei bestehenden, aber nicht justiziablen Verträgen wie den IFA gelten. Sie geben dem Handeln des Arbeitgebers eine vertragliche Grundlage. Die Leistung ist ausdrücklich, im konkreten Fall der IFA zudem als nicht justiziabel festgeschrieben. Hier ist kein Raum für den Rechtsschein eines verbindlich-durchsetzbaren Anspruchs.

(2) Leistung aus dem IFA

Fraglich ist jedoch, ob unabhängig von dem IFA die fortgesetzte tatsächliche Leistung, die der Arbeitgeber in Befolgung des IFA gewährt, zu einem vertraglichen Anspruch über das Institut der Betriebsübung führen kann. Dies erscheint in zweierlei Hinsicht problematisch. Zum einen ist bereits angesprochen wurden, dass da kein Raum für die Betriebsübung ist, wo die Leistung bereits durch Gesetz, Betriebsvereinbarung, Tarifvertrag oder Einzelvertrag gewährleistet ist. Auch mit den IFA besteht eine vertragliche Grundlage. Anders als in den Fällen, in denen das Handeln des Arbeitgebers einer der aufgezählten Rechts- beziehungsweise Anspruchsquellen entspricht, besteht im Fall der IFA jedoch trotz vertraglicher Handlungsgrundlage ein berechtigtes Interesse, das Arbeitnehmervertrauen auf den Rechtsschein zu schützen. Dies ergibt sich nicht aus der fehlenden Justiziabilität: so ist der individualvertragliche Anspruch in Folge der Betriebsübung auch in anderen Fällen rechtsqualitativ stärker – etwa im Vergleich zur leichter kündbaren Betriebsvereinbarung. Entscheidend ist vielmehr, dass die IFA den Arbeitnehmern keinen eigenen Anspruch gewähren. Vergleichbar ist dies mit dem Fall, in dem der Arbeitgeber den Arbeitsverhältnissen allgemeine Arbeitsbedingungen, insbesondere einen Tarifvertrag, zugrunde legt, diese aber nicht im Arbeitsvertrag absichert.[718] Hier bleibt die individualvertragliche Anspruchsbegründung auf Grundlage betrieblicher Übung möglich.[719] Das Nebeneinander von individualvertraglicher Abrede, basierend auf betrieblicher Übung und anderen Rechtsquellen, ist damit grundsätzlich denkbar.

---

716 BAG Urteil vom 19.6.2012 - 1 AZR 137/11, NJOZ 2012, 2179, Rn 21; BAG Urteil vom 30.05.2006 - 1 AZR 111/05, NZA 2006, 1170, Rn 34 mwN.

717 Richardi in MünchHB ArbR Bd 1 § 8, Rn 34.

718 Richardi in MünchHB ArbR Bd 1 § 8, Rn 1.

719 Richardi in MünchHB ArbR Bd 1 § 8, Rn 1.

Die fehlende Justiziabilität der IFA gewinnt jedoch gleichwohl an Bedeutung. Es stellt sich die Frage, inwieweit der notwendige Rechtsschein eines Verpflichtungswillens des Arbeitgebers entstehen kann, wenn in parallelen Vereinbarungen, konkret den IFA, der mangelnde Verpflichtungswille ausgedrückt ist. Die Vereinbarungen könnten wie ein Freiwilligkeitsvorbehalt wirken. Dort, wo der Arbeitgeber mit Hinweis auf die Freiwilligkeit, das heißt fehlende Verpflichtung, leistet, kann keine betriebliche Übung entstehen.[720] Das setzt jedoch auch voraus, dass der Hinweis mit jeder erneuten Leistung erfolgt.[721] Dass die IFA die Funktion des Freiwilligkeitsvorbehalts übernehmen, scheint in verschiedener Hinsicht zweifelhaft. Es fehlt an der unmittelbaren Verknüpfung von Leistung und Freiwilligkeitsverweis; ein Freiwilligkeitsvorbehalt kann nur dort wirken, wo er in zeitlichem und räumlichem Zusammenhang mit der Leistung steht und seiner Ausgestaltung nach mit gleicher Prägnanz wirkt.[722] Die Anforderungen sind hier abhängig von der Wirkkraft der vorangegangenen Selbstdarstellung selber: darüber entscheiden Dauer, inhaltliche Bestimmtheit und Prägnanz der Selbstdarstellung.[723] Ohne einen ausdrücklichen Freiwilligkeitsvorbehalt ist die Unverbindlichkeit der IFA für Rechtslaien kaum zu identifizieren. Möchte man die IFA gleichwohl als Freiwilligkeitsvorbehalt begreifen, muss dieser jedenfalls als unzureichend und damit unwirksam zurückgewiesen werden: die IFA adressieren nicht die Leistungsempfänger. Es mangelt an einer zeitlich-räumlichen Verbindung zur Leistungsgewährung.

Danach kann eine betriebliche Übung hinsichtlich der Leistungen, die der Arbeitgeber auf Grundlage des IFA gewährt, zwar nicht wegen, zumindest aber trotz bestehenden IFA entstehen. So kann Arbeitnehmern ein Anspruch aus fortgesetzter Unternehmenspraxis entstehen, der sich mit den Zusagen des IFA deckt. Ob die betriebliche Übung beziehungsweise das dazu führende Arbeitgeberhandeln auf einem IFA beruht oder nicht, ist dabei für den individualvertraglichen Anspruch unbedeutend. Andersherum hat das Vorliegen eines IFA auch keinerlei Indizwirkung für das tatsächliche Bestehen einer entsprechenden betrieblichen Übung. IFA und Betriebsübung sind unabhängig voneinander.

---

720 Thüsing in Vertragsrecht und AGB-Klauselwerke/Arbeitsverträge Rn 267.

721 Richardi in MünchHB ArbR Bd 1 § 8, Rn 24.

722 Köndgen, 183ff.

723 Köndgen, 183ff.

II. Ansprüche von Tarifpartnern

1. IFA als Grundlage nationaler Tarifverhandlungen

Die IFA selber sind nicht justiziabel. Rechtsverbindliche globale Tarifverträge mit Normativkraft zu verhandeln ist nicht möglich, – es fehlt an einer übernationalen Rechtsgrundlage.[724] Denkbar ist, dass die IFA Ausgang für Tarifverhandlungen auf nationaler Ebene sind. In vielen IFA treten die nationalen Gewerkschaften an der Seite der globalen Gewerkschaft als Vertragsunterzeichner auf. Ihnen obliegt es überwiegend, die Implementierung vor Ort zu überwachen. Ziel der globalen und nationalen Gewerkschaften ist dabei nicht die bloße ‚Verwaltung' des geschlossenen IFA. So werden die nationalen Mitgliedsgewerkschaften in den Richtlinien für Internationale Rahmenvereinbarungen der BWI[725] damit beauftragt, die flächendeckende gewerkschaftliche Organisierung im Nachgang zum Abschluss des IFA zu betreiben. Von Seiten der globalen Gewerkschaften werden die IFA mithin als Instrument der Öffnung hinsichtlich gewerkschaftlicher Organisierung und Kollektivverhandlungen auf nationaler Ebene betrachtet. Die case-studies belegen das. Danach ist es verschieden gelungen, aufbauend auf einer internationalen Rahmenvereinbarung Verhandlungen auf nationaler Ebene zu initiieren.[726]

Damit stellt sich die Frage der Bedeutung des IFA für die anschließenden kollektiven Vertragsverhandlungen. Ist es treuwidrig, ein IFA zu verhandeln und anschließende verbindliche Kollektivverhandlungen abzulehnen? Ist es widersprüchlich, die zuvor zwar unverbindlich, aber vertraglich zugesicherten Positionen im Rahmen von nachfolgenden Tarifvertragsverhandlungen zu verwehren?[727] Zumindest nach allgemeiner Lebensauffassung erscheint ein solches Vorgehen widersprüchlich und zieht die Ernsthaftigkeit des unternehmerischen Engagements im Rahmen der IFA in Zweifel. Fraglich ist, ob dies auch in rechtlicher Hinsicht gilt und inwiefern die Gewerkschaften als vertrauende Vertragspartner hieraus rechtliche Folge ableiten können.

---

724 zu Gestaltungsmöglichkeiten internationaler Tarifverträge, dann jedoch vor allem internationaler Konzerntarifverträge: Thüsing in Wiedemann § 1 Rn 111ff.; Dzida/Reinhard BB 2012, 2441, 2442; zu transnational wirkenden Tarifvereinbarungen auf Grundlage nationalen Rechts am Beispiel von Flottenverträgen: Schacher NZA 2000, 121.

725 Modell Internationales Rahmenabkommen und Richtlinien für Internationale Rahmenvereinbarungen, siehe Fn 152.

726 siehe § 2 I.6.b.bb.(1).

727 Problemaufwurf: Thüsing RdA 2010, 78, 93.

a. Verweigerung nachgehender Kollektivverhandlungen

aa. Verbot widersprüchlichen Verhaltens, § 242 BGB

Die Verweigerung verbindlicher Verhandlung im Nachgang zum Abschluss eines nicht justiziablen IFA kann als rechtswidersprüchlich und damit treuwidrig nach § 242 BGB angesehen werden. Das Verbot treuwidrigen Handelns nach § 242 BGB dient dem Vertrauensschutz[728] und ist Grundelement der westlich-abendländischen Rechtstradition[729]. Dahinter steht die Idee einer organisierten Gesellschaft, aufbauend auf dem Prinzip wechselseitigen Vertrauens unter den Mitgliedern, – so findet sich der Grundsatz in fast allen kontinentaleuropäischen und angloamerikanischen Rechtsordnungen.[730] Der Rechtssatz ist im Arbeitsrecht anwendbar und wird von der Rechtsprechung entsprechend herangezogen.[731] Dabei kann § 242 BGB zu einer Verwirkung und in engen Grenzen auch einer Erwirkung von Rechten führen.[732] Voraussetzung ist, dass die Verweigerung der Unternehmen als sachlich unvereinbar mit ihrem Vorverhalten zu bewerten ist und beziehungsweise oder ein Vertrauenstatbestand beim Erklärungsempfänger vorliegt.[733] Beides wird im Regelfall zusammentreffen.[734] Widersprüchliches Verhalten liegt vor, wenn das frühere zum späteren Verhalten in einem unlösbaren Widerspruch steht.[735] Das ist regelmäßig zu bejahen, wenn Vorteile in Anspruch genommen, Nachteile aber abgewehrt werden.[736] Vertrauen wird als in die Zukunft gerichtete Erwartung, die von vergangenen Erfahrungen geprägt ist, definiert.[737]

Mit Blick auf die IFA könnte den Unternehmen der Vorwurf inkonsistenten Verhaltens gemacht werden. Die Fallgruppe der ‚Inkonsistenz'[738] kennt das Arbeitsrecht etwa bei ausgesprochenen und vollzogenen Kündigungen, die sodann

---

728 BAG Urteil vom 11.12.1996 - 5 AZR 855/95, NJW 1997 2617, 2618; BAG Urteil vom 11.12.1996 - 5 AZR 708/95, NJW 1997, 2618, 2619; Singer NZA 1998, 1309, 1310.

729 Looschelders/Olzen in Staudinger § 242, Rn 143; Roth/Schubert in MünchKomm § 242, Rn 11.

730 Looschelders/Olzen in Staudinger § 242, Rn 1116ff.

731 Kühn NZA 2008, 1328 ff und Roth/Schubert in MünchKomm § 242, Rn 307 jeweils mit Rechtsprechungsbeispielen.

732 zur Funktion des § 242 BGB: Looschelders/Olzen in Staudinger § 242, Rn 172ff.

733 Roth/Schubert in MünchKomm § 242, Rn 284.

734 Roth/Schubert in MünchKomm § 242, Rn 284.

735 Roth/Schubert in MünchKomm § 242, Rn 319.

736 Roth/Schubert in MünchKomm § 242, Rn 319.

737 Kühn NZA 2008, 1328, 1331.

738 zu den verschiedenen Fallgruppen Roth/Schubert in MünchKomm § 242, Rn 319ff.

mit Berufung auf Formfehler zurückgezogen werden.[739] Die Berufung auf die Unwirksamkeit erscheint dabei als sachlich mit dem Vorverhalten unvereinbar: wird der unwirksame Rechtsakt aus freien Stücken vollzogen, darf der Betroffene erwarten, dass der Rechtsakt auch gewollt ist.[740] Das Ergebnis kann auf die IFA jedoch schwerlich übertragen werden. Anders als bei Vollzug eines unwirksamen Rechtsakts, liegt in dem Praktizieren einer nicht justiziablen Rahmenvereinbarung kein Widerspruch – vielmehr ist darin ein konsequentes und rechtstreues Handeln zusehen.

bb. Vertrauenshaftung aus culpa in contrahendo

Das Recht kennt jedoch auch schützenswertes Vertrauen auf das Zustandekommen eines Vertrages in der Zukunft. Dies wird im Rahmen des Vertrauenshaftungstatbestands aus §§ 311, 241 II, 280 I BGB, der culpa in contrahendo, geschützt. Die Rechtsfigur der culpa in contrahendo dient, gleich dem Verbotssatz venire contra factum proprium, dem Vertrauensschutz. Solches Vertrauen muss derart qualifiziert sein, dass es in einer Abwägung den wichtigen Grundsatz der Vertragsschlussfreiheit überwiegt.[741] Dies wird unter dem Institut der cic dann angenommen, wenn die Gegenseite den Vertragsschluss als sicher darstellt,[742] sie den Vertragspartner zu Vorleistungen veranlasst hat[743] oder mit der Durchführung des Vertrages schon begonnen wurde[744].[745]

Eine vorab geschlossene nicht justiziable Vereinbarung vermag nicht in vergleichbarer Weise Vertrauen auf einen verbindlichen Vertragsschluss hervorzurufen. Sie schürt in keiner Weise Erwartungen auf einen weiteren, dann verbindlichen Vertrag. Vielmehr liegt die Interpretation nahe, dass mit Abschluss des nicht justiziablen Vertrags, hier einem IFA, der gegenseitige Regelungsbedarf zunächst gedeckt ist und dem Willen der Parteien abschließend Genüge getan ist. Damit erscheinen weitere Verhandlungen in gleicher Sache bereits nicht

739 BAG Urteil vom 4.12.1997 - 2 AZR 799/96, NZA 1998, 420; Singer NZA 1998, 1309.

740 Kühn NZA 2008, 1328, 1331.

741 Gehrlein/Sutschet in Bamberger/Roth § 311, Rn 58.

742 BGH Urteil vom 22.02.1989 - VIII ZR 4/88, NJW-RR 1989, 627; BGH Urteil vom 12.06.1975 - X ZR 25/73, GRUR 1975, 616, 617; BGH Urteil vom 10.07.1970 - V ZR 159/67, NJW, 1970, 1840; BGH Urteil vom 14.07.1967 - V ZR 120/64, NJW 1967, 2199.

743 BGH Urteil vom 20.09.1984 - III ZR 47/83, NJW 1985, 1778, 1779; BGH Urteil vom 29.9.1960 - II ZR 25/59, MDR 61, 115.

744 BGH Urteil vom 19.10.1960 - VIII ZR 133/59, BeckRS 1960, 31188640 Rz II.2; BGH Urteil vom 20.6.1952 - V ZR 34/51, NJW 1952, 1130, 1131.

745 Gehrlein/Sutschet in Bamberger/Roth § 311, Rn 58.

als konsequentes und deshalb erwartbares Verhalten. Entsprechend kann auch die Verweigerung nicht als sachlich unvereinbar mit dem vorhergehenden IFA-Abschluss betrachtet werden. Andersherum kann der Vertragspartner nicht in schützenswerter Weise auf weitergehende Verhandlungen vertrauen.

Unabhängig von der fehlenden Eignung eines IFA, berechtigte Erwartungen auf nachgehende Kollektivverhandlungen hervorzurufen, würde auch der gegenteilige Fall die Gewerkschaften dem Ziel verbindlicher Vertragsverhandlungen nicht näher bringen. Im Rahmen des gesetzlich vorgesehenen Schutzes aus §§ 311, 241 II, 280 I BGB kommt nur ein Schadensersatzanspruch in Frage. Dieser ist auf Ausgleich des negativen Interesses, nur in Ausnahmefällen auf Ausgleich des positiven Interesses des Vertrauenden gerichtet.[746]

b. *Inhaltliche Bindung*

Anders kann der Fall liegen, wenn im Nachgang zu einem IFA freiwillig Kollektivverhandlungen mit einer nationalen Gewerkschaft aufgenommen werden. Die Verweigerung, gleiche Standards, wie im IFA zugesagt, im Rahmen eines verbindlich-justiziablen Tarifvertrags zu gewähren, kann dann rechtswidersprüchlich nach § 242 BGB erscheinen.[747]

Wieder könnte dem Unternehmen inkonsistentes Verhalten vorzuwerfen sein. Die Weigerung, Zusagen zu Arbeitsbedingungen und sozialer Absicherung dann zu wiederholen, wenn sie in verbindliche Form gegossen werden sollen, kann zumindest die Aufrichtigkeit des vorangegangenen unverbindlichen Versprechens in Zweifel ziehen. Damit stellt sich jedoch die Frage, ob es bereits treuwidrig ist, eine Zusage zu machen, deren Einhaltung man nicht unter allen Bedingungen garantieren will, – eine unverbindliche Zusage eben. Darin liegt grundlegend die Frage nach der Berechtigung unverbindlicher Vereinbarungen.

Die Tatsache, dass die Rechtsordnung im Rahmen der Privatautonomie unverbindliche Absprachen kennt und ermöglicht, steht für sich als Legitimation dieser Absprachеform. Soft-Law Instrumente können als ‚Eisbrecher' für bestimmte Themenbereiche beziehungsweise Zusagen dienen. Etwa dann, wenn eine verbindliche Absprache zwischen den Verhandlungspartnern – noch – nicht konsensfähig ist. Zudem können sie dann herangezogen werden, wenn verbindlichen Verträgen rechtliche Bedenken entgegenstehen. So im Fall von Völkerrechtsverträgen, denen im Ausgang die demokratische Legitimierung fehlt oder, wie auch im Fall der IFA

746 Emmerich in MünchKomm § 311, Rn 199.
747 Thüsing RdA 2010, 78, 93.

relevant,[748] bei konzernweiten Verträgen, zu denen der Konzernobergesellschaft die Vertretungsbefugnis, andere Konzernteile zu binden, fehlt. Damit kann unverbindlichen Verträgen eine Bedeutung über ein bloßes Minus zum obligatorischen Vertrag hinaus zukommen.

Auch wenn man auf die Formel abstellt, wonach derjenige treuwidrig handelt, der die Vorteile eines rechtlichen Vorgehens beansprucht, die Nachteile aber nicht tragen will, erscheint die bloß unverbindliche, nicht verbindlich wiederholte Vertragszusage nicht treuwidrig. Die Verweigerung einer verbindlichen Festschreibung mag ein Indiz dafür sein, dass das Unternehmen sich den Zusagen nicht gleich verbunden fühlt. Das Weniger an Verbindlichkeit und entsprechendem Verpflichtungsgefühl ist aber Charakteristikum der unverbindlichen Vereinbarung. Den kehrseitigen Lasten und Nachteilen zum beanspruchten Vorteil weicht das Unternehmen damit nicht aus. Diese ergeben sich autonom aus der Soft-Law-Vereinbarung. Die Öffentlichkeitswirkung stellt sicher, dass das Unternehmen die vor- und nachteiligen Konsequenzen einer nicht justiziablen Abmachung erfährt. Dem Imagegewinn steht dabei die Verpflichtung zur Einhaltung gegenüber, ansonsten der Verlust von Ansehen in Markt und Gesellschaft. Es liegt, wie bei rechtlichen Sanktionsmitteln, in den Händen der Vertragsgegner, sich der Kontrollmechanismen von Markt und Gesellschaft zu bedienen und die öffentliche Aufmerksamkeit für Vertrag und Einhaltung sicherzustellen. In Anbetracht der Tatsache, dass die Unternehmen zu Zusagen über die gesetzlichen Vorschriften hinaus in keiner Weise verpflichtet sind, stehen sich der Ansehungsgewinn als Vorteil sowie Erfüllungsaufwendungen oder Ansehensverlust als Nachteil ausgeglichen gegenüber.

Danach liegt in dem Abschluss eines Tarifvertrages, der in Reichweite und Umfang hinter den IFA-Zusagen zurückbleibt, kein inkonsistentes Verhalten.

2. Fazit

Mangels direkter durchsetzbarer Rechtswirkungen der Rahmenübereinkommen sowohl für die Verhandlungspartner, als auch für die durch diese in ihren Interessen vertretenen Arbeitnehmer, können Wirkungen im Arbeitsrecht vor allem über Vertrauenstatbestände erzielt werden. Der Anspruch aus betrieblicher Übung knüpft schützenswertes Vertrauen jedoch an tatsächliche Betriebsabläufe und bleibt damit unabhängig vom Bestehen oder Nichtbestehen eines IFA. Zumindest kann festgehalten werden, dass trotz bestehendem IFA der Rechtsschein einer

748 siehe unter § 4 I.2.b.cc.

betrieblichen Übung entstehen kann und zu einer verbindlich-justiziablen vertraglichen Vereinbarung zwischen Arbeitgeber und Arbeitnehmer führen kann.

Die Frage, ob ein IFA Vertrauen bei den Rahmenvertrags- beziehungsweise Tarifpartnern hinsichtlich nachgehender Tarifverhandlungen wecken und damit auf das ob und wie späterer nationaler Tarifverhandlungen wirken kann, muss verneint werden. Unverbindliche Versprechen haben ihre eigene Funktion und Berechtigung, was von der Rechtsordnung anerkannt ist. Ihre Umsetzung ist konsequent, nicht widersprüchlich. Daher verstoßen IFA-Unternehmen regelmäßig nicht gegen das Verbot rechtswidersprüchlichen Verhaltens, § 242 BGB. Ihr Verhalten löst auch keine Vertrauenshaftung aus culpa in contrahendo, § 311 Abs 2, 3 BGB aus. Der Abschluss eines IFA wirkt damit in keiner Weise auf nachgehende Kollektivverhandlungen.

§ 9 Sonstige Wirkung – IFA und Generalklauseln

I. Generalklauseln als Einfallstor außerrechtlicher Wertungen

Um den IFA mehr rechtliches Gewicht zu geben, kann eine Heranziehung der dort zugesagten Standards zur Konkretisierung von Generalklauseln überlegt werden.[749] Generalklauseln nehmen unmittelbar auf Werte und Prinzipien Bezug, die für die Rechtsordnung grundlegend sind und auch den speziell ausgeprägten Rechtssätzen des Gesetzes vielfach zugrunde liegen.[750] Sie ermöglichen eine flexiblere Berücksichtigung von Gerechtigkeitsaspekten, bergen aber auch die Gefahr von Rechtsunsicherheit.[751] Generalklauseln bedürfen der Konkretisierung. Zugleich bilden sie damit einen Aufhänger, subjektive Elemente, öffentliche Interessen, Wertungen aus dem Grundrechtekatalog und dem Unionsrecht, insbesondere auch der Europäischen Menschenrechtskonvention sowie außerrechtliche Maßstäbe, wie tradierte ethische Prinzipien und Verhaltenserwartungen, einfließen zu lassen [752]

Die IFA spiegeln international anerkannte arbeitsrechtliche und soziale Mindeststandards wider. Als freiwillige Selbstverpflichtungen gerieren sie zugleich eine konkrete gegebenenfalls erhöhte Verhaltenserwartung an die verwendenden Unternehmen. Ihren Inhalten entsprechend kann eine Heranziehung zur Präzisierung von arbeitsrechtlichen oder wettbewerbsrechtlichen Generalklauseln überlegt werden. Dabei wird zu Recht darauf verwiesen, dass die Maßstäbe, die aus einem IFA zu gewinnen sind, vor dem Hintergrund der hohen arbeits- und sozialrechtlichen Standards in Deutschland kaum Bedeutung entfalten können.[753] Die Frage nach der Zulässigkeit, ein IFA zur Konkretisierung heranzuziehen, kann vor dem Hintergrund zunehmender Detaillierung der IFA-Texte jedoch an Relevanz gewinnen.

---

749 so Thüsing RdA 2010, 78, 93; Dzida/Reinhard BB 2012, 2241, 2243.

750 Honsell in Staudinger/Eckpfeiler des Zivilrechts B, Rn 18.

751 Honsell in Staudinger/Eckpfeiler des Zivilrechts B, Rn 18.

752 Roth/Schubert in MünchKomm § 242, Rn 49ff. zur Rechtsentwicklung unter § 242 BGB.

753 Dzida/Reinhard BB 2012, 2241, 2243.

1. Konkretisierung lauterkeitsrechtlicher Generalklauseln

Gleich den IFA setzt auch das UWG Verhaltensstandards für unternehmerisches Handeln. Es liegt nahe, die konkret-individuellen IFA heranzuziehen, um abstrakt-generelle Generalklauseln zu konkretisieren.

Aufhänger kann hier etwa der Begriff der ‚fachlichen Sorgfalt' in § 3 Abs 2 UWG sein. Dieser ist in § 2 Abs 1 Nr 7 UWG bereits näher definiert als der Standard an Fachkenntnissen und Sorgfalt, von dem billigerweise angenommen werden kann, dass ein Unternehmer ihn in seinem Tätigkeitsbereich gegenüber Verbrauchern nach Treu und Glauben unter Berücksichtigung der Marktgepflogenheiten einhält. Um die Anforderungen an die fachliche Sorgfalt weiter zu bestimmen, wird in der Richtlinie 2005/29/EG, dort Erwägungsgrund 20, die Heranziehung von spezifischen Branchenregeln angeregt. Die Heranziehung wird als zweckmäßig, nicht in jedem Fall als notwendig beschrieben. Zudem soll dies nur für die zwingenden Vorschriften spezifischer Branchenregelungen gelten. Damit ist Voraussetzung für die Normkonkretisierung durch private Regelwerke zumindest, dass die Verhaltensanforderungen für Gewerbetreibende einer bestimmten Branche einheitlich verpflichtend sind. Hiernach erfasst der Kreis privater Regelwerke, die zur Konkretisierung herangezogen werden können, nur eingeschränkt Verhaltenskodizes im Sinne der Richtlinie. Eingrenzende Voraussetzung ist, dass sie brancheneinheitliche Verhaltensmaßstäbe aufstellen.[754]

Dieses Merkmal ist noch einmal enger als die Voraussetzung verbindlicher Absprachen im Rahmen des eingeschränkten Begriffs des Verhaltenskodexes in § 5 Abs 1 S 2 Nr 6 UWG. Ausreichend ist nicht die verbindliche Erklärung eines einzelnen oder mehrerer Unternehmer. Notwendig ist die Verpflichtung aller Unternehmen eines Wirtschaftszweigs. Wenn auch im Rahmen der Subsumtion der IFA unter den richtlinienbasierten Begriff des Verhaltenskodexes die allgemeine Relevanz der IFA-Inhalte festgestellt wurde,[755] stellen die IFA doch keine brancheneinheitliche Verhaltensmaßstäbe auf. Sie spiegeln vielmehr in Teilen die Anforderungen wider, die allgemein an einen lauter handelnden Unternehmer zu stellen sind. Sie erfüllen das Kriterium branchenweit zwingender Regeln nicht.

Der Gedanke hinter dem Merkmal der ‚zwingenden Vorschriften' ist verallgemeinerbar. Eine Heranziehung der IFA im Rahmen des UWG zur Konkretisierung von Generalnormen scheidet deshalb auch über den konkreten Fall des

754 ganzer Absatz nach Alexander GRUR Int 2012, 965, 972.
755 siehe § 7 I.1.

Begriffs der ‚fachlichen Sorgfalt‘ hinaus aus. In der Praxis würde die Konkretisierung durch ein IFA nicht nur zu stark unterschiedlichen Wertmaßstäben führen, sondern den lauterkeitsrechtlichen Sorgfaltsmaßstab auch in das Belieben des Kodex-Urhebers stellen. Konkret könnte mit Änderung des IFA auch der gesetzlich auferlegte Sorgfaltsmaßstab manipuliert werden. Solche Gestaltungrechte stehen jedoch nur dem demokratisch legitimierten Gesetzgeber zu. Eine solche Legitimation ergibt sich auch nicht durch die Beteiligung der Gewerkschaften bei Abschluss und Änderung eines IFA. Die Gewerkschaften sind keine Hoheitsträger.

Ein je nach IFA variierender Maßstab, der zudem nach dem Willen zweier Privatrechtssubjekte jederzeit gestaltet und geändert werden kann, ist bedenklich. Nicht nur, aber vor allem vor dem Hintergrund des deliktsrechtlichen Charakter des UWG. Die allgemeine und gleiche Rechtsgeltung darf durch die Auslegung weiter Rechtsbegriffe unter Heranziehung von individuell-privatrechtlichen Regelwerken nicht ausgehöhlt werden. Der BGH hält die Heranziehung nichtgesetzlicher Vorschriften im UWG deshalb für zumindest bedenklich.[756] Das Merkmal der zwingenden Vorschriften ist damit Ausdruck des allgemeinen Gedankens, dass eine Privatregel, gleich einem Gesetz, zumindest in ihrem Wirkungskreis allgemeine Gültigkeit haben muss, sofern sie über weite Rechtsbegriffe des deliktischen UWG Verbindlichkeit erfahren soll.[757]

Für das UWG, dessen Zweck die Sicherung eines gleichen und gerechten Wettbewerbs ist, können die IFA nicht zur Konkretisierung weiter Rechtsbegriffe herangezogen werden.[758]

2. Konkretisierung arbeitsrechtlicher Generalklauseln

Eine Vielzahl verschiedener Generalklauseln gibt es auch im engeren und weiteren Arbeitsrecht, so etwa §§ 626 Abs 1 BGB, § 1 KSchG, §§ 1, 7 AGG. Zugleich wirken zivilrechtliche Generalklauseln, wie die Gebote von Treu und Glauben

---

756 BGH Urteil vom 9.9.2010 - I ZR 157/08, GRUR 2011, 431, Rz 14; BGH Urteil vom 7.2.2006 - KZR 33/04, GRUR 2006, 773, Rz 21.

757 im Ergebnis auch Alexander GRUR-Int. 2012, 965, 971; Teubner, der vom Konformitätserfordernis spricht, 95.

758 aA Fezer, der eine Konkretisierung des Begriffs der fachlichen Sorgfalt durch Verhaltenskodizes ohne Einschränkung bejaht, in Fezer § 2 Nr 5, Rn 35f.; differenzierend nach allgemeiner branchenweiter Gültigkeit des Verhaltenskodexes: Alexander GRUR Int 2012, 965, 972.

nach § 242 BGB[759] und den guten Sitten nach § 138 BGB[760] sowie die Rücksichtnahme- und Schutzpflichten aus § 241 Abs 2 BGB[761] in das Arbeitsrecht und damit das Arbeitsverhältnis.[762]

Während das UWG den gleichen und gerechten Wettbewerb sichern soll, steht im Zentrum des Arbeitsrechts die Arbeitgeber-Arbeitnehmer-Beziehung. Anders als im UWG wird die individuell-privatrechtlich konstituierte Arbeitsbeziehung maßgeblich durch die Parteien gestaltet. Das Arbeitsrecht fußt grundlegend auf dem Prinzip der Privatautonomie.[763] Hierzu treten als arbeitsrechtliche Besonderheit die Kollektivinstrumente Betriebsvereinbarung und Tarifvertrag, durch die die Arbeitgeber-Arbeitnehmerbeziehung geregelt werden kann, – auch diese sind jedoch Ausdruck der Selbstbestimmung.[764] Die im Rahmen der UWG-Generalklauseln angesprochene Notwendigkeit gleicher Behandlung aller Adressaten ist hierdurch relativiert. Dort, wo der Arbeitgeber Rechte und Pflichten des Arbeitsverhältnisses selbst privatrechtlich gestalten kann, liegt auch eine andere Bewertung hinsichtlich der Heranziehung privater, nur ihn bindender Regelwerke, konkret eines IFA, nahe.

Die Privat- und Kollektivautonomie des Arbeitsrechts kann durch zwingende Normen und Generalklauseln eingeschränkt werden. Nicht jedoch durch außerrechtliche Wertungen, wie sie die IFA darstellen können. Durch die zunehmende Wertepluralisierung und -fragmentierung in der Gesellschaft steht die Heranziehung von außerrechtlichen Wertungen ohnehin in der Kritik.[765] Vor allem aber gilt die Bindung an Recht und Gesetz aus Art 20 Abs 3 GG für die Arbeitsvertragsfreiheit im besonderen Maße; diese ist als Teil der Berufsausübungsfreiheit

---

759 OLG Württemberg-Hohenzollern in Tübingen v. 2.3.50 GR 5/49; LAG Mecklenburg-Vorpommern Urteil vom 15.11.2011 - 5 Sa 10/11, BeckRS 2012, 66874; LAG Düsseldorf Urteil vom 28.02.2002 - 11 (13) Sa 1611/00, BeckRS 2002, 41117.

760 siehe die ‚Lohnwucher' Rechtsprechung des BAG: BAG Urteil vom 18.04.2012 - 5 AZR 630/10, NZA 2012, 978; BAG Urteil vom 22.04.2009 - 5 AZR 436/08, JuS 2010, 259; BAG Urteil vom 22.03.1989 - 5 AZR 151/88, BeckRS 2009, 69153; BAG Urteil vom 26.04.2006 - 5 AZR 549/05, NZA 2006, 1354f.

761 siehe etwa BAG Urteil vom 19.5.2010 - 5 AZR 162/09, NJW 2010, 3112, 3113; BAG Urteil vom 13.08.2009 - 6 AZR 330/08, NZA-RR 2010, 420; BAG Urteil vom 24.06.2004 - 2 AZR 63/03, NZA 2005, 158.

762 Reichold in MünchHB ArbR Bd 1 § 83, Rn 1.

763 Boemke NZA 1993, 532.

764 Boemke NZA 1993, 532, 533; zum Streit hinsichtlich Privat- und Kollektivautonomie siehe Schiek in Däubler, Einl, Rn 189ff.

765 Roth/Schubert in MünchKomm § 242, Rn 75 zur Heranziehung ausserrechtlicher Wertungen iRv § 242 BGB.

über Art 12 Abs 1 S 2 GG geschützt.[766] Eine Einschränkung darf nur durch Gesetz oder auf Grundlage eines Gesetzes erfolgen.[767]

Dies gilt auch für eine mittelbare Einschränkung über die Generalklauseln in Verbindung mit außerrechtlichen Wertungen. So hat das Bundesverfassungsgericht die Konkretisierung arbeitsrechtlicher Generalklauseln durch privatrechtliche Standards weitgehend eingeschränkt.[768] Im konkreten Fall wurde die Heranziehung des Standesrechts der Anwälte zur Präzisierung des § 43 BRAO über die allgemeinen Pflichten eines Anwalts abgelehnt. Entscheidend war hier, dass § 43 BRAO Ausprägung des Grundrechts der Berufsfreiheit nach Art 12 GG ist.[769] Die Konkretisierung von grundrechtsrelevanten Normen durch private Standards wurde untersagt.[770] Diesen kommt allenfalls Empfehlungscharakter im Sinne einer gerichtlich überprüfbaren Vermutung zu.[771] Auch ein solcher Empfehlungscharakter wird, wenn nicht ausdrücklich gesetzlich vorgesehen, nur bei Regelwerken angenommen, die unter staatlicher Mitwirkung entstehen oder deren Erlass-Verfahren zumindest staatlich initiiert oder kontrolliert ist.[772] Die IFA werden weder in einem staatlich kontrollierten Verfahren noch unter staatlicher Beteiligung erlassen, sodass die Heranziehung zur Konkretisierung von Generalklauseln zumindest da ausgeschlossen sein muss, wo die Generalnorm einen Eingriff in die Berufsfreiheit des Arbeitgebers darstellt. Im Bereich des Arbeitsrechts wird dies jedoch regelmäßig der Fall sein.

II. Fazit

Die Heranziehung der IFA zur Präzisierung weiter Rechtsbegriffe scheitert im Lauterkeitsrecht an ihrer fehlenden allgemeinen Verbindlichkeit. Die Berücksichtigung gleichwohl würde zu einer nicht hinnehmbaren Ungleichbehandlung im

---

766 Boemke NZA 1993, 532, 533.

767 Boemke NZA 1993, 532, 533f.

768 BverfG Beschluß vom 12.03.1990 - 1 BvR 816/86, NJW 1991, 2274 unter Verweis auf BVerfG Beschluß vom 14.07.1987 - 1 BvR 537/81 u.a., NJW 1988, 191; Bachmann WM 2002, 2137 2138.

769 BVerfG Beschluß vom 14.07.1987 - 1 BvR 537/81 u.a., NJW 1988, 191, 192.

770 BverfG Beschluß vom 12.03.1990 - 1 BvR 816/86, NJW 1991, 2274; BVerfG Beschluß vom 14.07.1987 - 1 BvR 537/81 u.a., NJW 1988, 191; Bachmann WM 2002, 2137, 2138. Ohne weiteres wird die Konkretisierungsfunktion bei von Jung GRUR Int 1998, 841, 845 für die Network Etiquette bejaht; dagegen verneint Bachmann selbst eine Vermutungswirkung im Fall des Corporate Governance Kodex.

771 BGH Urteil vom 14.05.1998 - VII ZR 184/97, NJW 1998, 2814; BGH Urteil vom 19.04.1991 - V ZR 349/89, NJW 1991, 2021; Bachmann WM 2002, 2137, 2138.

772 Bachmann WM 2002, 2137, 2138f.; Schwab BB 1999, 731, 732ff.

Lauterkeitsrecht führen. Dies gilt umso mehr, als es sich um Sonderdeliktsrecht handelt. Während im Arbeitsrecht ein individueller Maßstab möglich erscheint, scheiden auch hier die IFA-Inhalte für eine nähere Bestimmung weiter Rechtsbegriffe aus. Die Grundrechtsrelevanz der arbeitsrechtlichen Normen verbietet eine Konkretisierung über rein privatrechtliche Absprachen.

4. Teil – Schlussbetrachtung

§ 10 Zusammenfassung der Untersuchung

I. Erster Teil – Überblick

Nach neuerem Verständnis von Corporate Social Responsibility schreibt die EU den Unternehmen eine Rolle als aktiver Gestalter gesellschaftlicher Wirklichkeit zu. Ein Mittel, dieser Rolle gerecht zu werden und die unmittelbare und mittelbare Unternehmensumgebung zu gestalten, sind die International Framework Agreements. Die Aufmerksamkeit, die die EU den IFA in jüngerer Vergangenheit unter anderem durch die Einrichtung einer Expertengruppe zur Untersuchung geschenkt hat, weist auf die Bedeutung hin, die dem Instrument in der Reihe verschiedener CSR-Instrumente zukommt beziehungsweise zukünftig zukommen kann.

Die von der EU erarbeiteten Empfehlungen zur Schaffung eines rechtlichen Rahmens für IFA können dabei nicht über die rein privatrechtliche Natur der IFA hinwegtäuschen. Es handelt sich um Verträge ohne Normqualität und Normativkraft. Weniger deutlich als die Trennlinie zur staatlichen Gesetzgebung ist die Abgrenzung innerhalb der verschiedenen Instrumente zur Wahrnehmung unternehmerischer Sozialverantwortung. Von den wesensnahen, bereits etablierten Codes of Conduct, grenzen sich die IFA jedenfalls durch ihre Zweiseitigkeit ab. In dem Verhandlungsmoment kann darüber hinaus auch ein qualitativer Mehrwert für die Ziele unternehmerischer Sozialverantwortung gesehen werden, der die IFA als Fortentwicklung der bisherigen Unternehmenskodizes erscheinen lässt. Eine deutlichere Abgrenzung der IFA gegenüber anderen CSR-Mitteln, insbesondere den Verhaltenskodizes, ist mit der zunehmenden Verbreitung, Etablierung und Profilierung des Instruments zu erwarten.

Ein Blick auf die Geschichte zeigt, dass das Instrument der IFA noch in den Anfängen steckt. Ausschlaggebend für die Entwicklung der IFA war die Globalisierung der Produktionsketten. In ihrer Folge haben sich auch die Gewerkschaften internationalisiert, was schließlich auch zu einer Globalisierung der Kollektivverhandlungen führte. Ein Produkt hiervon sind die IFA. Vorreiter auf dem Gebiet der IFA war der Konzern Boussois-Souchon-Neuvesel, der heute unter Danone firmiert und 1988 eine ‚joint opinion‘ mit der IUF verhandelte. In elf weiteren Vereinbarungen versuchte sich der Konzern an dieser Form der zweiseitigen Vereinbarung und bereitete den IFA ihren Weg.

Noch heute weist die geographische Verbreitung die IFA als ein überwiegend europäisches Phänomen aus. Das kann vor allem über die hohe Bedeutung von Arbeitnehmerschutz und Belangen der sozialen Sicherung sowie die Stärke der

Gewerkschaften in der EU erklärt werden. Auch die Branchenverteilung lässt sich auf den Organisierungsgrad zurückführen. So kommen IFA in gewerkschaftsmeidenden Branchen seltener vor. Zu diesen zählen vor allem Branchen, deren Wertschöpfungsketten stark zergliedert sind, wie etwa die Textil- und Nahrungsmittelindustrie. In gewerkschaftsoffenen Branchen gibt es dagegen ein verstärktes Aufkommen der IFA. Solche Branchen finden sich verstärkt in Kapital- und Technologie-intensiven Bereichen, deren Wertschöpfungskette Produzenten-dominiert ist. So etwa im Metall-, Bau- und Chemiesektor.

Die IFA werden zwischen Unternehmen und globalen Gewerkschaften verhandelt. Neben die Gewerkschaftsbünde treten oft weitere Unterzeichner. Während die Hinzuziehung des Betriebsrats wohl in bloßer Anerkennung seines Aufgabenbereichs geschieht, sind die globalen Gewerkschaften auf das Mitwirken der ebenfalls häufig vertretenen nationalen Gewerkschaften angewiesen. Mangels lokaler Repräsentanzen der globalen Gewerkschaften kommt den nationalen Gewerkschaften eine aktive Rolle bei der Implementierung und Kontrolle der IFA zu. Neben dem vordergründigen Ziel, der Stärkung der Arbeitnehmerrechte und der Sicherung sozialer Mindeststandards, verfolgen die verhandelnden Unternehmen und Gewerkschaften mit den IFA vor allem strategische Interessen. Für die Unternehmensseite verspricht ein IFA als Teil der unternehmerischen Außendarstellung einen marktrelevanten Imagegewinn. Die globalen Gewerkschaften haben durch die IFA die Anerkennung als Verhandlungspartner auf internationaler Ebene erlangt. Zugleich wirken die IFA sich auch auf die Mitgliederzahlen der Arbeitsorganisationen und deren Bedeutung als Akteure im internationalen Wirtschaftsgefüge aus.

Die Texte der bestehenden IFA zeigen eine hohe Übereinstimmung hinsichtlich der Kernregelungen und eine beachtliche Nähe in den Formulierungen. Gleichzeitig variieren die IFA jedoch deutlich in Bezug auf den Detailgrad der Ausführungen. Charakteristische Klauseln finden sich zu den Themen Pflicht-, Zwangs- und Kinderarbeit, Gleichbehandlung, Arbeitszeit und Urlaub, Sicherheit und Gesundheitsschutz, angemessene Vergütung und Mindestlohn, Arbeitnehmerkollektivrechte, Rechte der Gewerkschaft sowie Fortbildung. Deren Anwendung ist ganz überwiegend weltweit beziehungsweise konzernweit vorgesehen. Auch die Einbindung der Zulieferer und Subunternehmer ist verbreitet – wobei Durchsetzung, Kontrolle und Sanktion von Complianceverstößen in der ausgelagerten Produktionskette offen bleiben.

In den Ausführungen zur konzerneigenen Implementierung und Evaluation spiegelt sich die Beidseitigkeit der Rahmenabkommen nur teilweise wider. Während die Implementierung allein dem Unternehmen zugeschrieben wird, nehmen die Gewerkschaften, in wenigen Einzelfällen auch die Betriebsräte, allenfalls an der Auswertung der Evaluationsergebnisse teil. Die Erhebung verbleibt ganz überwiegend in der Kontrolle der Unternehmen.

In unabhängigen case studies zur Praxis und Wirkungen der IFA zeigen sich vor allem Auswirkungen auf dem Gebiet der Vereinigungsfreiheit. Im Nachgang zum Abschluss eines IFA hat sich teilweise die Beziehung zwischen Gewerkschaft und Unternehmen verbessert und der Organisationsgrad innerhalb der Arbeitnehmerschaft erhöht. Es ist jedoch schwierig, diese Erfolge allein auf das IFA zurückzuführen. Andersherum wird auch deutlich, dass ein IFA überhaupt nur unter dem fortgesetzten Engagement der Arbeitnehmervertreter Wirkungen entwickeln kann. Um den Erfolg eines IFA zu sichern, empfiehlt sich deshalb die Einrichtung eines festen Verfahrens bis hin zu eigens installierten Institutionen zur Implementierung und Kontrolle. Im besten Fall werden die Gewerkschaften als unabhängige Aufseher beteiligt. Die Zweiseitigkeit des Vertrages sollte sich in der Vertragspraxis fortsetzen.

Die Untersuchung der Texte hat Charakteristika der IFA und Tendenzen ihrer weiteren Entwicklung erkennbar werden lassen. Graduell lassen sich IFA danach nach Rahmenvereinbarungen mit starkem Unternehmensbezug und solchen mit weiterem Regelungsbereich unterscheiden. Weitergehende Unterteilungen sind mit Vorsicht vorzunehmen. So sind etwa vermeintliche Branchenähnlichkeiten bei näherem Hinsehen vor allem dem einheitlichen Verhandlungspartner auf Gewerkschaftsseite und der Verwendung von Musterrahmenübereinkommen geschuldet. Die junge Geschichte der IFA – hier kann noch von einer Experimentierphase gesprochen werden – und die gemessen an der Zahl transnationaler Unternehmen weltweit verhältnismäßig geringe Zahl der bestehenden Verträge lassen eine sinnvolle Kategorisierung zum heutigen Zeitpunkt nicht zu.

Mit gleicher Begründung ist die weitere Entwicklung des Instruments vorsichtig zu beurteilen Die IFA sind aus europäischer Initiative geboren. Grund hierfür mögen die politisch-kulturellen und institutionellen Voraussetzungen in Europa sein. Die seit jeher hohe Bedeutung von Arbeitnehmerschutz und -partizipation, das Bestehen der Europäischen Betriebsräte und auch die aktive Begleitung des Instruments durch die EU sichern, dass die EU-Mitgliedsstaaten auch zukünftig eine Vorreiterrolle auf dem Feld der IFA innehaben werden. Tatsächlich ist dieser Zusammenhang jedoch nicht zwingend, wie der Anstieg außereuropäischer IFA der letzten Jahre beweist. So findet das europäisch initiierte Instrument in den vergangenen Jahren verstärkt auch außereuropäische Nachahmer. Tatsächlich aber zeigt die Rezeption der IFA in Nordamerika, dass die IFA als sozialdemokratisches Marktinstrument im nordamerikanischen, vor allem aber im liberalen US-amerikanischen Rechts- und Kulturkreis – noch – ein Fremdkörper sind.

Hinsichtlich der inhaltlichen Entwicklung des Instrumentes lässt sich eine zunehmende Substantiierung beobachten. Diese Entwicklung, die von der EU mit- und vorangetragen wird, wird die Akteure mittelfristig vor die Frage stellen, ob die IFA weiter unter dem Label des Soft-Law firmieren oder als internationales Äquivalent zu national-verbindlichen Unternehmensvereinbarungen institutionalisiert werden. Dem Gewinn an Rechtssicherheit und Verbindlichkeit steht dabei das Risiko gegenüber, die Unternehmen in ihrem Engagement auszubremsen.

II. Rechtliche Einordnung

IFA werden auf Grundlage allgemeinen Vertragsrechts geschlossen, eine spezielle Rechtsgrundlage besteht nicht. Die Subsumtion unter die Kollisionsnormen zu Schuldverträgen nach Art 4 ff Rom I-VO kann mit Blick auf die Nähe der vertraglichen Rahmenbestimmungen zu Instrumenten kollektiven Arbeitsrechts nicht ohne Weiteres bejaht werden. Die sachgerechte Kollisionsregel kann über eine funktionale Auslegung gefunden werden. Hierzu müssen die kollisionsrechtlichen Interessen analysiert werden.

Für die IFA ergibt die Interessenanalyse ein vorrangiges Parteiinteresse. Ein danebenstehendes wägbares Allgemeininteresse, wie es beim Tarifvertrag besteht, muss für die IFA verneint werden. Den IFA fehlt die normative Kraft, um eine dem Normentarifvertrag ähnliche Wirkung und Tragweite zu entwickeln. Die Verantwortung für die Durchsetzung, die der Staat im Fall des Tarifvertrags durch die Verleihung der Normkraft und die daraus resultierende Betroffenheit Vertragsdritter trägt entfällt. Entsprechend dem Schuldvertrag richtet sich die Suche nach dem anwendbaren Recht mithin nach Art 4 Rom I-VO. Die besondere Konstruktion der IFA lässt sich nur unter dem Auffangabsatz 4 der Norm subsumieren. Ausschlaggebend ist danach die engste Verbindung des Vertrags zu einem Statut. Im Fall der IFA besteht diese zu dem Staat, in dem das Unternehmen seinen Sitz hat. Das Fehlen eines Allgemeininteresses mangels anderer als schuldrechtlicher Wirkungen begründet auch die Zulässigkeit der Rechtswahl im Fall der IFA.

Die Rechtsnatur bestimmt sich nach Auslegung der Willenserklärungen der Vertragsparteien, §§ 133, 157 BGB. Für eine schuldrechtliche Bindung kommt es auf das Vorliegen eines Rechtsbindungswillens an. Nach Auslegung der IFA unter Heranziehung von Wortlaut, Form, Inhalt und Kontext ergibt sich ein uneinheitliches Bild des Parteiwillens. Die vermeintliche Ambivalenz hinsichtlich der Verbindlichkeit löst sich bei genauerem Differenzieren nach Anspruch und Durchsetzung jedoch auf. Danach ergibt sich der Wille zur Schaffung einer verbindlichen, aber nicht justiziablen Vereinbarung – eine Konstruktion, die dem

Recht als unvollkommene Verbindlichkeit bekannt ist. Gerade im Bereich freiwilliger Selbstverpflichtungen ist der Ausschluss der Klagbarkeit als Teil der Privatautonomie anerkannt.

Für die IFA, die sich qua Unternehmenssitz in Deutschland nach deutschem Recht bestimmen, ergibt sich danach keine Möglichkeit zur Durchsetzung primärer Vertragsansprüche. Rechtswirkungen in Zusammenhang mit den Rahmenvereinbarungen können sich gleichwohl mittelbar, unter Heranziehung gesetzlicher Anspruchsgrundlagen ergeben.

III. Rechtswirkungen

1. Ansprüche durch Konsumenten

In der Verfehlung der IFA-Zusagen könnte ein Sachmangel gemäß § 434 Abs 1 BGB liegen, der den Konsumenten eines Produktes, das unter einem IFA hergestellt wird, zu Sachmängelgewährleistungsansprüchen berechtigen würde. Trotz Weitung des Sachmängelbegriffs unter Einfluss der europäischen Verbraucherrechterichtlinie bleibt aber zweifelhaft, ob die Einhaltung der IFA-Standards eine Beschaffenheit der Sache ist, sodass eine Verfehlung die Vertragsgemäßheit der Sache aufhebt. Die Maßgeblichkeit von Produktionsaussagen ist anders als im Wettbewerbsrecht im Sachmängelrecht bislang nicht beziehungsweise nur teilweise anerkannt. Das nach neuerer Begriffsauffassung subjektiver geprägte Verständnis vertragsgemäßer Beschaffenheit ließe die Subsumtion von Produktionsaussagen, die für den Kunden wertbildend sind, zu. Vor dem Hintergrund eines sich wandelnden, verstärkt an Nachhaltigkeit orientiertem Verbraucherverhalten kann aber auch auf die weitere Öffnung des Beschaffenheitsbegriffs spekuliert werden. Verschiedene Initiativen der EU sprechen hierfür.

Volltextveröffentlichung und Hinweise auf das IFA über die unternehmenseigenen Internetseiten genügen dem Erfordernis einer öffentlichen Äußerung nach § 434 Abs 1 S 3 BGB. Der werbende Einsatz der IFA erfolgt jedoch unternehmens- nicht produktbezogen. Ausgehend von der durchschnittlichen Erwartungsbildung fehlt hier der Sachbezug zur Kaufsache. Die bloße Abrufbarkeit der Informationen ohne aktive Verbreitung wird regelmäßig auch den Verkäufer entlasten, der sich erfolgreich auf die Unkenntnis der Aussagen wird berufen können.

Es bleibt abzuwarten, ob die weitere Entwicklung des Instruments zu einem veränderten Einsatz der IFA zu Werbezwecken führt.

Ein Anspruch aus culpa in contrahendo, § 311 Abs 2 BGB, wegen unterlassener Aufklärung über das IFA und seine Einhaltung steht schon im Ausgang größeren Schwierigkeiten gegenüber, da hier nur die Pflichtverletzung des Verkäufers anspruchsauslösend sein kann. Wenige Unternehmen verkaufen jedoch auch die von ihnen produzierten Güter. Mangels allgemeiner genereller oder besonderer Aufklärungspflicht scheitert der Anspruch aus §§ 280 Abs 1, 311 Abs 2, 241 Abs 2 BGB.

Mit gleicher Begründung ist auch die Annahme einer arglistigen Täuschung, § 123 BGB, bei fehlender Aufklärung zu einem IFA abzulehnen. Die Irrtumsanfechtung ist hingegen unabhängig von dem Geschäftsverhalten der Gegenseite. Dafür scheitert ein Anspruch im Zusammenhang mit einem ausnahmsweise beachtlichen Motivirrtum, § 119 BGB, daran, dass es sich bei der Einhaltung eines IFA nicht um eine verkehrswesentliche Eigenschaft eines Produkts oder auch des Vertragspartners handelt.

Nach § 823 Abs 1 BGB sind nur absolute Rechte deliktisch geschützt. Die Missachtung eines IFA führt zu keiner Verletzung eines der aufgezählten Rechte. Insbesondere kann gleich wie im Fall eines Sachmangels nicht von einem Schaden am Eigentum durch die Nichteinhaltung eines IFA ausgegangen werden. Hierin liegt allenfalls ein Vermögenschaden. Das Vermögen ist durch § 823 Abs 1 BGB nicht geschützt.

Abs 2 des § 823 BGB schützt einen nicht abgeschlossenen Kreis an Rechtsgütern – vorausgesetzt, diese sind an anderer Stelle einem Schutzgesetz unterstellt. Die IFA selber sind keine Schutzgesetze. Die Heranziehung lauterkeitsrechtlicher Normen scheidet aus Konkurrenzerwägungen aus: die Normen des UWG gehen dem Deliktsrecht als spezialgesetzliche Regelungen vor.

2. Ansprüche von Mitbewerbern

Die Möglichkeit, den IFA Rechtswirkungen zu entlocken, erscheint vor allem im Lauterkeitsrecht aussichtsreich. Im Rahmen der vergangenen Reformen des UWG wurde der Begriff des ‚Verhaltenskodex' in das Gesetz eingefügt. Der unternehmerische Umgang mit dem eigenen Verhaltenskodex ist nun auch ausdrücklich lauterkeitsrechtlich relevant. Die auf Initiative der EU zurückgehende Einführung zielt gerade darauf, Selbstbindungen im Verbraucherrecht über rechtliche Sanktionen zu einem wirksameren Regulierungsinstrument zu entwickeln. Die bislang erfolgten Neuregelungen setzen die Pläne der EU nur zum Teil um. Die weitere dahingehende Weitung des Lauterkeitsrechts ist wahrscheinlich.

Parallel zu etablierten Formen der Selbstbindung, wie Privacy Policies und Verhaltenskodizes, kann auch für die IFA eine Außenwirkung und damit ihre Marktbezogenheit vermutet werden. Jenseits dieser Herleitung wäre die Einordnung als geschäftliche Handlung im Fall der IFA zwingend, wenn sie unter den neu eingeführten Begriff der ‚Verhaltenskodizes' auf der ‚schwarzen Liste' im Anhang zu § 3 Abs 3 UWG fallen. Die Auslegung des neuen Gesetzesbegriffs ist noch umstritten, eine Subsumtion der IFA aber gut vertretbar. Der Anwendungsbereich des Lauterkeitsrechts ist hiernach eröffnet.

Die Unlauterkeitstatbestände nach Nr 1 und 3 im Anhang zu § 3 Abs 3 UWG scheiden jedoch aus. Das dort beschriebene unlautere Verhalten ist im Zusammenhang mit den IFA in tatsächlicher Hinsicht nicht bekannt beziehungsweise denkbar. Im Rahmen des Rechtsbruchtatbestandes nach § 4 Nr 11 UWG kann zunächst auf die Feststellung im Rahmen des § 823 Abs 2 BGB verwiesen werden, wonach es sich bei IFA nicht um Rechtsätze mit Normkraft handelt. Auch in Verbindung mit den ILO-Kernarbeitsnormen kann ein Rechtsbruch nach § 4 Nr 11 UWG nicht bejaht werden. Unter anderem fehlt es mangels allgemeiner Verbindlichkeit der ILO-Normen an der Marktrelevanz der Normen. Die Heranziehung widerspräche damit auch dem Schutzzweck des Rechtsbruchtatbestandes, wonach nicht jedwedes gesetzeswidrige Verhalten auch lauterkeitsrechtlich sanktioniert werden soll, sondern ein unverfälschter Wettbewerb sichergestellt werden soll.

Auch im Rahmen des Verbots irreführender geschäftlicher Angaben nach § 5 UWG findet sich ein Unlauterkeitssatz, der den irreführenden Umgang mit Verhaltenskodizes im Besonderen erfasst, § 5 Abs 1 S 2 Nr 6 UWG. In diesem Zusammenhang wird jedoch ein verengter Begriff des Verhaltenskodexes verwandt – Absichtserklärungen sind anders als unter Nr 1 und 3 der ‚schwarzen Liste' nicht erfasst. Die teleologische Auslegung der Norm ergibt jedoch, dass die IFA auch unter den engeren Verhaltenskodexbegriff subsumiert werden können. Verletzt der Unternehmer sein IFA, weist aber zugleich gegenüber Kunden auf seine Verpflichtung in diesem Zusammenhang hin, ist von einer irreführenden Handlung nach § 5 Abs 1 S 2 Nr 6 UWG auszugehen. Diese ist nicht nach § 3 Abs 1 UWG „spürbar", wohl aber nach § 3 Abs 2 UWG relevant.

Daneben bleibt dann kein Raum mehr für die Annahme einer unwahren Angabe nach § 5 Abs 1 S 2 Nr 1 oder 3 UWG. Der Unrechtsgehalt des Unternehmers, der auf sein IFA verweist, ohne es einzuhalten beziehungsweise ohne die fehlende Justiziabilität transparent zu machen, ist in der Alternative Nr 6 des § 5 Abs 1 S 2 UWG vollumfänglich abgebildet. Auch die Generalklauseln zur Unlauterkeit aus § 3 Abs 2, Abs 1 UWG kommen daneben nicht mehr zur Anwendung.

Die Rechtsfolgen bei Annahme einer unlauteren irreführenden Angabe nach § 5 Abs 1 S 2 Nr 6 UWG ergeben sich aus §§ 8–10 UWG. Möglich sind danach ein Unterlassungs- und Beseitigungsanspruch, § 8 UWG, ein Schadenersatzanspruch, § 9 UWG, und ein Gewinnabschöpfungsanspruch zugunsten des Bundeshaushalts, § 10 UWG.

Dabei ergeben sich insbesondere Haftungs- und Zurechnungsfragen. Dem Unternehmen kann hinsichtlich der Irreführung im Ergebnis nur das Handeln der unternehmenseigenen Organe und Mitarbeiter nach §§ 31, 89 BGB beziehungsweise § 8 Abs 2 UWG, nicht das Verhalten der Gewerkschaften und Zulieferer angelastet werden. In Bezug auf die Nichteinhaltung des Verhaltenskodexes gelten jedoch nur die allgemeinen Zurechnungsregeln, § 831 ff BGB. Die wesentlich engeren Zurechnungsvoraussetzungen sowie die Möglichkeit zur Exkulpation in § 831 BGB führen dazu, dass sich der Unternehmer hinsichtlich der Kodexverletzung als Bezugspunkt der unlauteren Handlung in der Regel nur noch organschaftliches Handeln zurechnen lassen muss. Vor allem die Tatsache, dass die Zulieferer und Subunternehmer als selbständige Unternehmen nicht unter den Begriff des Verrichtungsgehilfen fallen, führt dazu, dass ein bedeutender Wirkkreis der IFA vom Unlauterkeitsrecht nicht erfasst wird.

Während im Rahmen des Schadenersatzanspruchs durch Vermutungen bei der Kausalitätsfeststellung und Erleichterungen durch eine Vielzahl unterschiedlicher Schadensberechnungsmodelle ein Anspruch in Zusammenhang mit IFA möglich erscheint, scheitert die Annahme eines Gewinnabschöpfungsanspruchs an einem nachweisbaren kausalen Vermögensnachteil, der den Kunden durch eine unlautere IFA-Praxis entsteht.

Als Sonderdeliktsrecht gehen die lauterkeitsrechtlichen Normen deliktischen Ansprüchen nach BGB vor. Die Anwendung der §§ 823 ff BGB ist dort möglich, wo das Lauterkeitsrecht keine abschließende Sonderregelungen trifft. Für einen Anspruch aus § 823 Abs 1 BGB in Verbindung mit dem Recht am eingerichteten und ausgeübten Betrieb fehlt es aber an einer auffangbedürftigen Lücke im Wettbewerbsrechts. Im Übrigen zielt ein Mangel an Compliance mit den firmeneigenen IFA weder konkret auf die Schädigung eines Mitbewerbers, noch abstrakt auf die Schädigung aller Mitbewerber. Dem Vorgang fehlt damit die anspruchsbegründende Unmittelbarkeit. Ein Anspruch nach § 823 Abs 2 BGB scheidet mangels Schutzgesetzes jenseits des speziellen Lauterkeitsrechts aus.

3. Ansprüche der Parteien im Arbeitsrecht

Die IFA sind weder Koalitionenvertrag zugunsten Dritter oder schuldrechtlicher Normenvertrag, noch finden sich betriebliche Einheitslösungen oder Gesamtzusagen in ihren Texten. Über die betriebliche Übung, kommen den IFA keine Rechtswirkungen zu. Sie knüpft sich an tatsächliche Betriebsabläufe an und ist damit unabhängig vom Bestehen eines IFA. Andersherum hindert das Bestehen eines IFA jedoch auch nicht die Entstehung einer Betriebsübung. Danach ist es zwar nicht wegen, zumindest aber trotz IFA möglich, dass es in Folge betrieblicher Übung zu einer verbindlich-justiziablen vertraglichen Vereinbarung zwischen Arbeitgeber und Arbeitnehmer kommt.

Von den globalen Gewerkschaften werden die IFA als Instrument der Öffnung hinsichtlich gewerkschaftlicher Organisierung und Kollektivverhandlungen auf nationaler Ebene genutzt. Fraglich ist, welche Vorwirkungen von den IFA für nationale Kollektivvereinbarungen ausgehen. Die Verhandlung eines IFA schafft keine Verpflichtung, eine verbindliche Kollektivvereinbarung auf nationaler Ebene zu verhandeln. Zum einen lassen die Verhandlungen auf globaler Ebene, Verhandlungen auf nationaler Ebene nicht zwingend erwarten, sodass in dem Unterlassen kein rechtswidersprüchliches Handeln nach § 242 BGB liegt. Zum anderen wird durch die Erstverhandlung auch kein Vertrauen auf nachgehende nationale Verhandlungen geweckt, sodass das Nichtverhandeln als Vertrauensbruch nach §§ 311, 241 II, 280 I BGB ahndbar wäre.

Der Vorwurf rechtswidersprüchlichen Verhaltens ist auch nicht berechtigt, wenn es zu Verhandlungen auf nationaler Ebene kommt, das Unternehmen dann jedoch nicht bereit ist, die gleichen Standards, wie im IFA zugesagt, auch im Rahmen eines verbindlichen Kollektivvertrags zu gewähren. Die unverbindliche Vereinbarung hat eine berechtigte Funktion im Gefüge der Verträge und ist von der Rechtsordnung anerkannt. Die Unverbindlichkeit wirkt sich auf die Inhalte der Vereinbarung aus. Dieser Unterschied im Ausgang macht die Inhalte einer unverbindlichen Vereinbarung und eines verbindlichen Vertrages unvergleichbar. Will man nicht die Berechtigung unverbindlicher Verträge in Frage stellen, verbietet sich auch die Annahme jedweder Bindung für nachgehende Kollektivverhandlungen.

4. Sonstige Wirkungen

Werden IFA in der Zukunft zunehmend detailliert, erscheint eine Heranziehung der dort zugesagten Standards zur Konkretisierung von Generalklauseln möglich. Tatsächlich bestehen gegen eine solche Praxis jedoch Bedenken. So ist etwa die Heranziehung außergesetzlicher Standards zur Konkretisierung des Begriffs der ‚fachlichen Sorgfalt' in § 3 Abs 2 UWG zwar zulässig. Dies gilt aber nur für solche Regelwerke, die branchenweit zwingend sind. Der Gedanke hinter dieser Einschränkung ist für das UWG verallgemeinerbar. Der lauterkeitsrechtliche Sorgfaltsmaßstab kann nicht im Belieben eines nicht demokratisch legitimierten Kodex-Urhebers stehen. Dies gilt insbesondere mit Blick auf den deliktsrechtlichen Charakter des UWG.

Auf den ersten Blick scheint die Heranziehung nicht allgemein geltender privatrechtlicher Regelwerke im Rahmen des schuldrechtlich geprägten Arbeitsverhältnisses weniger bedenklich. Tatsächlich scheidet aber auch hier die Konkretisierung von Generalklauseln aus. Die Grundrechtsrelevanz der Generalnormen verbietet den Rückgriff auf private Standards zu ihrer Präzisierung.

§ 11 International Framework Agreements – Ausblick

Bislang sind die IFA mehr als ein reaktives, denn ein initiatives Instrument einzuordnen: eine Reaktion der Unternehmen auf sozialen Wandel, Missstände in Folge der Globalisierung und wohl auch ein verändertes öffentliches Interesse an Gerechtigkeits- und Nachhaltigkeitsthemen. Dabei besteht durchaus Potenzial, dass die IFA sich zu einem Instrument entwickeln, mit dem Unternehmen ihre Unternehmensumgebung und damit die soziale Wirklichkeit gestalten. Diese Richtung entspräche dem modernen CSR-Verständnis, das die Europäische Kommission nunmehr propagiert. Die Unternehmen stehen hiernach als wichtige Gesellschaftsakteure in aktiver Verantwortung für die gesellschaftliche Wirklichkeit.[773]

Das Engagement der Europäischen Union und der International Labour Organization lässt erwarten, dass das Instrument zumindest keine vorübergehende Modeerscheinung bleibt, sondern seinen Platz im internationalen Arbeitsrecht finden wird.[774] Interessant ist die Frage, wie sich das Instrument zwischen Soft und Hard Law profilieren wird. Zum einen liegt das in der Hand der Vertragspartner, den transnationalen Unternehmen und globalen Gewerkschaften. Die verschiedenen Leitfäden zur IFA-Verhandlung, aber auch die Interessen der Gewerkschaften lassen vermuten, dass das Ziel der Gewerkschaften die zunehmende Detaillierung und eine Verdichtung der Klauseln ist. Hier ist das Bestreben zu erkennen, die Soft-Law-Bestimmungen zu substantiieren. Auf Seiten der Unternehmen lässt die Gesamtschau der Texte unterschiedliche Tendenzen erkennen, die letztlich mit der Ernsthaftigkeit des unternehmerischen Sozialengagements korrelieren. Auf der einen Seite stehen Unternehmen, wie etwa Hochtief und H&M, deren IFA den Charakter eines Feigenblattes haben. Die dort gemachten Versprechen orientieren sich inhaltlich an Minimalstandards. Diese werden weithin auch nur vage zugesagt. Das IFA ist in diesen Fällen notdürftiger Sichtschutz vor dem tatsächlich mangelhaften Engagement der Unternehmen für Arbeitnehmerschutz und -rechte. In den Fällen Danone oder auch PSA Peugeot Citroën zeigen dagegen allein die wiederholten Nachbesserungen beziehungsweise Neu-Verhandlungen, dass das Instrument einen festen Platz im Kanon der unternehmerischen Gestaltungsmittel hat. Entsprechend detailliert und verbindlich sind die Formulierungen der Texte.

773 siehe § 2 I.1.
774 so auch Drouin in Cross-Border Social Dialogue and Agreements, 237, 257f.

Außerhalb des Einflusses der Parteien liegt die Frage der rechtlichen Rahmenbedingungen und der Rechtswirkungen. Die Arbeit hat gezeigt, dass sich die IFA bislang relativ frei von rechtlichen Überlegungen und Zwängen entwickelt haben. Eine gesonderte internationalrechtliche Rechtsgrundlage fehlt. Die IPR-rechtliche Anknüpfung war bislang ungeklärt. Tatsächliche Rechtsstreitigkeiten im Zusammenhang mit IFA sind unbekannt. Die Untersuchung für das deutsche Recht hat ergeben, dass die IFA auf das allgemeine Vertragsrecht gestützt werden können. Hinsichtlich der Frage rechtlicher Wirkungen in Verbindung mit gesetzlichen Anspruchsgrundlagen lassen sich verschiedene Anknüpfungspunkte finden. So etwa im Sachmängelgewährleistungsrecht und im UWG. Eine Subsumtion gelingt jedoch nicht beziehungsweise, wie im Fall des § 5 Abs 1 Nr 6 UWG nur unter hohem Argumentationsaufwand. Dabei treffen die IFA nicht nur auf zu enge Rechtsbegriffe. Den IFA fehlt es auch an tatsächlicher Relevanz, was auf die noch geringe Bekanntheit und entsprechend zögerliche Kommunikation der IFA im Markt durch die Unternehmen zurückzuführen ist. Mit zunehmender Verbreitung und Etablierung des Instrumentes kann sich das ändern.

Entscheidend ist jedoch, ob der Gesetzgeber die Relevanz der IFA für Marktentscheidungen anerkennt und die Gesetze zum Schutz anderer Marktteilnehmer, insbesondere von Verbrauchern und Wettbewerbern, dahingehend anpasst. Die EU hat sich deutlich für den Ausbau der Koregulierung ausgesprochen und strebt an, Verhaltenskodizes in Verbindung etwa mit den Normen des Lauterkeitsrechts rechtliche Verbindlichkeit zu verleihen.[775] Darüber hinaus soll auch ein Rechtsrahmen geschaffen werden, auf dessen Grundlage die IFA in Zukunft geschlossen werden sollen; dieser soll zunächst fakultativ sein, - ein Angebot an die Parteien, um auf rechtssichererer Grundlage agieren zu können.[776]

Das Bestreben, die IFA nicht nur politisch zu fördern, sondern auch rechtlich einzubetten, ist dabei risikoreich. Die IFA sind als Soft-Law Regeln entstanden. Die Transformation zu verbindlich-justiziablen Verträgen ist dabei nicht in jedem Fall im Interesse der Parteien. Die Unternehmen scheuen die Bindung naturgemäß, was wiederum die Arbeit der Gewerkschaften erschwert. Zugleich sind diese auf die juristische Schützenhilfe nicht angewiesen. So kann der öffentliche Pranger einem Unternehmen mittelbar mehr schaden, als es ein Richter vermag. Solange die Gewerkschaften ihr Ziel erreichen, detaillierte und bestimmte Zusagen zu verhandeln, können sie in Öffentlichkeitskampagnen und durch Boykott–Aufrufe auf Verfehlungen reagieren.

775 Grünbuch zum Verbraucherschutz, KOM (2001) 531 endg, 16f.

776 Report- Expert Group - Transnational Company Agreements vom 31.1.2012, 9, siehe Fn 45.

Auch wenn der Staat hier gar nicht im Sinne der Vertragsschließenden tätig werden möchte, sondern in dem Interesse handelt, andere Marktteilnehmer zu schützen, muss er doch darauf achten, die junge Initiative nicht auszubremsen. Die Staaten selbst können sich bislang nicht auf international zwingende Regelungen für Unternehmen einigen. Absehbar wird sich das auch nicht ändern. Die IFA haben dagegen das Potenzial, als dezentrale Rechtsquelle stellvertretend an die Stelle globaler Arbeitsnormen zu reichen. Zumindest, wenn es gelingt, sie zu einem Instrument initiativer CSR-Politik zu entwickeln. Das Engagement der Unternehmen ist jedoch freiwillig. Die Verrechtlichung des bislang stark politisch geprägten Instruments kann das Engagement der Unternehmen ersticken – dann, wenn sie nicht gewollt ist. Damit sich die vermeintliche Stärkung des Instruments nicht kontraproduktiv für das Ziel einer weltweiten Anhebung arbeitsrechtlicher Sozialstandards und der Sicherung der Arbeitnehmerrechte auswirkt, gilt es, die Selbstbestimmung der Vertragspartner zu achten. Wenn sich die Staaten weiter auf die Initiative der Unternehmen verlassen beziehungsweise diese fordern, müssen sie auch den nötigen Freiraum zur Gestaltung und Entwicklung garantieren.

Literaturverzeichnis

Alexander, Christian: Die strafbare Werbung in der UWG-Reform in Wettbewerb in Recht und Praxis, Heft 4/2004; Seiten 407–420 (zitiert: Alexander WRP 2004).

–: Verhaltenskodizes im europäischen und deutschen Lauterkeitsrecht in Gewerblicher Rechtsschutz und Urheberrecht Internationaler Teil, Heft 11/2012; Seiten 965–973 (zitiert: Alexander GRUR Int 2012).

Bachmann, Gregor: Der „Deutsche Corporate Governance Kodex“: Rechtswirkungen und Haftungsrisiken in Wertpapier Mitteilung – Zeitschrift für Wirtschafts- und Bankenrecht, Heft 43/2002; Seiten 2137–2143 (zitiert: Bachmann in WM 2002).

Bamberger, Heinz Georg; Roth, Herbert: Beck'scher Online-Kommentar BGB, Edition 26; Stand 1.2.2013, München (zitiert: *Bearbeiter* in Bamberger/Roth).

–: Beck'scher Online-Kommentar BGB, Edition 25; Stand 1.11.2012, München (zitiert: *Bearbeiter* in Bamberger/Roth (2012)).

Banks, Kevin; Shilton, Elizabeth: Corporate Commitments to Freedom of Association: Is There a Role for Enforcement Under Canadian Law? in Comparative Labor Law & Policy Journal, Volume 33; Issue 4/2012; Seiten 495–553 (zitiert: Banks/Shilton 33. CCL&P 4/2012).

Bassenge, Peter; Brudermüller, Gerd; Ellenberger, Jürgen u.a. (Bearb.): Palandt Kurzkommentar Bürgerliches Gesetzbuch, 72. Aufl 2013, München (zitiert: *Bearbeiter* in Palandt).

Bepler, Klaus: Betriebliche Übungen – Ein erweiterter Rechtsprechungsbericht in Recht der Arbeit, Heft 4/2004; Seiten 226–241 (zitiert: Bepler RdA 2004).

Bernreuther, Friedrich: Sachmangelhaftung und Werbung in Monatsschrift für Deutsches Recht, Jahrgang 2003; Seiten 63–68 (zitiert: Bernreuther MDR 2003).

Beschorner, Thomas; Schmidt, Matthias; Vorbohle, Kristin; Schank, Christoph (Hrsg): Zur Verantwortung von Unternehmen und Konsumenten, München/Mering 2008 (zitiert: *Autor* in Zur Verantwortung von Unternehmen und Konsumenten).

Beschorner, Thomas; Vorbohle, Kristin: Neue Spielregeln für eine (verantwortliche) Unternehmensführung in Corporate Social Responsibility und Corporate Citizenship, 2. Aufl 2008, München; Seiten 105–112 (zitiert: Beschorner/Vorbohle in Corporate Social Responsibility und Corporate Citizenship).

Bèthoux Transnational Agreements and Texts negotiated or Adopted at Company Level: European Developments and Perspectives. The case of agreements and texts on anticipating and managing change European Commission Background Document – DG Employment, Social Affairs and Equal Opportunities, Invitation to tender N°. VT/2008/022, 2008 (zitiert: Bèthoux, Background Document European Commission VT/2008/022, 2008).

Birk, Axel: Corporate Responsibility, unternehmerische Selbstverpflichtungen und unlauterer Wettbewerb in Gewerblicher Rechtsschutz und Urheberrecht, Heft 3/2011; Seiten 196–203 (zitiert: Birk GRUR 2011).

Blomeyer, Wolfgang; Otto Klaus (Begr): Betriebsrentengesetz Gesetz zur Verbesserung der betrieblichen Altersversorgung – Kommentar, 5. Aufl 2010, München (zitiert: *Bearbeiter* in Blomeyer/Otto/Rolfs).

Boemke, Burkhard: Privatautonomie im Arbeitsvertragsrecht in Neue Zeitschrift für Arbeitsrecht, Heft 12/1993; Seiten 532–538 (zitiert: Boemke NZA 1993).

Borgmann, Bernd: Ethikrichtlinien und Arbeitsrecht in Neue Zeitschrift für Arbeitsrecht, Heft 7/2003; Seiten 352–357 (zitiert: Borgmann NZA 2003).

Bornkamm, Joachim; Köhler, Helmut: Gesetz gegen den unlauteren Wettbewerb –Kommentar, 31. Aufl 2013, München (zitiert: *Bearbeiter* in Köhler/Bornkamm).

–: Gesetz gegen den unlauteren Wettbewerb – Kommentar, 30. Aufl 2012, München (zitiert: *Bearbeiter* in Köhler/Bornkamm (2012)).

Burckhardt, Gisela: ‚Geiz tötet' in DIE ZEIT vom 2.5.2013, Heft 19/2013; Seite 11 (zitiert: ‚Geiz tötet' von Gisela Burckhardt, DIE ZEIT vom 2.5.2013).

Buxel, Holger: Die Privacy Policy im Internet in Datenschutz und Datensicherheit, Heft 7/2002; Seiten 401–405 (zitiert: Buxel DuD 2002).

Coie, Perkins: Ninth Circuit nixes overseas workers' claims against Wal-Mart in Oregon Employment Law Letter, Volume 16; Issue 2/Oktober 2009 (Coie in 16. OR Empl LL. 2/2009).

Compa, Lance; Feinstein, Fred: Enforcing European Corporate Commitments to Freedom of Association by Legal and Industrial Action in the United States: Enforcement by Industrial Action in Comparative Labor Law & Policy Journal, Volume 33; Issue 4/2012; Seiten 635–665 (zitiert: Compa/Feinstein 33. CCL&P 4/2012).

Da Costa, Isabel; Müller, Torsten; Rehfeldt, Udo; Telljohann, Volker; Zimmer, Reingard: European and international framework agreements: Practical experiences and strategic approaches, European Foundation for the Improvement of Living and Working Conditions, Luxemburg 2009 (zitiert: Telljohann et al European and international framework agreements: Practical experiences and strategic approaches).

da Costa, Isabel; Rehfeldt, Udo: Transnational Restructuring Agreements: General Overview and Specific Evidence from the European Automobile Sector in Shaping Global Industrial Relations, The Impact of International Framework Agreements, Basingstoke 2011; Seiten 143–163 (zitiert: da Costa/Rehfeldt in Shaping Global Industrial Relations).

Däubler, Wolfgang (Hrsg): Tarifvertragsgesetz Kommentar, Baden-Baden, 3. Aufl 2012 (zitiert: *Bearbeiter* in Däubler).

Däubler, Wolfgang (Hrsg): Tarifvertragsgesetz Kommentar, Baden-Baden, 2. Aufl 2006 (zitiert: *Bearbeiter* in Däubler (2006)).

Deckmann, Andreas: Zur Verantwortung von Billigfliegern, oder CSR: Aus Corporate Social Responsibility wird Consumer Social Responsibility in Corporate Social Responsibility und Corporate Citizenship, 2. Aufl 2008, München; Seiten 73–86 (zitiert: Deckmann in Corporate Social Responsibility und Corporate Citizenship).

Dieckmann, Uwe; Eitschberger, Bernd; Eul, Harald ua: Datenschutzaudit – Quo vadis? in Datenschutz und Datensicherheit, Heft 9/2001; Seiten 549–552 (zitiert: Dieckmann/Eitschberger/Eul ua DuD 2001).

Dilling, Olaf; Herberg, Martin; Winter, Gerd (Hrsg): Responsible Business: Self-Governance and Law in Transnational Economic Transaction, Oxford und Portland, 2008 (zitiert: *Autor* in Responsible Business).

Dreyer, Gunda: Verhaltenskodizes im Referentenentwurf eines Ersten Gesetzes zur Änderung des Gesetzes gegen unlauteren Wettbewerb –Wird das Wettbewerbsrecht zum Motor für die Durchsetzung vertraglicher Verpflichtungen? in Wettbewerb in Recht und Praxis, Heft 11/2007; Seiten 1294–1303 (zitiert: Dreyer WRP 2007).

Drouin, Renée-Claude: Objectionable Work: Promoting Fundamental Labor Rights Through International Framework Agreements – Practical Outcomes and Present Challenges in Comparative Labor Law & Policy Journal, Volume 31; Issue 3/2010; Seiten 591–636 (zitiert: Drouin 31. CCL&P 3/2010).

–: The role of the ILO in promoting the development of international framework agreements in Cross-Border Social Dialogue and Agreements: An emerging global industrial relations framework? Genf 2008; Seiten 237–264 (zitiert: Drouin in Cross-Border Social Dialogue and Agreements).

Dzida, Boris: Twitter statt Trillerpfeiffe in Neue Zeitschrift für Arbeitsrecht, Heft 5/2012; Editorial (zitiert: Dzida NZA-Editorial 5/2012).

Dzida, Boris; Reinhard, Christian: Globale Rahmenabkommen: zwischen Corporate Social Responsibility und gewerkschaftlichen Kampagnen in Betriebs-Berater, Heft 36/2012; Seiten 2241–2246 (zitiert: Dzida/Reinhard BB 2012).

Eckhardt, Jens: Datenschutzerklärung und Hinweise auf Cookies in IT-Rechtsberater, Jahrgang 2005; Seiten 46–48 (zitiert: Eckhardt ITRB 2005).

Ehricke, Ulrich: „Soft law" – Aspekte einer neuen Rechtsquelle in Neue Juristische Wochenschrift, Heft 31/1989; Seiten 1906–1908 (zitiert: Ehricke NJW 1989).

Fahrig, Stephan: Verhaltenskodex und Whistleblowing im Arbeitsrecht in Neue Juristische Online-Zeitschrift, Heft 18/2010; Seiten 975–979 (zitiert: Fahrig NJOZ 2010).

Ferrari, Franco; Kieninger, Eva-Maria; Mankowski, Peter u.a. (Hrsg): Internationales Vertragsrecht, 2. Aufl. 2012, München (zitiert: Bearbeiter in Ferrari/Kieninger/Mankowski).

Fezer, Karl-Heinz (Hrsg): Lauterkeitsrecht – Kommentar zum Gesetz gegen den unlauteren Wettbewerb, Band 1: §§ 1–4 UWG 2. Aufl 2010, München (zitiert: *Bearbeiter* in Fezer).

–: Lauterkeitsrecht – Kommentar zum Gesetz gegen den unlauteren Wettbewerb, Band 2: §§ 5–20 UWG 2. Aufl 2009, München (zitiert: *Bearbeiter* in Fezer).

Fichter, Michael; Helfen, Markus: Going Local with Global Policies: Implementing International Framework Agreements in Brazil and the United States in Shaping Global Industrial Relations, The Impact of International Framework Agreements, Basingstoke 2011; Seiten 85–115 (zitiert: Fichter/Helfen in Shaping Global Industrial Relations).

Fichter, Michael; Helfen, Markus; Sydow, Jörg: Regulating Labor Relations in Global Production Networks: Insights on International Framework Agreements in Internationale Politik und Gesellschaft, Heft 2/Juni 2011; Seiten 69–86 (zitiert: Fichter/Helfen/Sydow Internationale Politik und Gesellschaft 2/2011).

Fichter, Michael; Stevis, Dimitris: International Framework Agreements in the United States: Escaping, Projecting, or Globalizing Social Dialogues? Comparative Labor Law & Policy Journal, Volume 33; Issue 4/2012; Seiten 667–690 (zitiert: Fichter/Stevis 33. CCL&P 4/2012).

Flessner, Axel: Interessenjurisprudenz im internationalen Privatrecht, Tübingen 1990 (zitiert: Flessner).

Gallin, Dan: International framework agreements: A reassessment in Cross-Border Social Dialogue and Agreements: An emerging global industrial relations framework? Genf 2008; Seiten 15–42 (zitiert: Gallin in Cross-Border Social Dialogue and Agreements).

Gärtner, Anette; Heil, Ulf: Kodifizierter Rechtsbruchtatbestand und Generalklausel Zur Bedeutung des Marktbezugs im neuen UWG in Wettbewerb in Recht und Praxis, Heft 1/2005; Seiten 20–24 (zitiert: Gärtner/Heil WRP 2005).

Gereffi, Gary: Beyond the Producer-driven/Buyer-driven Dichotomy-The Evolution of Global Value Chains in the Internet Era, in Institue of Development Studies Bulletin, Heft 32.3/Juli 2001; Seiten 30–40 (zitiert: Gereffi IDS Bulletin 32.3/2001).

Glinski, Carola: Haftung multinationaler Unternehmen für Umweltschäden bei Auslandsinvestitionen in Die Umweltverantwortung multinationaler Unternehmen – Selbststeuerung und Recht bei Auslandsinvestitionen Umweltrechtliche Studien, Band 34; Volume 34; Seiten 231–282, Baden-Baden 2005 (zitiert: Glinski in Umweltverantwortung multinationaler Unternehmen).

–: Produktionsaussagen und Vertrauensschutz im Kauf- und Werberecht in Die Umweltverantwortung multinationaler Unternehmen – Selbststeuerung und Recht bei Auslandsinvestitionen Umweltrechtliche Studien, Band 34; Volume 34; Seiten 187–229, Baden-Baden 2005 (zitiert: Glinski in Umweltverantwortung multinationaler Unternehmen).

Glinski, Carola; Rott, Peter: Umweltfreundliches und ethisches Konsumverhalten im harmonisierten Kaufrecht in Europäische Zeitschrift für Wirtschaftsrecht, Heft 21/2003; Seiten 649–654 (zitiert: Glinski/Rott EuZW 2003).

Glöckner, Jochen: Wettbewerbsbezogenes Verständnis der Unlauterkeit und Vorsprungserlangung durch Rechtsbruch in Gewerblicher Rechtsschutz und Urheberrecht, Heft 11/2008; Seiten 960–967 (zitiert: Glöckner GRUR 2008).

Gloy, Wolfgang (Begr); Erdmann, Willi; Loschelder, Michael (Hrsg): Handbuch des Wettbewerbsrecht, 4. Aufl 2010 München (zitiert: *Bearbeiter* in Gloy/Loschelder/Erdmann).

Goldman, Alvin L.: Enforcement of International Framework Agreements Under U.S. Law in Comparative Labor Law & Policy Journal, Volume 33; Issue 4/2012; Seiten 605–634 (zitiert: Goldman 33. CCL&P 4/2012).

Götting, Horst-Peter; Nordemann, Axel: UWG-Handkommentar, Baden-Baden 2010 (zitiert: *Bearbeiter* in Götting/Nordemann).

–: UWG-Handkommentar, 2. Aufl 2013, Baden-Baden (zitiert: *Bearbeiter* in Götting/Nordemann (2013)).

Hammer, Nikolaus: International framework agreements in the context of global production in Cross-Border Social Dialogue and Agreements: An emerging global industrial relations framework? Genf 2008; Seiten 89–112 (zitiert: Hammer in Cross-Border Social Dialogue and Agreements).

Harte-Bavendamm, Henning; Henning-Bodewig, Frauke (Hrsg): Gesetz gegen den unlauteren Wettbewerb (UWG) - Kommentar, 2. Aufl 2009, München (zitiert: *Bearbeiter* in Harte-Bavendamm/Henning-Bodewig (2009)).

Havard, Christelle; Sobczak, André: Codes of conduct and international framework agreements: New forms of governance at company level Case Study: EDF European Foundation for the Improvement of Living and Working Conditions, Dublin 2008 (zitiert: Havard/Sobczak in Codes of conduct and international framework agreements: New forms of governance at company level, Case Study EDF).

–: Codes of conduct and international framework agreements: New forms of governance at company level Case Study: PSA Peugeot Citroën European Foundation for the Improvement of Living and Working Conditions, Dublin 2008 (zitiert: Havard/Sobczak in Codes of conduct and international framework agreements: New forms of governance at company level, Case Study PSA Peugeot Citroën).

Heermann, Peter; Hirsch, Günter (Hrsg): Münchener Kommentar zum Lauterkeitsrecht, Band 1 - Grundlagen des Wettbewerbsrechts, Internationales Wettbewerbs- und Wettbewerbsverfahrensrecht, Europäisches Gemeinschaftsrecht - Grundlagen und sekundärrechtliche Maßnahmen, §§ 1–4 UWG, München 2006 (zitiert: *Bearbeiter* in MünchKomm Lauterkeitsrecht).

Heermann, Peter; Hirsch, Günter (Hrsg): Münchener Kommentar zum Lauterkeitsrecht, Band 2 - §§ 5–22 UWG, München 2006 (zitiert: *Bearbeiter* in MünchKomm Lauterkeitsrecht).

Hefermehl, Wolfgang: Anmerkung zu BGH BGH 08.10.1971 I ZR 12/70 „Wandsteckdose II" in Gewerblicher Rechtsschutz und Urheberrecht, Heft 4/1972; Seiten 189–192 (zitiert: Hefermehl Anmerkung zu BGH GRUR 1972).

Herberg, Martin: Codes of Conduct und kommunikative Vernunft in Zeitschrift für Rechtssoziologie, Ausgabe 22; Heft 1/2001; Seiten 25–52 (zitiert: Herberg ZfRS 2001).

Hoeren, Thomas: Das neue UWG - der Regierungsentwurf im Überblick in Betriebs-Berater, Heft 23/2008; Seiten 1182–1192 (zitiert: Hoeren BB 2008).

Hornung-Draus, Renate: Globale Gewerkschaftsstrategien - eine neue Herausforderung für deutsche Unternehmen in Betriebs-Berater, Heft 10/2012; Seite 1 (zitiert: Hornung-Draus BB 2012).

Jauernig, Othmar: Kommentar zum Bürgerlichen Gesetzbuch, 14. Aufl 2011, München (zitiert: *Bearbeiter* in Jauernig).

Jung, Peter: Die Bedeutung der Selbstregulierung für das Lauterkeitsrecht in Gewerblicher Rechtsschutz und Urheberrecht Internationaler Teil, Heft 11/1998; Seiten 941–951 (Jung GRUR Int 1998).

Kegel, Gerhard; Schurig, Klaus: Internationales Privatrecht München, 9. Aufl 2004 (zitiert: Kegel/Schurig).

Kenny, Katherine E.: Code or Contract: Whether Wal-Mart's Code of Conduct Creates a Contractual Obligation Between Wal-Mart and the Employees of its Foreign Suppliers in Northwestern Journal of International Law & Business, Volume 27; Issue Winter/2007; Seiten 453–473 (zitiert: Kenny in 27 NW. J. INT'L L. & BUS).

Kettler, Gero: Vertrauenstatbestände im Arbeitsrecht in Neue Zeitschrift für Arbeitsrecht, Heft 17/2001; Seiten 928–933 (zitiert: Kettler NZA 2001).

Kloepfer, Michael; Michael Gerhard: Vergleichende Werbung und Verfassung – Meinungsgrundrechte als Grenze von Werbebeschränkungen – in Gewerblicher Rechtsschutz und Urheberrecht, Heft 3/1991; Seiten 170–180 (zitiert: Kloepfer/Michael GRUR 1991, 170).

Kocher, Eva: Codes of Conduct and Framework Agreements on Social Minimum Standards – Private Regulation? in Responsible Business: Self-Governance and Law in Transnational Economic Transaction, Oxford und Portland 2008; Seiten 67–87 (zitiert: Kocher in Responsible Business).

–: Unternehmerische Selbstverpflichtungen im Wettbewerb – Die Transformation von „soft law" in „hard law" durch das Wettbewerbsrecht in Gewerblicher Rechtsschutz und Urheberrecht, Heft 8/2005; Seiten 647–652 (zitiert: Kocher GRUR 2005).

–: Private Standards between Soft Law and Hard Law: The German Case in The International Journal of Comparative Labour Law and Industrial Relations, Volume 18; Issue 3/2002; Seiten 265–280 (zitiert: Kocher IJCLLIR 3/2002).

–: Corporate Social Responsibility – Instrumente zur Gestaltung transnationaler Arbeitsbeziehungen in Zeitschrift des Wirtschafts- und Sozialwissenschaftlichen Instituts in der Hans-Böckler-Stiftung, Heft 4/2008; Seiten 198–203 (zitiert: Kocher WSI-Mitteilungen 4/2008).

Köhler, Helmut: Die „Bagatellklausel" in § 3 UWG in Gewerblicher Rechtsschutz und Urheberrecht, Heft 1/2005; Seiten 1–9 (zitiert: Köhler GRUR 2005).

–: Der Rechtsbruchtatbestand im neuen UWG in Gewerblicher Rechtsschutz und Urheberrecht, Heft 5/2004; Seiten 381–389 (zitiert: Köhler GRUR 2004).

Köhler, Helmut; Piper, Henning (Begr): Gesetz gegen den unlauteren Wettbewerb – Kommentar, 5. Aufl 2010, München (zitiert: *Bearbeiter* in Piper/Ohly/Sosnitza).

Köndgen, Johannes: Selbstbindung ohne Vertrag – zur Haftung aus geschäftsbezogenem Handeln, Tübingen 1981 (zitiert: Köndgen).

Kopp, Reinhold; Klostermann, Eva A.: Vorsicht Falle: Verhaltenskodizes im reformierten Lauterkeitsrecht des UWG in Corporate Compliance Zeitschrift, Heft 4/2009; Seiten 155–159 (zitiert: Kopp/Klostermann CCZ 2009).

Krause, Rüdiger: International Framework Agreements As Instrument for the Legal Enforcement of Freedom of Association and Collective Bargaining? The German Case in Comparative Labor Law & Policy Journal, Volume 33; Issue 4/2012; Seiten 749–773 (zitiert: Krause 33. CCL&P 4/2012).

Krebber, Sebastian: Globalisierungsbedingter Verlust der Bindungswirkung staatlicher Regulierungen und die sich entwickelnden Alternativen in Europäische Zeitschrift für Arbeitsrecht, Band 1/2008; Seiten 141–158 (zitiert: Krebber EuZA 2008, Teil 1).

–: Globalisierungsbedingter Verlust der Bindungswirkung staatlicher Regulierungen und die sich entwickelnden Alternativen in Europäische Zeitschrift für Arbeitsrecht, Band 1/2008; Seiten 315–334 (zitiert: Krebber EuZA 2008, Teil 2).

Kropholler, Jan: Internationales Privatrecht, Tübingen, 6. Aufl 2006 (zitiert: Kropholler).

Krüger, Wolfgang: Münchener Kommentar zum Bürgerlichen Gesetzbuch, Bd 2: Schuldrecht Allgemeiner Teil, §§ 241–432, 6. Aufl 2012, München (zitiert: *Bearbeiter* in MünchKomm).

Kühn, Thomas: Die Anwendbarkeit des Grundsatzes venire contra factum proprium im Arbeitsrecht in Neue Zeitschrift für Arbeitsrecht, Heft 23/2008; Seiten 1328–1333 (zitiert: Kühn NZA 2008).

Lehmler, Lutz: UWG – Kommentar zum Wettbewerbsrecht Neuwied 2007, (zitiert: Lehmler).

Lettl, Tobias: Gemeinschaftsrecht und neues UWG in Wettbewerb in Recht und Praxis, Heft 9/2004; Seiten 1079–1132 (zitiert: Lettl WRP 2004).

Löwisch, Manfred; Rieble, Volker: Tarifvertragsgesetz – Kommentar, 3. Aufl 2012 München (zitiert: *Bearbeiter* in Löwisch/Rieble).

Lüderitz, Alexander: Anknüpfung im Parteiinteresse in: Internationales Privatrecht und Rechtsvergleichung im Ausgang des 20. Jahrhunderts – Bewahrung oder Wende? Festschrift für Gerhard Kegel, Frankfurt aM, 1977; Seiten 31–54 (zitiert: Lüderitz in FS Kegel).

Maunz, Theodor; Dürig, Günter (Begr): Grundgesetz Kommentar Loseblattsammlung, 65. Lieferung Stand April 2012, München (zitiert: *Bearbeiter* in Maunz/Dürig).

Meyer, Uwe: Ethikrichtlinien internationaler Unternehmen und deutsches Arbeitsrecht in Neue Juristische Wochenschrift, Heft 50/2006; Seiten 3605–3609 (zitiert: Meyer NJW 2006).

Miller, Doug: Negotiating International Framework Agreements in the Global Textile, Garment and Footwear Sector in Global Social Policy, Volume 4/2004; Seiten 215–239 (zitiert: Miller in Global Social Policy 4/2004).

–: Global Social Relations and Corporate Social Responsibility in Outsourced Apparel Supply Chains: The Inditex Global Framework Agreement in Shaping Global Industrial Relations, The Impact of International Framework Agreements, Basingstoke 2011; Seiten 179–200 (zitiert: Miller in Shaping Global Industrial Relations).

Müller-Glöge, Rudi; Preis, Ulrich; Schmidt, Ingrid (Hrsg): Erfurter Kommentar zum Arbeitsrecht, 12. Aufl 2012, München (zitiert: *Bearbeiter* in ErfK).

Münker, Reiner; Kaestner, Jan: Das reformierte UWG im Überblick – Die Sicht der Praxis in Betriebs-Berater, Heft 32/2004; Seiten 1689–1700 (zitiert: Münker/Kaestner BB 2004).

Murray, Gregor: Can multiple weak ties reverse the social regulation deficit? Multinational comapanies and labor Regulation in Comparative Labor Law & Policy Journal, Volume 33; Issue 4/2012; Seiten 715–748 (zitiert: Murray 33. CCL&P 4/2012).

Nemeczek, Heinrich: Anmerkung zu BGH Urteil vom 9. 9. 2010 - I ZR 157/08 in Gewerblicher Rechtsschutz und Urheberrecht, Heft 5/2011; Seiten 431–433 (zitiert: Nemeczek Anmerkung zu BGH GRUR 2011).

Oetker, Hartmut; Richardi, Reinhard; Wißmann, Hellmut ua (Hrsg): Münchener Handbuch zum Arbeitsrecht, Bd 1 Individualarbeitsrecht, 3. Aufl 2009, München (zitiert: *Bearbeiter* in MünchHB ArbR Bd 1).

Ohly, Ansgar: Das neue UWG – Mehr Freiheit für den Wettbewerb? in Gewerblicher Rechtsschutz und Urheberrecht Internationaler Teil, Heft 11/2004; Seiten 889–900 (zitiert: Ohly GRUR 2004).

Papadakis, Konstantinos: Adopting International Framework Agreements in the Russian Federation, South Africa and Japan: Management Motivations in Shaping Global Industrial Relations, The Impact of International Framework Agreements Basingstoke 2011; Seiten 61–84 (zitiert: Papadakis in Shaping Global Industrial Relations).

–: Introduction and Overview in Shaping Global Industrial Relations, The Impact of International Framework Agreements, Basingstoke 2011; Seiten 1–20 (zitiert: Papadakis in Shaping Global Industrial Relations).

Papadakis, Konstantinos (Hrsg): Shaping Global Industrial Relations, The Impact of International Framework Agreements, Basingstoke 2011 (zitiert: *Autor* in Shaping Global Industrial Relations).

–: Cross-Border Social Dialogue and Agreements: An emerging global industrial relations framework? Genf 2008 (zitiert: *Autor* in Cross-Border Social Dialogue and Agreements).

Papadakis, Konstantinos; Casale, Giuseppe; Tsotroudi, Katerina: International framework agreements as elements of a cross-border industrial relations framework in Cross-Border Social Dialogue and Agreements: An emerging global industrial relations framework? Genf 2008; Seiten 67–88 (zitiert: Papadakis/Casale/Tsotroudi in Cross-Border Social Dialogue and Agreements).

Rauscher, Thomas: Internationales Privatrecht, 4. Aufl. 2012, München (zitiert: Rauscher).

Richardi, Reinhard; Wlotzke, Otfried (Hrsg): Münchener Handbuch zum Arbeitsrecht, Bd 1 Individualarbeitsrecht I, 2. Aufl 2000, München (zitiert: *Bearbeiter* in MünchHB ArbR Bd 1 (2000)).

Richardi, Reinhard; Wlotzke, Otfried; Wißmann Hellmut u.a. (Hrsg): Münchener Handbuch zum Arbeitsrecht, Bd 2 Kollektivarbeitsrecht/Sonderformen, 3. Aufl 2009, München (zitiert: *Bearbeiter* in MünchHB ArbR Bd 2).

Rieble, Volker: Zuliefarercompliance als soziales Druckmittel in Betriebs-Berater, Heft 5/2013; Seiten 245–251 (zitiert: Rieble BB 2013).

Robinson, Pamela: International Framework Agreements: Do Workers Benefit in a Global Banana Supply Chain? in Shaping Global Industrial Relations, The Impact of International Framework Agreements, Basingstoke 2011; Seiten 164–178 (zitiert: Robinson in Shaping Global Industrial Relations).

Sack, Rolf: Gesetzwidrige Wettbewerbshandlungen nach der UWG -Novelle in Wettbewerb in Recht und Praxis, Heft 11/2004; Seiten 1307–1320 (zitiert: Sack WRP 2004).

–: Die lückenfüllende Funktion der Generalklausel des § 3 UWG in Wettbewerb in Recht und Praxis, Heft 5/2005; Seiten 531–544 (zitiert: Sack WRP 2005).

Säcker, Franz Jürgen (Hrsg): Münchener Kommentar zum Bürgerlichen Gesetzbuch, Bd 1: Allgemeiner Teil, §§ 1–240, ProstG, A GG, 6. Aufl 2006, München (zitiert: *Bearbeiter* in MünchKomm).

Säcker, Franz Jürgen; Rixecker, Roland (Hrsg): Münchener Kommentar zum Bürgerlichen Gesetzbuch, Bd 5 Schuldrecht Besonderer Teil III §§ 705–853, 5. Aufl 2009, München (zitiert: *Bearbeiter* in MünchKomm (2009)).

–: Münchener Kommentar zum Bürgerlichen Gesetzbuch, Bd 5 Schuldrecht Besonderer Teil III §§ 705–853, 6. Aufl 2012, München (zitiert: *Bearbeiter* in MünchKomm).

–: Münchener Kommentar zum Bürgerlichen Gesetzbuch, Bd 2 Schuldrecht Allgemeiner Teil §§ 241–432, 6. Aufl 2012, München (zitiert: *Bearbeiter* in MünchKomm).

–: Münchener Kommentar zum Bürgerlichen Gesetzbuch, Bd 3 Schuldrecht Besonderer Teil §§ 433–610, München, 6. Aufl 2012 (zitiert: *Bearbeiter* in MünchKomm).

–: Münchener Kommentar zum BGB, Bd 10 Internationales Privatrecht, München, 5. Aufl 2010 (zitiert: *Bearbeiter* in MünchKomm BGB/IPR).

Schacher, Ulrich: Tarifverträge in globalisierter Wirtschaft in Neue Zeitschrift für Arbeitsrecht, Heft 3/2000; Seiten 121–124 (zitiert: Schacher NZA 2000).

Schaub, Günter (Begr): Arbeitsrecht-Handbuch, 14. Aufl 2011, München (zitiert: *Bearbeiter* in Schaub).

–: Arbeitsrecht-Handbuch, 15. Aufl 2013, München (zitiert: *Bearbeiter* in Schaub (2013)).

Schlachter, Monika: Grenzüberschreitende Arbeitsverhältnisse in Neue Zeitschrift für Arbeitsrecht, Heft 2/2000; Seiten 57–64 (zitiert: Schlachter NZA 2000).

Schmellenkamp, Cornelia; Schotten, Günther: Das Internationale Privatrecht in der notariellen Praxis, 2. Aufl 2007, München (zitiert: Schotten/Schmellenkamp).

Schmidhuber, Martin: Verhaltenskodizes im neuen UWG Überlegungen zur Bedeutung für die lauterkeitsrechtliche Praxis in Deutschland in Wettbewerb in Recht und Praxis, Heft 5/2010; Seiten 593–599 (zitiert: Schmidhuber WRP 2010).

Schmidt, Matthias; Beschorner, Thomas (Hrsg): Corporate Social Responsibility und Corporate Citizenship, 2. Aufl 2008, München (zitiert: *Autor* in Corporate Social Responsibility und Corporate Citizenship).

Schömann, Isabelle: Codes of conduct and international framework agreements: New forms of governance at company level Case Study: Securitas European Foundation for the Improvement of Living and Working Conditions, Dublin 2008 (zitiert: Schömann in Codes of conduct and international framework agreements: New forms of governance at company level, Case Study Securitas).

–: Codes of conduct and international framework agreements: New forms of governance at company level Case Study: Chiquita European Foundation for the Improvement of Living and Working Conditions, Dublin 2008 (zitiert: Schömann in Codes of conduct and international framework agreements: New forms of governance at company level, Case Study Chiquita).

–: The Impact of Transnational Company Agreements on Social Dialogue and Industrial Relations in Shaping Global Industrial Relations, The Impact of International Framework Agreements, Basingstoke 2011; Seiten 21–37 (zitiert: Schömann in Shaping Global Industrial Relations).

Schömann, Isabelle; Sobczak, André: Codes of conduct and international framework agreements: New forms of governance at company level Case Study: Arcelor European Foundation for the Improvement of Living and Working Conditions, Dublin 2008 (zitiert: Schömann/Sobczak in Codes of conduct and international framework agreements: New forms of governance at company level, Case Study Arcelor).

Schömann, Isabelle; Sobczak, André; Voss, Eckhard; Wilke, Peter: Codes of conduct and international framework agreements: New forms of governance at company level, European Foundation for the Improvement of Living and Working Conditions, Dublin 2008 (zitiert: Schömann et al Codes of conduct and international framework agreements: New forms of governance at company level).

Schömann, Isabelle; Sobczak, André; Wilke, Peter: Codes of conduct and international framework agreements: New forms of governance at company level Case Study: Telefonica European Foundation for the Improvement of Living and Working Conditions, Dublin 2008 (zitiert: Schömann/Sobczak/Wilke in Codes of conduct and international framework agreements: New forms of governance at company level, Case Study Telefonica).

–: Codes of conduct and international framework agreements: New forms of governance at company level Case Study: Ikea European Foundation for the Improvement of Living and Working Conditions, Dublin 2008 (zitiert: Schömann/Sobczak/Wilke in Codes of conduct and international framework agreements: New forms of governance at company level, Case Study Ikea).

Schricker, Gerhard: Schadensersatzansprüche der Abnehmer wegen täuschender Werbung? – Betrachtungen im Anschluß an die Prüfzeichen-Entscheidung des BGH vom 14. Mai 1974 in Gewerblicher Rechtsschutz und Urheberrecht, Heft 3/1975; Seiten 111–113 (zitiert: Schricker GRUR 1975).

Schröder, Christian: Die Haftung für Verstöße gegen Privacy Policies und Codes of Conduct nach US-amerikanischem und deutschem Recht, Baden-Baden 2007 (zitiert: Schröder).

Schröder, Jochen; Lüderitz, Alexander (Hrsg): Internationales Privatrecht und Rechtsvergleichung im Ausgang des 20. Jahrhunderts – Bewahrung oder Wende? Festschrift für Gerhard Kegel, Frankfurt aM 1977 (zitiert: *Bearbeiter* in FS Kegel).

Schulze, Götz: Die Naturalobligation, Tübingen 2008 (zitiert: Schulze Naturalobligation).

–: Nicht erzwingbare Leistungsforderungen im Zivilrecht in Juristische Schulung, Heft 3/2011; Seiten 193–198 (zitiert: Schulze JuS 2011).

Schulze, Reiner (Schriftltg): Nomos Kommentar zum Bürgerlichen Gesetzbuch, 7. Aufl 2012, Baden-Baden (zitiert: *Bearbeiter* in Schulze u.a.).

Schünemann, Wolfgang: „Unlauterkeit“ in den Generalklauseln und Interessenabwägung nach neuem UWG in Wettbewerb in Recht und Praxis, Heft 8/2004; Seiten 925–936 (zitiert: Schünemann WRP 2004).

Schwab, Martin: Der Standardisierungsvertrag für das DRSC – Eine kritische Würdigung (Teil I) in Betriebs-Berater, Heft 14/2; Seiten 731–738 (zitiert: Schwab BB 1999).

Singer, Reinhard: Wann ist widersprüchliches Verhalten verboten? – Zu den Rechtsfolgen der form- und grundlosen Eigenkündigung eines Arbeitnehmers in Neue Zeitschrift für Arbeitsrecht, Heft 24/1998; Seiten 1309–1315 (zitiert: Singer NZA 1998).

Sosnitza, Olaf: Das Koordinatensystem des Rechts des unlauteren Wettbewerbs im Spannungsfeld zwischen Europa und Deutschland – Zum Regierungsentwurf zur Reform des UWG vom 9.5.2003 in Gewerblicher Rechtsschutz und Urheberrecht, Heft 9/2003; Seiten 739–746 (zitiert: Sosnitza GRUR 2003).

–: Der Gesetzentwurf zur Umsetzung der Richtlinie über unlautere Geschäftspraktiken in Wettbewerb in Recht und Praxis, Heft 8/2008; Seiten 1014–1034 (zitiert: Sosnitza WRP 2008).

–: Kommentar zum Bürgerlichen Gesetzbuch Eckpfeiler des Zivilrechts, 4. Aufl 2012/2013, Berlin (zitiert: *Bearbeiter* in Staudinger/Eckpfeiler des Zivilrechts).

–: Kommentar zum Bürgerlichen Gesetzbuch Einleitung zum Schuldrecht; §§ 241–243 (Treu und Glauben), 15. Aufl 2009, Berlin (zitiert: *Bearbeiter* in Staudinger).

–: Kommentar zum Bürgerlichen Gesetzbuch Einleitung zu Art 1ff. EGBGB; Art 1–2, 50–218 EGBGB (Inkrafttreten, Verhältnis zu anderen Vorschriften, Übergangsvorschriften), 15. Aufl 2012, Berlin (zitiert: *Bearbeiter* in Staudinger/EGBGB).

–: Kommentar zum Bürgerlichen Gesetzbuch EGBGB/IPR Einführungsgesetz zum Bürgerlichen Gesetzbuche/IPR Einleitung zur Rom I-VO; Art 1–10 Rom I-VO (Internationales Vertragsrecht 1), 14. Aufl 2011, Berlin (zitiert: *Bearbeiter* in Staudinger).

–: Kommentar zum Bürgerlichen Gesetzbuch, Buch 1 Allgemeiner Teil/3, §§ 90–124; 130–133, 14. Aufl 2012, Berlin (zitiert: *Bearbeiter* in Staudinger).

Stevis, Dimitris: International framework agreements and global social dialogue: Parameters and prospects ILO-Employment Working Paper Number 47/2010 (zitiert: Stevis, International framework agreements and global social dialogue).

–: The Impacts of International Framework Agreements: Lessons from the Daimler case in Shaping Global Industrial Relations, The Impact of International Framework Agreements, Basingstoke 2011; Seiten 116–142 (zitiert: Stevis in Shaping Global Industrial Relations).

Teubner, Gunther: Standards und Direktiven in Generalklauseln, Frankfurt am Main, 1971 (zitiert: Teubner).

Thüsing, Gregor: International Framework Agreements: –Rechtliche Grenzen und praktischer Nutzen in Recht der Arbeit, Heft 2/2010; Seiten 78–93 (zitiert: Thüsing RdA 2010).

Thüsing, Gregor; Braun Axel: Tarifrecht Handbuch, München 2011 (zitiert: *Bearbeiter* in Thüsing/Braun).

Thüsing, Gregor; von Westphalen, Friedrich (Hrsg): Vertragsrecht und AGB-Klauselwerke Loseblattsammlung, 32. Lieferung Stand Dez 2012, München (zitiert: *Bearbeiter* in Vertragsrecht und AGB-Klauselwerke).

Trayser, Klaus Dieter: Zur Verantwortung von Unternehmen und Konsumenten in Zur Verantwortung von Unternehmen und Konsumenten), München/Mering 2008; Seiten 59–62 (zitiert: Trayser in Zur Verantwortung von Unternehmen und Konsumenten).

Ullmann, Eike: Einige Bemerkungen zur Meinungsfreiheit in der Wirtschaftswerbung in Gewerblicher Rechtsschutz und Urheberrecht, Heft 12/1996; Seiten 948–958 (zitiert: Ullmann GRUR 1996).

Voss, Eckhard: Codes of conduct and international framework agreements: New forms of governance at company level Case Study: Leoni European Foundation for the Improvement of Living and Working Conditions, Dublin 2008 (zitiert: Voss in Codes of conduct and international framework agreements: New forms of governance at company level, Case Study Leoni).

Voss, Eckhard; Wilke, Peter: Codes of conduct and international framework agreements: New forms of governance at company level Case Study: Bosch

European Foundation for the Improvement of Living and Working Conditions, Dublin 2008 (zitiert: Voss/Wilke in Codes of conduct and international framework agreements: New forms of governance at company level, Case Study Bosch).

von Walter, Axel: Rechtsbruch als unlauteres Marktverhalten: Tatbestand und Anwendungsbereich des 4 Nr. 11 UWG in Abgrenzung zur Fallgruppe „Vorsprung durch Rechtsbruch", Tübingen 2007 (zitiert: von Walter).

Weber, Rolf; Weber Romana: Unlauteres Marktverhalten des Importeurs bei Nichteinhaltung von Arbeitsbedingungen durch ausländische Lieferanten? in Gewerblicher Rechtsschutz und Urheberrecht Internationaler Teil, Heft 11/2008; Seiten 899–906 (zitiert: Weber/Weber GRUR Int 2008).

Weiler, Frank: Schuldrecht Allgemeiner Teil, Baden-Baden 2013 (zitiert: Weiler).

Welz, Christian: A Qualitative Analysis of International Framework Agreements: Implementation and Impact in Shaping Global Industrial Relations, The Impact of International Framework Agreements, Basingstoke 2011; Seiten 38–60 (zitiert: Welz in Shaping Global Industrial Relations).

Wiedemann, Herbert (Hrsg): Tarifvertragsgesetz Kommentar, 7. Aufl 2007, München (zitiert: *Bearbeiter* in Wiedemann).

Winter, Gerd: Die Umweltverantwortung multinationaler Unternehmen – Selbststeuerung und Recht bei Auslandsinvestitionen Umweltrechtliche Studien, Band 34; Volume 34, Baden-Baden 2005 (zitiert: *Autor* in Umweltverantwortung multinationaler Unternehmen).

Zscherpe, Kerstin: Datenschutz im Internet: Grundsätze und Gestaltungsmöglichkeiten für Datenschutzerklärungen in Kommunikation&Recht, Heft 8/2005; Seiten 264–269 (zitiert: Zscherpe K&R 2005).

Studien zum Arbeitsrecht und zur Arbeitsrechtsvergleichung

Herausgegeben von Manfred Weiss, Bernd Waas und Spiros Simitis

Band 1 Sebastian Fritzsche: Die Vereinbarkeit des Arbeitnehmer-Entsendegesetzes sowie der erfassten Tarifverträge mit höherrangigem Recht. 2001.

Band 2 Arnd Hermann: Outplacement. Eine Untersuchung der individualvertraglichen Gestaltung und kollektivarbeitsrechtlichen Aspekte eines neuen Instruments des Personalabbaus. 2001.

Band 3 Christoph Schmid: Das Personalrecht der Europäischen Zentralbank. Grundlagen und Grenzen der rechtlichen Bindungen der Europäischen Zentralbank unter besonderer Berücksichtigung der Bereiche Arbeitnehmervertretung, Kündigungsschutz und Datenschutz. 2002.

Band 4 Charis Chaldoupis: Auswirkungen neuer Technologien auf die Tarifautonomie. Funktionsfähigkeit und Legitimität qualitativer Tarifpolitik anhand der Rationalisierungsentwicklungen im industriellen Produktionsbereich. 2003.

Band 5 Robert Kretzschmar: Die Rolle der Koalitionsfreiheit für Beschäftigungsverhältnisse jenseits des Arbeitnehmerbegriffs. Zur Abgrenzung abhängiger von selbständiger Beschäftigung und zur Eröffnung kollektiver Handlungsformen für selbständig Beschäftigte durch Art. 9 Abs. 3 GG. 2003.

Band 6 Thilo Mahnhold: Compliance und Arbeitsrecht. Insiderrechtliche Verhaltenskonzepte im nationalen und multinationalen Unternehmen. 2004.

Band 7 Nicole Löblich: Transformation des kollektiven Arbeitsrechts in der Tschechischen Republik. 2004.

Band 8 Lena Huth: Voraussetzungen und Grenzen nachträglicher Sozialplanänderungen. 2004.

Band 9 Nisha Biswas: Vertrauensarbeitszeit und Arbeitszeitfreiheit im arbeitszeitrechtlichen und betriebsverfassungsrechtlichen Kontext. 2004.

Band 10 Dirk Schäfer: Der europäische Rahmen für Arbeitnehmermitwirkung. 2005.

Band 11 Jochen A. Keilich: Die Auswirkungen der Grundrechte / Menschenrechte für das Arbeitsrecht in Deutschland und England. 2004.

Band 12 Boris Kaehler: Rechtsprobleme betrieblicher Personalauswahl. Die Zulässigkeit eignungsdiagnostischer Maßnahmen im arbeitsvertraglichen Anbahnungsverhältnis. 2005.

Band 13 Natascha Ahmad: Rechtsschutz für und durch Gewerkschaften bei tarifwidrigem Arbeitgeberverhalten in Deutschland und Frankreich. 2005.

Band 14 Volker Güntzel: Die Richtlinie über die Arbeitnehmerbeteiligung in der Europäischen Aktiengesellschaft (SE) und ihre Umsetzung in das deutsche Recht. 2006.

Band 15 Peter Gumnior: Die Rechtmäßigkeit des Sympathiestreiks. 2007.

Band 16 Elena Benz: Auf dem Weg zum lebenslangen Lernen? Die Berufsbildungspolitik der Europäischen Union und die tatsächliche und rechtliche Situation der beruflichen Weiterbildung in der Bundesrepublik Deutschland. 2007.

Band 17 Cessy Kühl: Flexibilisierung von Arbeitsbedingungen. Vergleich ausgewählter arbeitsrechtlicher Gestaltungsmittel zwischen dem deutschen und dem tschechischen Individualarbeitsrecht. 2007.

Band 18 Carolin Siegrist: Einschränkung der unternehmerischen Entscheidungsfreiheit durch Arbeitnehmervertreter im deutsch-amerikanischen Vergleich. 2008.

Band 19 Ingebjörg Darsow-Faller: Kündigungsschutz in Deutschland und Spanien. Eine rechtsvergleichende Untersuchung mit besonderer Beachtung der Beendigung des Arbeitsverhältnisses gegen Abfindung. 2008.

Band 20 Enrico Iannone: Die Kodifizierung des Arbeitsvertragsrechts - ein Jahrhundertprojekt ohne Erfolgsaussicht? Eine Untersuchung vorangegangener Bemühungen um ein Arbeitsvertragsgesetz und Analyse möglicher Erfolgsaussichten des Reformprojekts. 2009

Band 21 Max Sleik: Arbeitnehmerbeteiligung in Deutschland und in Schweden. 2011.

Band 22 Christoph Gyo: Diskriminierung aufgrund der Religion im deutschen und französischen Arbeitsrecht. Völker-, europarechtliche und nationale Regelungen.

Band 23 Martina Büter: Die Befristung von Arbeitsverhältnissen in Deutschland und Frankreich. Eine rechtsvergleichende Untersuchung. 2013.

Band 24 Andreas Hofelich: Von der Bereichsausnahme zur Bereichseinschränkung. Grundfragen der dogmatischen Integration des Individualarbeitsrechts in das Recht der Allgemeinen Geschäftsbedingungen. 2013.

Band 25 Elena Heimann: Substantielle Vereinbarungen Europäischer Betriebsräte: Praxis und Recht. 2014.

Band 26 Mathias Kaufmann: Schadensersatz und Entschädigung in Folge von Diskriminierung im deutschen und englischen Arbeitsrecht. Eine rechtsvergleichende Studie unter Berücksichtigung des Europarechts. 2014.

Band 27 Elisa Theresa Hauch: International Framework Agreements. Hintergrund, Rechtsnatur und Justiziabilität. 2015.

www.peterlang.com

www.ingramcontent.com/pod-product-compliance
Ingram Content Group UK Ltd.
Pitfield, Milton Keynes, MK11 3LW, UK
UKHW021849290926
8980IPUK00005B/730

9 783631 664421